中国校本教研与校本课程数字出版平台
中国校本教研网 www.schooledu.com.cn
◎特别推荐◎

藏在评语里的教学智慧

名师最能点拨学生的教学艺术

CANGZAI PINGYULIDE JIAOXUE ZHIHUI

刘 俊 周德兴 主编

江蘇教育出版社

本书编委会

主　编　刘　俊　周德兴

编　委　（按姓氏拼音排序）

符礼科　何　鸿　蒋洪波

刘　芳　黎建平　谭　丽

王洪平　仲容昌

智慧评语里长出可能之树

评价是难题，可以说是世界难题。可是，四川省武胜县的老师想碰一碰这一难题。这种勇气来自于实践中的责任和使命。

对学生的评价从哪里抓起？又从哪里突破？武胜县教育局把评价改革聚焦在对学生的评语改革上。的确，给学生以什么样的评价，最终往往是通过评语来落实和体现的。评语是评价的结果，而评价的结果里渗透着、充溢着评价的理念，透射出教育的智慧。学生毕业许多年以后，他牢牢记住的是，你，老师曾经对他们说了些什么。有些话，你并不在意，也许早就忘了，可学生却牢牢记着。评语会陪伴学生的一生，它是驻在心灵深处的、永远抹不掉的文化记忆。可见，通过评语来逐步推动评价改革，推动教育理念的转变，这是智慧之举。

捷克小说家米兰·昆德拉说："生活是一棵长满了可能的树。"课堂教学本身就是生活，它也应当是长满了可能的树。其实，生活中的可能、教学中的可能来自人的可能。武胜县教育局组织编写的这本书，正是基于人的可能性——教师的可能性、学生的可能性，从评语入手来点拨学生，彰显教师的教学艺术，增长教师的教育智慧。如果让自己的课堂里生长起一棵棵长满可能的树，课堂就成了一片希望的树林，洒满了阳光，洋溢着生命的绿色，这是多么精彩、神圣的情景啊！

教学既是科学，又是艺术，抑或说，教学是科学与艺术的结合。而科学与艺术的结合，点击的是教师的创造性，聚焦后生长起来的是智慧。何为智慧？亚里士多德曾经描述过智慧，他说，智慧是就那些对人类有益或有害的事情采取行动的真实的伴随着理性的能力状态。亚里士多德强调了智慧的两个要点：智慧的核心是道德，智慧的形态是能力。因此，评语里的智慧，以及所有的教育智慧，首先应是有道德的，是关爱人的，激励人的，鼓舞人的，给人温暖和力量的。这本书里所收集的20种评语，尽管方式不同，话语内容不同，但有一个共同的特点：让学生充满自信，在爱的倍伴下永远前行。

智慧并不张扬，在悄悄之中，在不声不响之中，在不经意之中，智慧的绿芽就生长出来了。反过来说，张扬式的，说教式的，摆出一副教育者面孔的，恰恰不是智慧。因此，这本书取了一个很诗意的书名：《藏在评语里的教学智慧——名师最能点拨学生的教学艺术》。藏在评语里，让教育看不见，让教育无痕，但是学生却能实实在在地感受到教育的关怀。书名、书的编著理念就很智慧。

教学改革面临着许多问题，可以有许多不同的切入点。武胜县教育局找到了一个不引人注意的、很小的切入点——评语，用评语滋养课堂教学这棵长满可能的树，我很赞赏。树之上，蓝天，白云，阳光；树之下，学生犹如幼苗，吮吸，接纳，生长。这些树苗永远有一个温馨的暗示——评语，于是长高了，长大了。

成尚荣

目录 MuLu

善用赞赏激励学生，促进互动课堂生成

——激励性评语里的智慧

在课堂教学中，学生获得知识的途径通常有以下三种：对教科书及教参所承载的知识的学习、教师的个人知识的传授和对师生互动中产生的新知识的学习。

在传统的课堂教学中，教师往往以教材知识为主，最多添加一些教师个人的知识，而师生互动所产生的知识几乎没有。新课标强调要注重发挥和发展学生的主体性，这就势必会带来一场教学革命，即在课堂教学中，在学生接受的知识中，教科书的知识所占比例将会相对减少，而教师的个人知识，尤其是师生互动所产生的知识所占比例将大幅度提高。

课堂互动，尤其是课堂上的师生互动，是一种特殊的人际互动，是指师生之间在课堂上发生的各种形式、各种性质和各种程度的相互作用和影响。现代教学论认为，教学过程的实质就是教师和学生在直接或间接的互动中走向共同发展的过程。在教学过程中，师生之间的互动关系构成了课堂教学的主要过程，同时这也是影响教学效果的重要因素。

引发师生互动的权力更多的是掌握在教师的手中，因此，教师可以通过即时的、积极的教学激励评语来引导学生参与到课堂教学中，积极地拓展课堂教学内容，使课堂教学能更深入地开展下去。

（一）以激励为杠杆，掀起师生互动高潮

这是孙建锋老师的一堂公开课。课堂上，孙老师用他谦虚、礼貌、幽默、鼓励的评语引领学生参与课堂教学，使得课堂教学不再是教师的“一言堂”，而是师生共同创造的、互动的舞台。

孙老师的开场白是："同学们，今天是周六，你们和在座的老师一样放弃了休息日，来到这里与我见面。我非常感谢你们！"说着，他真诚地向台下来听课的学生和老师深深地鞠了一躬，然后笑着说："你们想不想认识我啊？"

"想。"学生们异口同声地大声回答，甚至有一位女生高举着手站了起来。

看到那位女生的样子，孙老师很高兴，于是就邀请她："请你到前面来。听说盐城第一小学的同学字写得很棒。你愿不愿意给我们现场展示一下啊？"

那个女生走到了前台，虽然有点紧张，但还是很自信地说："当然可以！"

"好！那请你先写一个孙悟空的'孙'，再写一个建设的'建'，然后写一个雷锋的'锋'。"

女生不假思索地一挥而就，黑板上立刻出现了"孙建锋"三个字。其他同学都很惊讶地看着黑板，因为他们不知道孙老师让那个女生写这三个字做什么。

"呵呵！你写下的就是我的名字。"看着学生们疑惑不解的样子，孙老师揭开了谜底。

那个女生一听，下意识地吐了吐舌头，而她的小鼻尖上也渗出了几粒细小的汗珠。

"请勇敢地喊一声，好吗？"孙老师微笑着鼓励她。

"孙建锋！"女生鼓起勇气，清晰而响亮地喊了一声。

"好样的！我们其余的同学也尽情地喊一声！"（孙老师让学生高喊自己名字的这一举动，瞬间拉近了教师与学生之间的心理距离，使学生感受到了老师的和蔼可亲，并开始愿意按照老师的要求做，也使得课堂切入变得自然、顺畅）

"孙——建——锋。"学生们果然喊得"震天动地"。

"呵呵！你当着一位老师的面，既写又喊他的名字，有什么奇妙的感受啊？"孙老师问那个女生。

"不礼貌。"她很不好意思地说。

"其他同学还有没有不同的感受呢？"

这时，一个胖乎乎的男生"噌"地站了起来，说："老师，我认为你这是在进行'师生互动'。"

听到这里，台下听课的老师们热烈地鼓起掌来，为这个男生的聪明、机灵喝彩，也为孙老师别开生面的教学导入方式鼓掌！

"哟！你还真不简单！小小的年纪，竟然知道如此深刻而又前卫的教学专业术语。孙老师很佩服你！"说着，孙老师的双手同时向他竖起了大拇指。（欣赏性的评语、竖起的大拇指，都会让学生受到鼓舞，使他们能积极地参与到教学互动中来）

"第一次来到物华天宝、人杰地灵的盐城，听说这里不仅有著名的丹顶鹤自然保护区，还有历史景观'新马泰'。（说到这里，学生们不由自主地笑了起来）同学们，请为我介绍一下'新马泰'，好吗？"

"'新'是新四军纪念馆；'马'是铜马广场；'泰'是原新四军指挥部所在地泰山庙。"有几个学生争先恐后地回答。

"谢谢'导游们'清晰的讲解。接下来，孙老师也带你们去旅游，不过是去作一次精神旅游。我们将要到一座精神殿堂，与2500年前的古希腊哲学大师苏格拉底展开一场对话，去聆听他的声音，去触摸他的智慧，去汲取他的营养。现在就让我们一起走进——《最大的麦穗》。（与此同时，孙老师在黑板上写下了课题）这篇课文共490个字，其中只有两个生字。我相信通过认真练习，你们一定能把课文读得非常正确、流畅！好，给大家一段时间读课文。"

估计学生差不多读完了课文，孙老师问："同学们，谁有问题，现在请自由发问！"

"老师，'麦垄'是什么啊？"

"这个问题提得好！请大家看我写'垄'。这是课文中的一个生字。大家先认真地描红，再临写一遍。'麦垄'是什么呢？有问题我们应该先问谁呢？"

"问自己。"

"有道理。如果自己解决不了呢？"

"问老师，问同学，问字典。"

"看来，解决问题的途径可真多！孙老师愿意和大家合作来解决这个问题。你们有没有见过麦地？"

学生们都摇了摇头。

"转过身去，看一看后面坐着的老师。如果说这就是一大块麦地，这样（孙老师用手一行一行地比划着）坐着的老师就像是'麦垄'。"

学生们豁然开朗地喊道："哇！我知道了！'麦垄'就是麦地里那一行一行的小麦！"学生们非常惊喜，就好像是哥伦布发现了新大陆。

“呵呵！孙老师也和你们一样很高兴，因为这说明咱们的合作是成功的！”

学生们笑得更开心了。

“孙老师想听一下你们美妙的读书声，你们愿意展示一下自己吗?”

一个学生自告奋勇地站起来朗读了课文的前两个小节。

“这位同学读得很正确、很流利，但是我认为你还可以发挥得更好，不是吗?（学生的初次表现不够好，孙老师没有予以批评，而是委婉地告诉学生“你可以做得更好”，让学生对刚才的表现都有一个清醒的认识，并为下次朗读打下良好的心理基础）如果你是苏格拉底，给学生提要求，既要让他们听得清又要让他们记得住的话，该怎样读呢？大家都练一练，准备挑战这位同学。”

学生们立刻有声有色地练习了起来。

“我相信，你一定能比上一次读得更棒!”孙老师对刚才读课文的那个学生说。

那个学生于是又站起来读了一遍。这次，他把“最大的”“只许进，不许退”强调得很清楚，也很自然。

“老师真为你高兴，你读得一遍比一遍好!”

接着，一位学生自愿站起来朗读课文的第三、四、五节。他读得响亮、厚重。

“请你们转过脸来，让我们再次聆听他朗读的声音，欣赏他朗读的表情，分享他朗读的愉悦!”

学生们热烈地鼓起掌来。

“大家的掌声是对你的认可与鼓励!”（这样的点评能给朗读的学生和其他学生带去信心、勇气、希望和期待）

“谢谢大家!”那位学生听了孙老师的评价，礼貌地给同学们鞠了一躬。

……

“当苏格拉底看到弟子们两手空空、一无所获地走到麦地尽头时，他是怎样开导他们的呢？请朗读课文的第六小节。”

一个男生站起来很认真地读了一遍。

“看来你是严肃派的苏格拉底!”孙老师的话引起了学生们的一片笑声，“这一节谁再读一遍?”

说着，一位女生站起来柔声细语地读了一遍。

“你的朗读如春雨，润‘心’细无声。看来，你是温柔派的苏格拉底。”

同学们一听，笑得更厉害了。

“现在还剩下最后一节，愿意朗读的同学请站起来！”

霎时间，同学们争先恐后地站了起来，教室里响起了一阵朗朗的读书声。

“短短的十几分钟，你们就把课文读得这么准确、流畅，有的同学还能读得声情并茂，真是好样的！接下去，如果你们能够潜心地默读课文，‘与苏格拉底对话’，就一定会有更多美好的收获的！”（此处的评语，不仅对学生先前的表现作了肯定评价，也对学生的未来表现予以期待。教师的美好期待就是对学生最大的鼓励，会让学生的表现越来越好）

学生们仔细地默读课文，边读书边圈画，有的还动笔写批注。孙老师则不时地参与进去，和同学们一起读书、讨论。

等大家读完后，孙老师说：“请你们交流一下各自的阅读感受，让大家共同分享你‘收获’的快乐！”

生：“苏格拉底要弟子去摘一个最大的麦穗，并且规定‘只许进，不许退’。从表面上看他是在提出一种要求，实际上是在告诉弟子们：‘时间不能倒流，生命不能重复！’有句话说得好：‘花有重开日，人无再少年。’人生路上，我们要把握住每一次机会，不要错失良机。因为‘机不可失，时不再来’啊！”

听了这个学生的回答，孙老师充满激情地说：“你理解得相当透彻，语言也很精当，而且表达流畅、自信满满。孙老师非常欣赏你，咱们握握手！”（评语中满是赞美之词，学生听了，自然是信心倍增，学习、发言的积极性将会越来越强烈，也会越来越愿意参与到教学中来，与教师进行各种形式的互动）

生：“苏格拉底是一位好老师，因为他教导弟子，不是在教室，而是在麦地；不是用课本，而是用麦穗；不是直接告诉他们一个道理，而是让他们亲自实践，自己去悟出道理。”

“你不是在批评我吧？（学生们都笑）的确，‘纸上得来终觉浅，绝知此事要躬行’。我应该向苏格拉底学习，同时也应该向你学习，因为你会读书，能够读出文字背后的声音。”（要向学生学习，并且说明原因，这样有根有据的点评，怎么可能让学生怀疑教师评语的真实与真诚呢？那么，接下来学生能做的就是积极地调动思维，配合教师的课堂教学了）

生："我认为苏格拉底的弟子们很笨，他们太听老师的话了，只知道去摘那个'最大的'麦穗，结果两手空空。他们为什么就不知道留下一个穗呢？因为一大于零呀！"

"好一个'一大于零！'"孙老师称赞道，说着从课本里拿出一片银杏叶，走到学生3面前，"知道这是什么吗？"

"银杏叶！"

"没错！但是，这可不是一片普通的银杏叶！它是我从家乡的百年银杏树上采下来的叶子。我一直把它珍藏在书本中，心想，如果有一天哪位同学的语言触动了我的思维，震撼了我的心灵，我就将这片叶子赠送给他。"（说学生的语言触动了自己的思维、震撼了自己的心灵，并将家乡的珍贵银杏叶相送，这是对学生进行的无上赞美与激励）说完，孙老师双手递给了学生这片银杏叶。

该生激动地双手捧着这片叶子，深深地向孙老师鞠了一躬，表示感谢。

生："课文最后一句话'追求应该是最大的，但把眼前的一穗拿在手中，这才是实实在在的'，让我懂得人应该有远大的理想，但也应该注重现实。比如，我的追求是考上北大，如果南大录取了我，我应该先去上，因为以后我还可以再考北大的研究生呀！"

"这样，你就既读了南大又读了北大。如此的大学经历，是美妙的，也是双赢的！"说着，孙老师从书中取出一片竹叶，说道："这是我去年从清华校园里摘的，我想送给你。看到这片竹叶，你想到了什么？"（来自清华园的竹叶会让学生兴奋不已、激动不已，能够大大激发学生的参与热情，激活学生的思维）

"我想由考北大改为考清华！"

这下全体师生都大笑了起来。

"好的！我希望六年后，能读到一封来自清华园的信，而这封信正是你写的。"

"一定会的！"该生激动地从孙老师的手中接过那片竹叶，信誓旦旦地说。

"我期待着那一天！"说完，孙老师主动和他拥抱了一下。

台下的师生被孙老师和该生感动了，立即对其报以热烈而长久的掌声。

反思拓展

1. 用激励性评语吸引学生互动

要想让学生愿意和教师互动，并且能互动得起来，互动得有内容，首先，教师就应让学生产生和教师互动的兴趣，让学生跟得上教师的思路，或者说要让学生明白教师的意图。学生如果对教师的话丈二和尚摸不着头脑，就不知道该怎么互动，不知道互动的内容是什么。

互动时，让学生享有话语权固然重要，但让学生真正有话可说才是关键，否则学生缺乏“谈资”，又怎么可能和教师进行高质量的互动呢？由此，教师必须借助评语，设法为与学生互动做好“牵线搭桥”的准备。

在《最大的麦穗》的学习中，孙老师上课时没有开门见山地说“我们这堂课要讲苏格拉底让他的学生找麦穗的故事”，而是先从自己的名字说起，让学生“放肆”地喊自己的名字，以激发学生与教师互动的情绪。尤其是当有学生点破他的意图，说他是在进行师生互动时，他更是用了欣赏性点评，夸奖学生“你还真不简单！小小的年纪，竟然知道如此深刻而又前卫的教学专业术语。孙老师很佩服你！”

面对这样一个愿意夸奖学生的真诚的教师，学生怎么可能没有兴趣与教师互动呢？

2. 用激励性评语开启学生思维

《语文课程标准》指出，对学生的日常表现，应以鼓励、表扬等积极性的评价为主，采用激励性的评语，尽量从正面引导。当学生受到激励、鼓舞时，他们往往乐于交流，乐于动脑，与教师互动的积极性也会大幅提高。所以，在教学中，教师要竭力睁大眼睛寻找学生在课堂上表现出来的闪光点，并予以积极性评价。这样可以让每一个学生都意识到教师在时时关注着他的进步，让他们产生一种被重视感，从而乐意以更积极主动的状态参与到课堂教学、课堂活动中来。

3. 及时激励，调动学生互动的热情

教学中，调动学生互动热情的方法有很多，比如，设计好的互动形式、互动内容，或者及时对学生的课堂表现作出积极性的评价，以让学生了解自身的学习状况，并随时作出调整或自我激发。

所以，在教学中，教师要注意结合学生的实际情况，结合教学内容、教学进度等，及时对学生的表现进行积极评价，让学生及时体验到努力、认真学习所带来的快乐与成就感。

学习是一种快乐的体验，教师要带领学生在“学中乐，乐中学”，使课堂真正成为互动的课堂，成为师生共同参与、教学相长的快乐课堂。

（二）以激励为抓手，让学生敢于畅所欲言

在讲解完《只拣儿童多处行》后，孙建锋老师说：“现在，请你们默读课文，抓住自己感兴趣的地方，写写自己的阅读感受，然后交流。时间六分钟。”

六分钟过后，孙老师说：“这是交流的时间，也是共享的时间。交流没有唯一的答案，只有‘缺席’的遗憾，请大家各抒己见！”

“诗曰：‘儿童不解春何在，只拣游人多处行。’冰心奶奶说：‘游人不解春何在，只拣儿童多处行。’‘儿童’与‘游人’的换位，看得出冰心奶奶的心里有‘儿童’，笔下才有儿童。”

“是呀！你说得很对！心里有儿童，眼里才有儿童，笔下才有儿童。”（第一位学生发表的观点得到了孙老师的肯定性评价，这会让全体学生都心有所动、心有所想、心有所感，并愿意积极参与进来，发表自己的观点）

“‘颐和园门口，就像散戏似的，成千盈百的孩子，闹嚷嚷地从门内挤了出来。’在一般的人看来，这群孩子是顽皮的、令人讨厌的，而冰心却把他们看成活泼、可爱的小天使。”

“太阳是光明的、温暖的，冰心奶奶说孩子‘小小的身躯上喷发着太阳的气息’。”

“冰心奶奶说我们是天使，是太阳，是花朵，是春天。我们感谢她的比喻，感谢她的提醒。是天使，我们要释放可爱；是太阳，我们要释放光明；是花朵，我们要释放美丽；是春天，我们要释放明媚！”

孙老师带头鼓掌，并高兴地说：“你正在释放着可爱、光明、美丽和明媚，不仅是我，在场的每一个人都感觉到了。可爱、光明、美丽和明媚，多么给人力量的字眼啊！你不仅拥有这些，并且让我们都感受到了。”（每一个

听到教师这样称赞自己的学生，都会心花怒放，都会大受鼓舞的）

“读了课文，我知道了‘一年之计在于春，一生之美在儿童’。”

“在这句话的下面画上线，签上你的姓名。记住，这就是你的读书格言。”

“花是美丽的，也是柔弱的；花是美好的，花期却是短暂的。生命柔弱似花，生命短暂如花，我们应当怎样延续美丽的花期呢？”

“了不起的是你从正反两个方面谈花、谈人生。你的问题值得包括我在内的每一个人珍视与探究。我愿意把你的话记在心里，时时警策！”（教师把学生的话当作名言警句，这很少见。孙老师说自己愿意如此，并明确告诉学生——你比老师强，老师要向你学习。学生是乐为人师的，既然老师都说自己强了，那么他们就会做出个样子来，不辜负老师）顿了一顿，孙老师说，“孙老师读这篇文章的时候，发现课文的第六节与原著的第六节不一样——‘春光，就会这样地饱满，这样地烂漫，这样地泼辣，这样地华侈，它把一冬天蕴藏的精神、力量，都尽情地挥霍出来了！’请发表你们的看法！”

学生有的认为原著好，有的认为改编的好。

“现在，请改编派（甲队）与原著派（乙队）陈述各自的观点。”

甲队：“文章不是写给儿童看的吗？‘华侈’，我们不懂。”

乙队：“不懂，正需要学习。我方认为，‘这样地饱满，这样地烂漫，这样地泼辣，这样地华侈’的排比一气呵成，情感贯通。”

甲队：“‘挥霍’是贬义的，不如‘发挥’用得好。”

乙队：“‘发挥’，是有所限制的，显得有些温柔；‘挥霍’是无所顾忌的，显得很洒脱。还是用‘挥霍’更能显出春光的饱满，饱满到可以大把大把地抛撒。”

一个学生此时突然在辩论中转移了话题。他说：“我认为，课文的第四节‘我们站了一会’读起来有点别扭，改为‘我们站了一会儿’较顺口。”

“学习书本而不迷信书本，崇拜作家而不盲从作家，这是一种优秀的思维品质。”（此处的点评，肯定了学生的质疑思维，使得学生愿意更积极地思考，去找出不一样的东西来）

这时又一学生举起了手。

“请讲！”

“春光，把一冬天蕴藏的精神、力量，都尽情地发挥出来了！我，把爸爸、妈妈一生蕴藏的天真、活泼释放出来了！”

孙老师带头热烈鼓掌，然后走近这位比他矮半头的男学生，把他抱到凳子上，左手揽住他的双腿，右手拿着话筒，仰视着他：“你现在比我高，因为你站在板凳上，站在老师的肩膀上，我仰视你，是因为你从课文的字里行间读出了独到的想法。这里，我愿意和在场的同学、听课的老师一起再次聆听你刚才讲过的话语。”（老师仰视学生，因为听到了独到的想法，并且想再听一次。这种事情是很罕见的，可是，孙老师不仅说出来了，还做出来了。这不仅让学生看到了孙老师为人豁达、随性、尊重比自己有见解的人的一面，更感受到了即便自己是学生，也可以想出、说出让老师都佩服的话来，从而敢去想、去说、去做）

该学生很激动地又说了一遍。

教室里再次响起了热烈的掌声。

反思拓展

不管教育观念如何更新、发展，课堂教学都离不开教师的引导。教师应采用激励性的语言对学生进行评价，用自己内在的魅力吸引学生积极主动地参与课堂教学活动，使教学互动达到理想境界。

教师讲授完毕后，学生肯定有一肚子话要说。可是，如何让学生说出来，并且说到点上，说得有激情呢？答案是让学生受到鼓励与肯定。

“你正在释放着可爱、光明、美丽和明媚，不仅是我，在场的每一个人都感觉到了。”“你的问题值得包括我在内的每一个人珍视与探究。我愿意把你的话记在心里，时时警策！”“我愿意和在场的同学、听课的老师一起再次聆听你刚才讲过的话语。”……这些评语平时很少从教师的嘴里说出来，因此，每一位听到的学生都会感受到老师给予自己的肯定，感受到自己的与众不同，而其他学生也会受到鼓舞，因为他们觉得只要自己认真听课，积极参与老师设计的一切教学活动，开动脑筋，发散思维，就同样能说出独特而有意义的观点来，也同样能受到老师的夸奖。

教师应尽可能赋予课堂上的点评以积极的色彩，推动学生主动参与课堂互动。这样的激励，会使学生认识到自身的潜力，会使学生零负担地去思考，让他们紧跟老师的思维，努力与老师做好配合，进行更深层次的心灵互动。

（三）如何让激励性评语更高效

《语文课程标准》中明确指出："阅读教学是学生、教师、文本之间对话的过程。"在传统课堂上，教师以传授知识为中心，把学生看成储藏知识的"容器"或"仓库"，滔滔不绝地讲解，很少考虑到学生的情绪和感受。同时，教师还比较喜欢提问学生，让他们亦步亦趋、诚惶诚恐地忙于应答，但却又很少给学生质疑问难、畅叙感受的机会。显然，这样的教学会限制学生的思维，会让学习变得索然寡味。

那么，教师需要做哪些改变呢？答案就是激励与互动！通过评语对学生进行各种各样的鼓励、肯定与激发，让"互动"成为一种全新的、最有益于学生发展的教学方式。

1. 用点评创设民主的互动氛围

互动是课堂教学的必要环节。没有互动，教师就难以把握学生的接受状况，而学生也难以真正跟上教师的思维步伐。但良好的课堂互动需要一个前提，那就是"民主"。教师要努力用评语营造一种氛围，让学生真正感觉到自己与教师是平等的，让学生在课堂上能自由地呼吸。

这就要求教师的评语更多地体现出商量与切磋、补充与讨论、赏识与肯定、倾听与沟通、尊重与信任、平等与合作。为此，教师要及时捕捉学生的想法，用积极性评语激励、引导学生参与活动，要以学生为主体，学生回答错了，要允许他们重答，答得不完整，要允许他们补充，有不同意见，要允许他们争论，还要允许学生向教师发难，以努力促进学生思维的发展，引发学生获得积极的情感体验，激发学生深入探究、自主创新。

某教师在教学《蒲公英》时，请学生谈论自己的阅读感受。

一学生说："'第二年的春天，落在沙漠里的蒲公英种子早已干死，在湖泊里的蒲公英种子早已淹死，只有落在泥土里的种子茁壮成长起来……'读了这一节，我想蒲公英的种子离开了妈妈，可能枯萎也可能毁灭。但是它们如果不离开妈妈，就永远没有新的生机。"

老师点评道："你的理解很深刻，对老师也有所启发。我认为动物也一样，如强大的狮子、老虎，年幼的时候就要各自独立；再如弱小的鸟雀，也不能永远在父母的羽翼之下。离开父母的动物会有两种结局：一是因不能独立而灭亡；二是因自己的独立而茁壮成长。倘若它不肯离开父母，就只有前面一种结局。”

另一学生说：“在这一方面，有的人还不如蒲公英。例如，我爸爸要到深圳去工作，我爷爷奶奶都哭着不让他离开。”

又一学生说：“我想蒲公英既是孩子的妈妈，又不是妈妈的孩子。说它是孩子的妈妈，因为没有妈妈就没有蒲公英的种子；说它不是妈妈的孩子，是因为它一旦离开了妈妈，就是大地的孩子。”

“妙！有哲理！有一位思想家说：‘你的孩子并不是你的，他们是生命的子与女……你是一只弓，你的子女好比有生命的箭，借你而射向远方。’我想，一个有眼光的家长应该像一杆枪，把孩子装入枪膛，瞄准地球的一个方向，随时扣动扳机，把孩子射出去！”

听了教师的点评，学生们开怀大笑，纷纷点头称是。

在小案例的点评中，由于师生间充分展开了思与思的碰撞、心与心的接纳、情与情的交融，教师的话让每一个学生都感受到了自主的尊严，感受到了自身独特的价值，感受到了精神相通的愉悦，感受到了心灵成长的幸福，从而愿意与教师进行互动，进行平等对话。可见，在课堂教学中，师生间的平等互动，教师欣赏性、理解性的点评，会给课堂营造一种宽松的、自由的学习氛围，会创造出一种无法预料的教学精彩。

2. 欣赏每位学生，激起学生进行互动的自信

每个人都有被赏识的渴望。教师应该“蹲下来”看学生的世界，发自内心地欣赏学生的成长，与学生共同分享成功的快乐，让他们焕发生命的激情。因此，教师既要用欣赏的语言点评那些基础好的学生，又要用积极向上的语言点评那些基础一般的学生，同时还要给那些能力稍差的学生一些赏识性的有益点评，力求让所有学生都能在评语中受到鼓舞、启发，从而积极主动地参与到与教师、与其他同学一同进行的互动中来。

在关注学生的互动状态的同时，教师在课堂上也能享受到教学的乐趣，享受到与学生共同交流、共同学习、共同成长的喜悦。

某教师在公开课上讲授《雪小孩》一文时，请了一位女生读课文，结果由于胆怯，再加之听课的老师多，该学生很害怕，连续读了四次都没成功。

女生委屈极了，眼泪都要流出来了。

老师走过去，轻轻地抚摸着她的肩膀，温柔地说：“没事儿，别害怕！你的发音很准，就是结巴了几下。如果不结巴，就已经很好了！现在你深吸一口气，放松，放松，再放松，然后一字一字地在心里把这句话默读一遍，一会儿肯定能把这篇课文读得很棒。”

女生听后照做了，结果真的成功了。

在全体师生的掌声中，那位女生的眼泪真的出来了。

这就是教师给学生的最有希望、最有力量的点评。评语不仅是教师对学生听课效果、互动效果的评价，更是教师与学生进行的一种高境界的心灵对话。所以，在点评学生时，教师不要让评语停留在好与不好、对与不对、是与不是的层面上，而应最大限度地激励、鼓舞学生，让他们的心灵和智力都获得一个广阔的发展空间，让他们从教师的点评中看到希望、受到启发。

3. 用评语激发学生之间的互动

卢梭说：“儿童有他特有的看法、想法和感情，如果用我们的看法、想法和感情去代替他们的看法、想法和感情，那简直是最愚蠢的。”学生作为性格鲜明的生命个体，总是带着自己已有的知识、经验和情感来接触新知识的。对于新知识，他们肯定会有自己的看法或见解，正如“一千个读者就有一千个哈姆雷特”一样。教师可以引导学生畅所欲言，充分互动，然后对其进行相应的点评。此时，教师引导性和激励性的点评最能促使学生进行深层次的思考。

4. 用评语引发师生之间的互动

真正的互动是在民主和平等的基础上进行的。当前教学中倡导的是自主、合作、探究的学习方式，实行的是开放式教学，所以教师应想方设法让学生树立主体意识、自主意识和主人翁意识。只有当师生之间实现了真正意义上的平等，当每个学生都具有了独立的人格时，学生才会产生与教师互动的意识和能力。这就要求，教师应时时以一个参与者、研究者的身份出现在学生的探索、研究和讨论中，并随时对其进行有针对性的、能引起学生参与活动兴趣的点评，让学生愿意动脑，愿意说出自己的观点，愿意交换自己的看法。

教学中，教师给学生的评语，担负着开启学生思维、激发课堂活力的重要使命，所以教师应重视对激励性评语的运用，使课堂教学真正成为以石击石的火花迸射，以心连心的心潮相逐，以思促思的智力引爆，以情生情的激情奔涌。

让学生学得有滋味，更让学生发散思维

——提示性评语里的智慧

课堂上，提示性评语的运用常常不是以单一方式进行的，而是几种方式交叉使用。教师在课堂上如果能够灵活运用提示性评语，可以起到导航和衔接的作用，会在不知不觉中把几方面的知识组合成一个有机的整体，从而达到增强课堂教学效果、提高课堂教学质量的目的。

概括来说，课堂提示性评语主要有以下几种形式：

1. 直接式提示性评语

此类评语，用语要简短，内容要鲜明，其作用是可以直接导入要讲授的内容。如在教《挑山工》一文时，在学生初步认识挑山工，弄清挑山工是怎样上山，又是怎样赶到游人前头去之后，教师可以用第一段最后一句话进行提示："挑山工是像仙人那样腾云驾雾赶上来的吗？要想知道结果，我们来学习第二段。"这样的提示性评语，入题要迅速，要给学生一种直接的提示。

2. 归纳式提示性评语

此类评语是对大量的内容和问题进行总结，归纳出一两点重点要讲的内容和问题。如教《桂林山水》，教师可以先直接导入，揭示课文主题"桂林山水甲天下"，再和学生共赏（录像）桂林山水，畅谈桂林山水之美，然后教师归纳提示："桂林的山水真美呀！那么桂林的水有哪些特点？山又有哪些特点？桂林山水交融，舟行碧波，又给人留下什么样的印象呢？我们来学习课文。"如此一归纳，课堂教学的目的和任务就变得更为明确了。

3. 提问式提示性评语

它是通过创设一系列问题，使学生的认识由此及彼，以达到课堂教学内容的转换，如教《田忌赛马》，教师可以设计两组问题。

在学生初读课文后教师提出第一组问题：田忌和齐威王赛了几次马？第

一次的三场是怎么赛的，结果如何？第二次的三场是怎么赛的，结果如何？为什么第二次能转败为胜呢？这样一提示，学生就很容易进行讨论解答。紧接着教师提出第二组问题：第二次比赛田忌有没有换马？田忌和齐威王谁的马强？第二次比赛田忌是怎样赢了齐威王的？课文中说“只调换了一下出场顺序，就可以转败为胜”，那么是否随便调换一下出场顺序就可以转败为胜呢？（学生通过排列，得出只有一种办法能赢）让学生认识到一个“只”字看来轻描淡写，实质上含义深刻，那是孙膑通过仔细观察、认真思考后才得出的办法。在此基础上教师提出最后一个问题：请同学们联系全文说说学习了课文受到了什么启发。

4. 激情式提示性评语

它是用感人的语句激发学生的情趣，引导学生进入角色，使他们陶醉于诗情画意之中。如教《古诗两首》，在辅导学生学习了第一首《暮江吟》后再转入第二首《枫桥夜泊》时，教师可以设计这样的提示性评语：“《暮江吟》把我们带到了深秋的江边，让我们观赏了从日落到夜晚的景色。从诗句的字里行间，我们体会到了诗人白居易对大自然的赞美之情。那么第二首诗《枫桥夜泊》又将让我们看到什么，听到什么，想到什么呢？请朗读第二首诗。”如此充满激情的提示性评语，能够让学生在浓郁的情绪中从一个场景自然地进入另一个场景之中。

课堂教学中，提示性评语的功能主要在于激励、唤醒与鼓舞，它能调动学生参与的热情，发掘学生的潜能。但教学过程是动态的，充满了未知的变数，一些可以开发利用的课堂教学情境往往会突如其来，也会稍纵即逝，教师若能把握时机巧妙运用提示性评语，则会让课堂充满勃勃生机，把教学引向深入。

（一）巧妙运用提示性评语，让学生学得有滋有味

新课程立足于每位学生的发展，而课堂无疑是促进学生发展的最前沿阵地，也是学生得以发展的最重要场所。要使学生得到最大的发展，教师的课堂评语有着非常重要的作用。特级教师窦桂梅在《落叶》的教学中对提示性评语的使用，给我们树立了榜样。

师：刚才我们看到了香山的景色，感受到了这片片落叶带来的美，现在

送给大家两篇文章，让大家在文章中感受落叶带来的美。遇到不认识的字想办法去解决，这些方法老师不说，你们也一定知道。（课程一开始，窦老师有意在导语中借香山景色中的“片片落叶”埋下伏笔，做出了一个不动声色的归纳式提示）

（学生读书）

师：有的同学跃跃欲试，想读了，看谁倾听别人的话像刚才那样用心。

（点名学生读第一节）

师：他读“当作”读得真准啊，我们也这样读，齐读。

（生读）

师：这个“当”字在句中有两种不同的读音，你们都读出来了，真了不起。再读这句，看谁读得正确流利。（窦老师借助对学生的评价，着重提示出了“当”的不同读音，这样的提示，比生硬地让学生自己查字典要精彩很多。这是激情式评语的范式）

（生读）

师：我可听出来了，“藏”这个字她怎么读得这么准啊。一起读这个字，把它送到句子里再读。（窦老师再次利用评语，提示学生对“藏”字进行关注）

师：全班齐读最后一段。

（生读课文）

师：你们真的真的很棒。

师：看课文第一段，放声再读读。

（生读课文）

师：这段话有个词特别好玩，重复了两次，发现了吗？（窦老师利用“特别好玩”这样的提示让学生对重复出现的词语加以注意）

生：一片一片。

师：读，再读。（师在黑板上画一片叶子）这是一片。一片一片那就是两片了。（边说边画第二片叶子）（窦老师不仅运用了语言提示，还利用了图示，并且故意将“一片一片”定量为只有两片叶子，这对学生的思维产生了极大的触动）

生：不是，有许多，很多很多片。

师：言外之意我明白了，这一片一片就是好多好多，那再读读，把一片一片的感受送到句子中。（生读）哎哟，她读这个“落”呀，我感受到了“落

下来”。想象一下，怎么落呀？（窦老师提示学生对动词“落”进行感受）

生：慢慢落下来。

生：慢慢地一片一片地落下来。

师：啊，飘飘洒洒。

生：随风舞动。

师：多有诗意啊，缓慢地落下来，就这样像小蜻蜓、小蝴蝶似的慢慢地舞动着，你再读这句话，那样那样地落下来。

（生读）

师：落得多轻松啊——“落下来”。

（又一学生读）

师：这次风很大，一下子就落下来了。

师：好的，咱们亲眼看看这落叶是怎么落下来的。

（放课件）

师：一片，又一片，接着一片，把这样的感受加上你刚才的体会再送到这句话中，看着图读。

反思拓展

1. 提示性评语能够促进学生深入探讨

对于“一片一片”这个普通但重要的词，窦老师先是说“一片一片那就是两片了”，故意用错误的提示来引发学生思考，在学生感受、体验透彻之后，窦老师又用一句“那再读读，把一片一片的感受送到句子中”的提示，促使学生将情感内化。窦老师的评语虽然简短，但却句句富有提示学生深入思考的生成实效，使学生能够对文意进行深入探讨。

2. 优美的提示，带学生入情入境

《落叶》是一篇语言优美而富有童趣的文章。窦桂梅老师每一次充满激情的提示都直接影响着学生的思维，使其生成新的意境。窦老师一开始以香山的红叶引入，把学生带入了一个优美的实景中，使学生的思维有了一个参照的生成空间。接下来在每一次提示中，窦老师无不以引发学生的思维为目的，并且语句优美，给人以美的享受。

3. 多角度提示，丰富学生的感受

对学生的评价，窦老师也是创意不断。对于同一句话的朗读，她用了不同的评语，“她读这个‘落’呀，我感受到了‘落下来’”“落得多轻松啊——‘落下来’”“这次风很大，一下子就落下来了”。窦老师的评语使学生不停地深入思考，感受着每个文字的丰富内涵。

（二）巧妙暗示，让学生发散思维

人教版小学语文第七册的《积累·运用六》中有一篇阅读短文《雪化后是什么》，文中提到关于“雪化后是什么”这个问题有三种答案：父亲和儿子的答案是“雪化后变成水”，班长的答案是“雪化后变成水蒸气”，王叔叔五岁的儿子的答案是“雪化后变成春天”。文章的后面有一道思考题：“你对短文中的三种答案是怎样看的，你的答案是什么？”

某教师巧妙地利用提示性评语，使学生突破固有思维，生成了别样的精彩课堂。

该教师在四年级的两个班里分别做了实验，给（2）班上课时，他没有对上述三种答案发表看法，也没有引导学生对问题进行深入的思考讨论。他让学生自由发言时，他们几乎说不出什么来。

在给（1）班上同样的课时，他在导入时先说了这样的评语：“文中关于雪化后是什么的三个答案都是对的，但无所谓哪个‘最好’。答案没有‘最好’，也不是‘唯一’的。雪化后变成水，变成水蒸气，这两种答案都是正确的，也是科学的。这三个答案之间并没有什么可比性，只是最后一个答案更富有诗情画意，更容易引发人们的翩翩浮想。文中的作者认为‘雪化后变成春天’是好的答案，那么你们的看法呢？老师相信你们，你们应该有与作者不一样的答案。大家发散一下思维，看看会有什么结果吧？”（正是教师这样的提示，才引发了学生思维的不断拓展，使学生敢于挑战权威，寻求不一样的答案）

这样一来，学生的思维奔放而无拘无束，答案也因此变得多种多样：

生：我认为“雪化后是春天”，因为冬去春来。

生：雪化后不一定是春天。比方说在北方，冬天的时间长，雪化后可能是春天来了，也可能仍然是冬天。

生：雪化后变成河流，河水滔滔向前奔流。

生：雪化后变成瀑布，从山上飞流直下，疑是银河落九天。

生：雪化后变成山清水秀，鸟语花香。

生：雪化后变成绿色的世界，野火烧不尽，春风吹又生。

生：雪化后变成灾难。老师说过，一旦南极洲和北冰洋的冰山化了之后，地球上的一些沿海大城市都会被水淹没的。

生：雪化后变成丰收。俗话说，瑞雪兆丰年。

……

反思拓展

学生思维的发散在很大程度上依赖于教师的提示。因受知识水平和阅历的局限，学生在认知方面往往会有一些片面性、浅显性。此时教师的提示、引导，就是最有力的“教”，它能让学生开阔眼界、拓展思路，把认知引向深入。比如，对“雪化后是什么”这一问题，文中“最好的答案”的说法在很大程度上约束了学生的思维，使学生的思维形成了一种定式，都“最好”了，哪还有什么其他的答案啊！但案例中的教师却不这么想，他设计了一段巧妙的提示，这种提示在很大程度上让学生豁然开朗，让学生知道了“答案没有‘最好’的，也不是‘唯一’的”，从而给了学生一个挑战自我、挑战教科书的机会，使学生的答案从“一枝独秀”到“百花齐放”了。

教师给学生提示性评语，就是将隐含教育价值的生成内容转换为学生的学习活动，给予学生更恰当的提示，以达到及时回应、有效回应的效果，并使学生形成多角度的思维方式。教师给学生提示性评语，不仅有利于加深学生的理解和感悟，更重要的是能使学生的思维不局限在既有的答案上，使学生能积极大胆地拓展思考。

在课堂教学中，常会碰到一题多解的情况，对此类问题的提示性评语教师更应该提高重视，以使学生的思维形成深刻性、发散性、变通性、灵活性和开放性的特点，让他们养成探索多种解法的习惯，而这也有助于教师发现学生的问题所在。

（三）如何让提示性评语更高效

利用提示性评语将学生引入思考环境中，让他们学得深入、透彻，这不仅是一种教学技能，更是一种教学艺术。正如布卢姆所说："人们无法预料教学所产生的成果的全部范围，没有预料不到的成果，教学也就不会成为一种艺术了。"教学的技巧并不在于预见到课堂的所有细节，而在于根据当时的具体情况，在学生无法察觉的情况下给予他们巧妙的提示。

1. 利用提示性评语促进学生新思维的生成

教师在课堂上应该尽可能地将隐含教学价值的内容转换为学生的学习活动，即教师要轻知识目标的达成，重学生的过程体验、经验积累及情感态度和能力的培养。如果教师能够巧妙地利用提示性评语，那么课堂的生成与预设就会得到有机的融合，无形中给学生更多的思维时间和空间，使课堂教学最终达到及时回应、有效回应的效果。

某教师布置了一道思考题给学生："'春风又绿江南岸'中的'绿'字，作者在作诗过程中曾改过多次，试想想，作者可能用过哪些字？"（教师在导语中提示了"绿"字还可以用其他的字来代替，有效地引导、拓展了学生的思维。类似的提示性评语不一而足，教师可以根据自身实践灵巧掌握并运用，让学生的思维始终围绕课堂转）

学生的答案有"吹""到""来""染""过"……教师让学生把这些字放到诗中读一读，和原诗作比较，然后问他们用哪个字好。有学生比较完后说自己的字比原诗用得好。如果教师说："你也变成个诗人了，不过还是'绿'字用得好。"这样的评语是不能让学生心服口服的。

此时，教师可以给学生这样的评语："同学们都有自己的见解，这值得赞赏。请把你选择的字放到诗句中，读一读，想一想，再读原文，然后告诉大家，你仿佛看到了什么，想到了什么？"让学生去读，去比较，去感悟，去发现"绿"字的美妙，也体会自己选择的字的不同凡响，而不必非得要学生接受"绿"字就是唯一的好答案这一观点。

2. 利用提示性评语，让学生的学习上台阶

在课堂中如果教师发现学生有疑问，而这个"疑问"又含有课程目标的话，就大有文章可作了。教师可以顺其“疑问”巧妙提示，引导学生由此及彼地进行推理，对课程的思路、目的做一个透彻的分析。这样的学习过程，会使学生的学习进入更高一层境界的。

某教师在教学《小英雄雨来》时，课堂气氛活跃。在谈到雨来的英勇顽强时，学生情绪都很激动。

这时，教师小结一下，引入下文：当听到还乡河传来枪声时，乡亲们都以为雨来被鬼子打死了，都伤心地往河沿跑。雨来真的死了吗？

有学生举手，教师以为他要回答问题，便让他站起来回答。

生：老师，我有一个地方不明白。

学生的话让老师感到意外，但老师还是示意他说出来。

生：老师，我在想，日本鬼子为什么不在屋子里就把雨来枪毙，而非得把他拉到河沿上去呢？

师：你问得很有意思！给老师的感觉就好像是眼前有一道光闪过。同学们，老师现在请你们就这个问题来谈谈自己的看法。请大家各抒己见吧！（类似的疑问在课堂中会不时产生，即使教师不作出回答，对整个课程也产生不了多少影响，但可能会失去一次让学生学深学透的机会）

生：我认为鬼子多此一举，不过幸亏他们这样，要不然雨来就逃不掉了。

生：我觉得这是鬼子的阴谋，他们是想告诉村子里的人们，如果不跟他们合作，就是雨来这样的下场。

生：这叫杀一儆百。

生：还有一种可能，我认为鬼子是想引出李大叔。

师：大胆说出你的理由，也许你的理解会给我们更多的启示。（这样的顺水推舟，可以将问题多元化、明晰化、深入化）

生：鬼子根本就不想杀雨来，而只是想乘机引出李大叔。把李大叔抓住，这才是鬼子的真正目的。如果李大叔知道雨来被抓之后要被枪毙，一定会奋不顾身跑出来救他，电视里的共产党员都是这样做的。

生：我觉得这是作者故意安排的。如果鬼子不把雨来拉到河沿上去枪毙，就不会有后来雨来死里逃生的事了，这样一来，文章开头写“雨来的游泳技术高”这一部分内容就是多余的了。

……

3. 利用错误巧设提示性评语，让学生生成正确认识

课堂教学活动首先应该被看作师生的一段重要的生命经历，是人生的构成部分。教学中最重要的不是学生是否百分之百地学会了什么，而是学生是否以健康积极的情感态度参与了课堂。课堂教学应成为师生、生生之间心灵沟通、智慧碰撞的对话过程。在课堂上，学生的多元反应不一定都是正确的。当学生的表达与一些固有观念发生矛盾的时候，教师不应做放任自流的旁观者，或是毫无主见地趋向中立，更不能不分青红皂白地一棒子打杀。教师有必要利用提示性评语让学生获得正确的认识。

在教学贺知章的《回乡偶书》时，学生读完古诗后，教师让学生根据注释提供的资料，结合自己的理解，说说诗句的意思。

师：哪位同学愿意把自己的体会说出来同大家分享？

生：“少小离家老大回”的意思是贺知章小的时候就离家出走……

“哄——”教室里爆发出一阵大笑。

生（插嘴）：老师，贺知章小时候离家出走，他是个不良少年。

一时间，教室里像炸开了锅，刚才回答问题的学生满脸通红，站在那儿不知所措。

教师示意刚才回答问题的学生再重复一遍。

生：“少小离家老大回”的意思是贺知章小时候就离开家乡到外地去。

师：贺知章在小时候就离开了家乡到别处去，现在请大家来讨论一下，贺知章离家另走他乡的原因是什么？他真的是不良少年吗？（学生对课文理解错误是经常发生的事情，明智的教师应该善于抓住这样的错误，利用有效的提示性评语使课堂变得更精彩）

生：因为贺知章的父母工作调动，他跟着一起去。

生：贺知章的父母早亡，他去投奔远在他乡的亲人。

生：贺知章家里穷，他从小就得跟人到外地做生意赚钱。

生：贺知章的父母从小就送他出国留学。

……

师：在这一个环节里，大家做了一回自由的思想者，并且颇有趣味地用现代人的观点来理解古代的诗句。不管贺知章小的时候以什么理由离开家乡，在数十年后重回家乡时，他实在难以掩饰内心的万千感慨——少小离家老大回，乡音未改鬓毛衰。（教师借这两句诗，让学生体会贺知章悲喜交加的心情，让学生与诗人产生共鸣，使学生在继续学习的过程中，不再去追究“不良少年”的事情）

4. 利用争论设提示性评语，促使与众不同的精彩生成

利用争论巧设提示性评语，既要求教师对文本非常熟悉，又要求教师能敏锐地发现问题的价值，而且一旦问题铺展开来，教师还要对它的动向把握得不偏不倚，处理得恰到好处。否则，随意把握生发点，或指向不明，或方法不当，都有可能导致无效的教学生成。只有在提示性评语用得好、生成状况来得妙的课堂里，学生才能无所畏惧地畅所欲言，而只有经过这样的锻炼，学生的各种能力才有可能真正得到提高。

在教学《金色的鱼钩》时，教师让学生用一定的速度读课文，并完成一道填空题：这是一个________的班长。小组合作讨论之后，学生代表发言。

生：这是一个舍己为人的班长。

生：这是一个诚实守信的班长。

生：老师，我反对。老班长没有做到诚实守信。（课堂上往往会出现这种无法预见的不同声音，这是学生自主的表现，教师应鼓励这样的不同，并及时对其作出反应，利用提示性评语引导学生）

生：老师，这篇课文讲的是老班长牺牲了自己，成全了三个小战士的事情，与“诚实守信”没有什么关系。

……

师：我建议同学们先别急躁，你们都静下心来听听他的理由，好吗？

生：老班长答应过指导员，无论多么艰苦，也要把三个小战士带出草地，而在还有二十多里路就要走出草地的时候，老班长却死了，所以我说他没有实现自己的诺言。而且在老班长奄奄一息的时候，他自己也亲口说“我没有完成党交给我的任务”。

师：老师很高兴听到你这样的观点，这说明你认真看书、认真思考了，这值得所有的同学学习。生命诚可贵，难道老班长就不愿意让自己好好活下去吗？请同学们再读课文，一边读一边想，老班长为什么就不喝那救命的鱼汤？（教师通过肯定、提示的方法，将问题摆在每个学生面前，然后让他们通过探讨得出正确的结论，而这样的结论对学生来说是最有说服力的）

（学生读书思考）

生：我从“奄奄一息”这个词看出来老班长快要死了，他知道自己就算喝了鱼汤也活不下去的，所以他就说别浪费东西了。他不喝，是要把鱼汤省下来给三个小战士喝。

生：文章前面说，老班长四十岁还不到，就“背有点驼，高颧骨，脸上布满皱纹，两鬓都斑白了”，我觉得老班长长时间营养不良，到这时，生命已走到尽头了。

生：老班长之所以会变成现在这样子，是因为他总把吃的东西都让给三个小战士。书上说得很清楚，“我从来没见他吃过一点儿鱼”“他坐在那里捧着搪瓷碗，嚼着几根草根和我们吃剩的鱼骨头”。

生：老班长为什么要这样做，他自己也解释得很清楚，他说：“眼看你们的身子一天比一天衰弱，只要哪一天吃不上东西，说不定就会起不来。真有个三长两短，我怎么去向党报告呢？难道我能说：‘指导员，我把同志们留在草地上，我自己克服了困难出来啦？’”

生：这让我想到了《马背上的小红军》这篇课文，小红军和老班长都是那种为别人想得多、为自己想得少的人。

师：现在我们再回到最初的那个话题，老班长是个讲诚信的人吗？（通过讨论，教师提示学生自己下定结论，从而达到了“教是为了不教”的自主学习的目的）

生：我觉得是，他答应指导员要把三个小战士送出草地，事实上三个小战士是平安走出草地了，老班长说到做到了。

生：老班长如果自私一点，每一次做好鱼汤自己先喝的话，死的人就不会是他了。他为了实现自己对指导员的承诺，付出了生命的代价。

生：老班长和《军神》中的刘伯承一样，让人肃然起敬。

……

5. 让意外不仅仅只是意外

新课程理念认为，课堂不应是完全预设的，而应随机以学定教。这就要求教师充分发挥自己的教学机智，抓住契机做文章，通过巧妙引导和提示，使学生生成对文本的感悟和颇具个性的心灵体验。

（1）借题发挥，点石成金

在教学“时、分、秒”时，上课铃声响起。突然，一名学生要小便。全班骚动。教师说完“你去吧”之后有了好主意：“同学们，请你们看着墙上的钟表并算一算，他浪费了我们多少时间。”该生回来后，学生纷纷汇报他所用的时间，结果不统一。该教师问：“你们是怎样看时间的呢？你们想交流吗？”教师在学生的交流中相机教学新知。

案例中的随机事件，是教学中的“不和谐音符”，但教师并没有责怪造成该事件的学生，而是别具匠心地用一句“请你们看着墙上的钟表并算一算，他浪费了我们多少时间”的提示性评语，将其转化为教学的切入点，“不和谐音符”就在简单的一句提示性评语中成为了一笔意外的教学资源。

（2）顺水推舟，乘虚而入

在教学“角的认识”时，教师正在介绍三角板三个角的度数，突然，一名学生质疑：“老师，我的三角板比你的小得多，它们的三个角的大小怎么会一样大呢？”教师乘机而入，组织学生讨论这个话题：“你的问题很好！为什么会这样呢？大家开始讨论吧。”

案例中的随机事件虽出乎预设思路，但合乎情理，合乎教学流程，利用这个事件，教师顺势引导，使教学顺利进入了下一环节。学生既然自发地吹来了“东风”，教师就应迎“风”而上，让一些随机事件生成教学资源。

（3）“见风使舵”，乘机递进提示

在教学“平行四边形面积”一课时，教师在进行了一番铺垫后问：“你们想知道平行四边形面积的计算公式吗？今天这节课我们就……”老师正想按部就班地板书课题时，一名学生突然说：“我知道，平行四边形的面积＝底×高。”听课老师的第一反应就是：好了，设计的精彩教学过程怎样继续？拭目以待吧。

只见教师边点头边笑眯眯地问：“你怎么知道的？”这位学生自豪地说：“我从书上看到的。”“那平行四边形的面积计算公式是怎样推导出来的呢？”教师顺势而下地问。“我知道，把平行四边形沿着高剪，拼成一个长方形。”教师边拍手赞同边提问：“你说得太棒了，那你知道为什么要沿高剪，不沿高剪可以吗？”该生摇摇头。教师略带兴奋地鼓励道：“不要紧，下面我们不妨一起来动手试一试。”原定让学生探索结论的教学过程因这一“插曲”变成了让学生验证结论的教学过程。

案例中的事件打乱了教师的预设，扰乱了教学程序，但教师没有选择回避，也没有对学生作出批评，而是选择了适应，顺势不断地给出提示性评语，让学生一步步配合完成课题，做到了教学有法但无定法，寓有形的预设于无形的动态教学中。

课堂教学的过程是一个师生双边活动的过程，是一个动态生成的过程，它需要教师、学生与文本三者之间产生共鸣。在面对一些突发的问题时，教师可以借助提示性评语化被动为主动，随机运用自己的教学机智，促进课堂生成，使课堂更具吸引力，使教学更加深入、明晰、透彻。

给学生火眼金睛，不让易混淆知识蒙混过关

——点醒式评语里的智慧

如果知识以易混淆的状态呈现，那么它就会给学生的学习带来消极的影响，同时也会给教师的教学带来一定的压力。如此下去，它的危害性就会越来越大。

一方面，它模糊了知识之间的界限，让学生抓不住知识的内核。由于易混淆的知识过于宽泛，致使相关知识的外延相互交叉，它们之间的区别变得模糊，最终影响了学生对知识内核的把握。

另一方面，它不利于充分发挥知识对实践的指导作用。知识是用来指导实践的，如果学生对知识本身都认识不清，就只会把实践推向歧途，也会使教师的教学目标产生偏移。

那么，该如何避免易混淆知识产生的危害？又该怎样使易混淆知识变得容易接受和理解呢？一个有效而又便捷的途径就是用点醒式评语转变知识的呈现状态，让它以明晰化的状态展现在学生面前。

（一）用“耳熟能详”褪去混淆的外衣，让知识明晰化

黄爱华是著名的特级教师，在实际的教学过程中遇到学生容易混淆的知识时，他总能想出巧妙的评语使知识以更明晰的状态呈现在学生面前。

在教学“24时计时法”时，考虑到时间知识的易混淆性以及学生对时间认识的模糊性，黄老师是这样展开教学的：

“中央电视台有一个收视率很高的节目，现在老师放一段片头音乐，请同学们猜一猜是什么节目。”黄老师一边说一边用多媒体播放了《新闻联播》的片头音乐。

当音乐刚响起时，有的学生立马说："是《新闻联播》。"而有的学生则认为是《新闻30分》。这时就有学生站起来反驳说："不是《新闻30分》，《新闻30分》是中午播出的，这应该是《新闻联播》。"

"是吗？那《新闻联播》又是在什么时间播出的呢？"黄老师问。

"是在晚上7点。"学生们异口同声地回答。

黄老师一边在黑板上写下"晚上7：00"，一边说："大家都认为是这个时刻，现在我们一起来看看电视上是否写着'晚上7：00'。"（黄老师用大家耳熟能详的事物提出了知识点，为随后引导出学生容易混淆的时间知识做了铺垫）

在看过《新闻联播》的片头视频后，有的学生说："电视上写的是19点，不是写着晚上7点。"有的学生则说："《新闻联播》确实是晚上7点播放的呀，那么19点就是晚上7点。"

在黑板上写下"19：00"后，黄老师不慌不忙地说："其实这是一种计时方法，那么它和我们所说的晚上7点到底有什么不同呢？今天我们就来好好研究一下计时法。"

黄老师接着说："这是电视节目预报表，下面请大家把自己最喜欢的节目在什么时刻播出说给小组其他同学听听。"

课堂上顿时议论纷纷，而黄老师则在黑板上写下两组时间：

9：30	16：40	19：00	22：00
上午9：30	下午 4：40	晚上 7：00	夜里10：00

等学生讨论完之后，黄老师说："大家看到，现在黑板上出现了两种计时法。请问这两种计时法有什么不同？分别给它们起个什么名字好呢？你更喜欢哪种计时法？接下来我把时间交给大家，请同学们在小组内交流，并把研究的结果说给其他同学听。"（给时间记忆法取名字，会让容易混淆的时间知识在学生的记忆中得到进一步的强化）

过了一段时间，有一位学生主动站起来说："我给上面的这种计时法起名叫24时计时法，下面的叫12时计时法。我认为它们的不同是：24时计时法过了中午12点后，继续叫13点、14点等；12时计时法过了中午12点后就叫下午1点、2点了。我喜欢12时计时法。"

黄老师笑着说："你能够完整并有条理地回答这三个问题，这很好。那你为什么给它起名叫24时计时法，而不叫25时或26时呢？你为什么喜欢12

时计时法呢?”(故意针对学生的认知作出评语，让容易混淆的知识得到进一步的拓展)

这位学生想了一会儿，答道:“因为一昼夜是24小时，所以起名叫24时计时法。我喜欢12时计时法，因为它在早上、晚上都很具体，一看就知道是什么时刻了。”

这时又有另外一位学生站起来说:“我也很喜欢12时计时法。再说了，用24时计时法还要算半天，再把它转换成12时计时法太麻烦了。”

黄老师立马说:“那我们努力学好今天的课，以后就不麻烦了!”

又一学生说:“我喜欢24时计时法。因为12时计时法还要加上午、下午，也很麻烦。再说早上7点和晚上7点，又很容易混淆。有一次，我爸爸帮我妈妈买一张火车票去外地，他告诉我妈妈说是7点的车，我妈妈以为是晚上7点，结果没赶上那趟火车。”

“很好，你能够联系生活中的具体例子来说明自己的观点。这一知识确实存在着一定的易混淆性，如果没有说清楚是早上或是晚上，则比较容易将时间弄错。现在我们就要改变这种状态，让它们以更明晰的状态呈现出来，让我们的学习和生活都变得清晰。”(黄老师肯定了学生的看法，点出了分清易混淆知识需要联系生活的重要性，也就是用“耳熟能详”的事例来使易混淆知识明晰化)

此时，又一学生站起来说:“我也喜欢24时计时法，因为这种计时法在计算时间上比较方便，比如，商场9时开始营业，22时打烊，要算营业了多长时间，只要用22减9就可以了。”

“你说得也有道理，这样计算起来就显得清楚了。”黄老师说。

有的学生持有不同的意见，说:“我喜欢12时计时法，因为在生活中人们很喜欢用它。星期天，我约同学去踢足球，打电话时就会说，下午4点在体育场会合，而不是说今天16点在体育场会合。”

对所有学生的回答作出充分肯定后，黄老师继续问学生:“为什么电视上要标上19:00，而不标晚上7:00呢?”

这一问题又引来了学生的讨论，有的认为标晚上7:00其实也可以;有的认为这样不好，这样的话不懂中文的外国人就看不明白了;有的认为标上am表示上午、pm表示下午就可以了;有的考虑得更周到，主张中文、英文都标上;还有的则认为都标上的话就会在画面上占很大的空间……

黄老师说："看来大家考虑得还挺周全的呀，我看还是用24时计时法标上19：00比较好，这样显得很简明，大家一看就明白。同学们再思考一下，除了在电视上，还有哪些地方用24时计时法呢?"（再一次提醒学生联系生活实际）

"飞机票、火车票还有汽车票上的时刻。""广播中的时间播报。""手机上的时间。""银行门口的营业时间牌子上。""信箱上标的取信时间。"……学生争先恐后地回答。

"看到大家在讨论的过程中积极开动脑筋，大胆发表自己的观点，老师很高兴。这说明大家对这样的计时并不显得陌生。不错，交通部门、邮电部门、广播电视等在工作中需要很强的时间概念，为了计时方便、简明都采用24时计时法。而12时计时法在早上、晚上几点的表示上都很具体，在生活中特别是在交流对话的过程中应用得比较广泛。"黄老师作完总结后，继续说，"我们已经比较了两种计时法的不同，接下来请大家思考并探讨一下它们相同的地方。"（让学生从比较中分清易混淆知识）

不一会儿，一个学生说："我发现两者中午1点之前的时刻都是一样的，只是12时计时法表示的时刻，前面要加上早上、上午或中午。"

黄老师问："那中午1点之后就没有相同之处了吗?"

他思考了一会儿说："有啊，13：10和下午1：10，表示分钟的10是一样的。"

他刚说完，另一个学生举手站起来说："我发现中午12点之后，两种时刻都相差12小时。"

"了不起的发现呀!"黄老师表扬了她，接着说，"是的，经过计算我们知道，在中午12点之后，表示同一时刻时两种计时法相差的都是12小时，我们一起为这位同学的发现鼓掌。"

课堂上顿时响起了热烈的掌声。掌声过后，黄老师问："现在大家对时间知识是否有了一个清晰的认识呢？看到用24时计时法表示的时间，大家能否很快地转换为12时计时法呢?"

"能!"学生信心十足地回答。

"那好，现在老师就来考考大家，有两个足球队在15时准时比赛，于16时47分结束，请大家用12时计时法来计时。"黄老师说。

很快学生便得出正确答案了，黄老师又问："看来大家都已经掌握了这两者之间的转换关系了，那又有谁愿意说出一个用12时计时法表示的时间，让老师用24时计时法来表示呢？前提是大家先在稿纸上写下正确答案，再出题考我。”

有位学生问：“中午12点怎么表示？”

“就是12点。”黄老师回答。

又有一位学生问：“夜里11点45分怎么表示？”

黄老师故意表现出很为难的样子，说：“这道题有点难，谁愿意帮我呢？”（故意将知识难点抛给学生，这也是点醒的一种常用方法）

一个学生说：“在11点上加上12就可以了。”

“哦，那就是23点45分，谢谢你。”黄老师说。

这个教学环节结束后，黄老师在黑板上画了一条直线，说：“我们假设这条直线表示时间，现在老师在这条直线上写上昨天、今天、明天，那么昨天和今天、今天和明天之间都有一个分界点，老师想问的是，在第一个分界点上的数字应该是几？”

有的学生认为应该是0，有的学生认为应该是1。

“无论是1还是0，大家都要给出理由。”黄老师笑着说。

一个学生站起来说：“我认为是0，因为夜里1点前面的一小时也是属于今天的，所以今天应该从0点开始算。”

黄老师点点头说：“很好，就这个0点，老师还有三个问题。第一，0点跟昨天有什么关系；第二，0点是白天还是黑夜；第三，0点时，钟面上的时针和分针分别在什么位置？请各小组讨论后回答。”（进一步强化知识点，让易混淆知识更明晰化）

不久，有一个学生发表了他们那组的看法：“我们小组一致认为，0点就是昨天的24点，如果是今天的24点那就是明天的0点。0点是黑夜，不是白天。0点时，钟面上的时针和分针都指着12。”

在这位学生回答后，黄老师一边打开多媒体，一边说：“大家请看屏幕，这就是0点时的钟面。我们一起来看看一昼夜中钟面从0点到24点间时针和分针的变化过程。”

随着钟面的变化，夜色逐步变淡，太阳慢慢升起，接着星星、月亮出现。在这个过程中，学生从整体上感受了从0点到24点的变化过程，同时也了解了两种计时法之间的关系。这样，容易混淆的知识也变得清晰了。

在看完这个过程后，黄老师对学生说："请同学们回顾刚才的学习过程，大家都有什么收获呢?"

有的学生说自己学会了两种不同的计时方法；有的学生说自己明白了为什么交通部门、邮电部门、广播电视等在时间记录上都采用24时计时法；有的学生说自己知道了0点和24点的区分；有的学生则说自己再也不会将两种时间弄混淆了。

一堂让容易混淆的知识明晰化的课就这样圆满结束了。

反思拓展

人们经常会有这样的感受：在面对一对双胞胎姐妹时，往往分不清谁是姐姐谁是妹妹，在知道了她们的名字后，有时也会把她们的名字叫错。为什么会出现这样的情况呢？因为她们的长相太像了，太容易让人们混淆了。

知识也一样，它像无边无际的海洋，包罗万象，其中不乏一些看起来相似却又有着很大区别的知识，即容易混淆的知识。在讲解这些知识时，教师要抓住易混淆知识的细微特征，用点醒式评语积极转变它们的呈现状态，让它们在学生面前变得明晰化。案例中黄老师的教学正体现了这种过程，通过该教学，黄老师不仅帮助学生认识并掌握了24时计时法，还让他们对容易混淆的时间概念有了清楚的认识。

上课之初，黄老师就在一定程度上创设了生动有趣的情境，激发了学生对数学的兴趣。对于时间问题，学生在日常生活中都曾接触过，也对其有一定的认识，但是仍然存在着某些方面的不足。黄老师用恰当的评语，使学生的已有经验在大家"耳熟能详"的事例中得以总结与升华，与将要学的内容发生交互作用，从而帮助学生建构起了属于他们自己的、清晰的时间概念，为转变易混淆知识的状态奠定了一定的基础。

接着，黄老师又提出了一系列的点醒式评语，为学生提供了充分理解数学知识的机会。他要求学生给两种计时法起名字并比较它们的异同。这样既体现了学生是学习的主人，又说明了数学学习是一个生动活泼的、主动且富有个性的过程，从某种程度上来说，它也使易混淆知识变得明晰化，变得更容易被学生所接受，也更容易让学生明白了。

教学要关注每一个学生的发展，要在“学生本位”的价值取向下真正做到面向全体和因材施教，这样才能让学生真正学会归类知识、掌握知识。在案例的后半部分，黄老师所设计的评语，正说明了他的教学不仅促使学生进一步分析了两种计时法的异同，而且使学生自然过渡到了对两种计时法相互转换的学习上。

（二）用“亲身体验”加快易混淆知识的明晰化

张秀花是云南省昆明市寻甸县七星中心小学的优秀教师，她在教学“面的初步认识”这课时，就是通过点醒式评语让易混淆知识明晰化的。

对中小学生来说，“面”本身就具有易混淆性，所以在教学中，学生就更容易将面积与周长混淆，或者与其他方面的知识混淆。

上课之初，张老师拍了拍手掌说：“当我们拍手的时候，两只手碰击的地方叫作手掌面。现在请大家找到自己的手掌面，并摸一摸自己的手掌面，感受一下。”（一开始，张老师就以体验来引导学生面对易混淆的知识）

学生都按照张老师的要求做了，张老师又指着书的封面说：“大家看看，老师的手掌面和数学书的封面比，哪一个面大呀？”

“书的封面大！”学生异口同声地回答。

“那书的封面和黑板的表面相比，哪个面大呢？”张老师继续问。

“当然是黑板的表面大呀！”学生笑着说。

张老师也笑了，说：“看来这个问题的答案太明显了，这里的‘黑板表面的大小’就叫作黑板面的面积。而它的整个外框的长度叫作周长，大家不要将它们弄混淆了。”（体验后的对比，使知识在学生脑中有了初步的形象构建）

学生若有所思地点点头。

张老师接着说：“在我们身边还有很多物体，如桌子、凳子、书本、文具盒，等等。这些物体都有表面，这些面的面积有大有小。现在请大家选择其中的两个面来比一比，看看哪个面的面积大，哪个面的面积小。”（进一步用亲身体验加深学生对知识点的认知）

生：“桌子面的面积比凳子面的面积大。”

生：“文具盒的面积比书本的面积小。”

……

为了让容易混淆的面积知识以明晰化的状态呈现，当学生对面积有了初步了解后，张老师便要求他们动手画出两个面积不一样的图形。之后，她又挑出两幅大小相差很大的图形，让学生一眼就能判断出哪个的面积大。

接着，张老师又通过书上的练习来使知识变得更加明晰，她说道："第一题的四个图形中，哪个图形的面积大一些？你们有什么样的比较办法吗？"

学生齐声回答："数格子。"

"好的，那我们就用数格子的方法来做题，请大家将数格子的结果写在每个图形旁边。"张老师说。

当学生完成题目后，张老师发现学生在数梯形的格子时出现了两种答案，一种是 14 格，一种是 16 格。这肯定是因为有的学生对易混淆的知识没弄明白。

张老师顿了顿说："那究竟哪一个答案是正确的呢？同学们思考一下，在梯形中，是否所有的格子一样大？"一语惊醒梦中人，学生马上发现梯形中的格子并不是全都一样大，还有 4 个是半格的。（这种用亲身体验来作判断的方法使知识状态立刻变得明晰，使原来容易混淆的知识变得易于区分）

有位机灵的学生马上站起来说："梯形的格子应该是 14 格，因为梯形中有 4 个半格，合起来就是 2 格。"

张老师点点头说："对了，就是 14 格。通过数格子，大家知道哪个图形的面积最大了吗？"

"梯形的面积最大！"学生又是异口同声地回答。

……

反思拓展

观察张老师的教学过程，我们可以发现，她在教授易混淆的知识时能够自然、有序地用学生的"亲身体验"将知识的呈现状态明晰化。一开始，张老师借助学生的生活经验，选取学生熟悉的事例作为教学和练习的内容，并及时把生活经验概括为数学知识。这在一定程度上激发了学生的学习兴趣，让他们充分了解了"面积"的意义，为面积概念的形成打下了感性认识的基础。

接下来张老师又让学生观察桌子、凳子、书本、文具盒等物体的表面，并比较两个面的大小，让面积概念以更加明晰化的状态呈现，为学生理解面积知识作必要的铺垫工作。

方格是学生比较熟悉的一种工具，张老师用点醒式评语引导学生用“数方格”的方法来比较两个图形面积的大小，将比较两个图形的面积大小归结为比较两个数的大小。这样，学生对易混淆的知识便会有较为清晰的认识了。

然而，刚开始时学生却因混淆了格子大小而得出了两种答案。对此，张老师把握时机，用一句点醒式的评语对学生进行了有效的引导，进而帮助他们得出了正确的答案。

这些都说明了易混淆的知识并不可怕，关键在于教师能否把握好它们的状态，用适合的评语让它们以最容易被学生接受的状态——明晰化的状态呈现出来。

（三）如何让点醒式评语更高效

易混淆知识的教学是对教师的一大挑战，同时也是一种机遇，因为它可以促使教师在教学中努力实现知识状态的转变，以适应教学改革的发展要求。但是，要真正落实知识状态的转变，使易混淆知识明晰化，还需要教师对教学方法进行不断的探索，发现合适的点醒式评语。

1. 从整体角度设计评语，促使易混淆知识明晰化

任何学科的知识都可以看作一个整体，其前后知识点之间都有一定的联系，有的知识点甚至是紧密连接的。如果学生对某一点知识认识不清，就必然会影响他对后续知识的学习和掌握。对此，教师一定要重视对易混淆知识的明晰化。

教师可以尝试从整体化的角度设计恰当的评语来点醒学生，促使易混淆知识明晰化，即实施整体化教学，正确引导学生认识易混淆知识间的差异，以帮助他们更好地掌握知识。

在教学“异分母分数加减法”时，教师的主要任务是让学生明白要按照同分母分数加减法的法则进行计算。但是，学生在学习了分数乘除法后便容易和分数加减法产生混淆，会误认为分数加减法就是分子加减分子、分母加减分母。这就需要教师将这部分知识作明晰化处理。

为了排除干扰，让学生在理解的基础上掌握运算法则，教师可以运用系统、科学的观点设置评语，将整数、小数、分数加减法法则视为一个整体进行点评：虽然它们在叙述形式上有所不同，但是它们在“统一单位后方可相加减”这一原则上是不会变的。把握好这一宗旨，便能把三个法则紧密联结在一起，学生也就不会将这些知识混淆了。

在具体讲解异分母分数相加减的新课上，教师可以事先安排这样三道题：“563－214＝？　156.26－56.14＝？　4/9＋5/9＝？”在学生计算完后，教师再给出相应评语，如“为什么整数加减时相同数位要对齐？”学生从以前的知识中可以知道，数位对齐后，计数单位便统一了，这时才能相加减。

接着，教师再提出：“小数加减法，为什么要把小数点对齐？这说明了什么？还有，同分母分数相加减，为什么分子可以直接相加减，分母不变？”对于这类问题，学生在思考后便会知道小数点对齐是为了让计数单位统一，而同分母分数的分子直接相加减，分母不变，则是因为它们的分母相同，换句话说就是它们的计数单位也是统一的。

在这基础之上，教师紧接着出示“5/6－3/8＝？”这道题，并提问：“在异分母分数加减法中分子能直接相加减吗？”

从前面的整体化教学中，学生认识到如果两个分数的单位不同，它们是不能直接相加减的，因为 5/6 的分数单位是 1/6，而 3/8 的分数单位是 1/8，所以这两个分数是不能直接相减的。

这时，教师再继续问：“如何将它们转化为分数单位相同的两个分数呢？转化后又该如何减呢？”

经过思考，学生便知道要先把 5/6 和 3/8 通分，将它们分别转化为20/24 和 9/24。这时这两个分数的单位就统一了，都是 1/24，20 个 1/24 减去 9 个 1/24 等于 11 个 1/24，这题便能正确解答出来了。

最后，教师还要给出必要的总结性评语，让学生真正明白，整数、小数、分数相加减，都要统一计数单位后再相加减。这样，此类易混淆知识便会逐渐明晰化，学生学习它们便不会有障碍了。

在案例中，教师在实施整体化教学的过程中，由浅入深地将三个法则联系起来并设计出评语，清楚地给学生讲述了三个法则间的密切关系。这样，在学习过程中，学生自然也就明白了前面的法则是后面的法则的基础，后面的法则是前面的法则的发展这一道理了。

有了这样的评语设计，学生对异分母分数加减法法则的印象自然会更深刻了。因为展现在学生面前的已不是知识的混淆状态，而是明晰化状态了，学生在学过乘除法后便不会把知识弄混淆了。

当然，使用整体化点醒式评语，只是让易混淆知识明晰化的一种手段。在实际教学中，教师还应该努力探索和使用让知识明晰化的其他手段，结合点醒式评语，帮助学生更清晰、更准确地认识知识、理解知识、运用知识。

2. 着眼于易混淆知识的从属关系来设计评语

在教学过程中，有些知识之间的关系就像集合中的元素与集合的关系一样，是一种包含与被包含的关系。有的学生因分不清这些知识的主次和先后，再加上知识本身具有易混淆性，不能正确地理解、运用这些知识，这时就需要教师着眼于易混淆知识的从属关系来设计出点醒式的评语，让知识以更明晰化的状态展现给学生，以帮助他们分清从属关系、主次关系。

在教学完有关梯形特征的知识后，为了让学生能够清楚地理解易混淆的知识，教师可以及时将其与以前学过的长方形、正方形、平行四边形等放在一起进行比较，以明确各个知识点的差异，教师可以为学生准备以下几个问题。

(1) 长方形和正方形有什么样的特征？它们之间区别与联系是什么？用集合图该如何表示？

(2) 平行四边形有什么样的特征？它与长方形之间的联系和区别是什么？该怎样表示它们之间的关系？

(3) 梯形有什么样的特征？它与平行四边形之间的联系与区别又是什么？又该怎样表示它们之间的关系？

(4) 正方形、长方形、平行四边形、梯形这些图形的边有什么样的共同特征？该如何表示它们之间的关系？

学生思考并回答后，教师再进行最后的总结：正方形、长方形、平行四边形、梯形都从属于四边形这个核心概念。

从这个小案例可以看出，教师的评语恰恰转变了易混淆知识的状态，让它们以更明晰的状态呈现了出来。教师巧妙地运用问题让那些有联系的四边形概念突显了出来，并且形象地揭示出了它们之间的从属关系。这样，学生便从整体上把握了这些容易混淆的图形概念的内涵和外延。

3. 立足于易混淆知识的对立统一关系来设计评语

在繁杂的知识体系中，有许多知识是对立统一的。以数学为例，像质数与合数、奇数与偶数、最大公约数与最小公倍数等，它们之间彼此互不包含，但是在文字表述上只有细微的差别，这样就很容易引起混淆。在这种情况下，教师应该不失时机地立足于对立统一的关系，设计出相应的评语，对它们进行比较鉴别，以达到区分异同、清晰认识的目的。

在质数与合数的教学过程中，要让学生明白质数与合数都是自然数，又都有约数，它们的本质区别在于约数的个数不同。教师可以立足于对立统一的关系设计出点醒式评语，转变知识状态，即先让学生求出每个数的约数，然后再对它们进行比较、区分。

1 的约数有：1

2 的约数有：1、2

3 的约数有：1、3

4 的约数有：1、2、4

8 的约数有：1、2、4、8

24 的约数有：1、2、3、4、6、8、12、24

……

对此，教师可以组织出如下评语：

(1) 哪些数只有两个约数——1 和它本身？学生举例回答后，教师再及时总结并提出质数的概念——一个数除了 1 和它本身之外，再没有别的约数，那么这个数就叫作质数。

(2) 哪些数除了 1 和它本身以外，还有别的约数？学生举例回答后，教师及时总结出合数的概念：有 3 个或 3 个以上约数的数就叫作合数。

(3) 谁只有一个约数？1 是质数吗？是合数吗？为什么？在上述明晰的知识状态中，学生发现 1 只有一个约数，同时他们根据前面所说的定义知道 1 既不符合质数的定义又不符合合数的定义，所以 1 既不是质数，也不是合数。

从易混淆知识的区别点出发进行恰当的评语设计，明确它们之间的对立统一关系，进而促使它们间的区别明晰起来是一个很好的教学方法，既可以让学生理解知识，又可以提高学生认识事物的能力，使整个教学取得意想不到的效果。

4. 深入研究教材，设计点醒式评语，逐步形成知识体系

在具体教学过程中，教师应该加强对新课程标准的学习，不但要熟悉教材，准确掌握教材中的知识，把握教学内容的重难点以及各知识点之间的内在联系，还要对各种知识进行必要的归类，特别是对那些容易混淆的知识，要让它们形成比较完整的知识体系。

在数学学科的教学中，除法、分数、百分数、比这几个概念学生容易混淆，教师可以通过分析，设计出相应的评语，让学生清楚地认识这些概念：除法是一种运算；分数既可以表示两数相除，又可以表示一个数；百分数既是分数，又具有其自身特性；两数相除叫作两数的比；等等。

5. 巧妙点拨，设计化无形为有形的评语，让知识状态呈现得更明晰

由于受思维定式的影响，学生容易被一些易混淆知识的表面所迷惑，而抓不住知识的本质。教师应该及时提出有利于解疑的评语，对学生进行点拨。

比值与比在形式上没有明显的区别，所以学生很容易将两者的概念混淆并产生认知上的错误。有的学生就认为"3/24"是表示化简比的结果。这就需要教师设计出评语，从定义、方法、结果三个方面讨论它们的区别，并明确求比值的结果是一个数，可以是整数、小数，也可以是分数，而化简比的结果仍是一个比。

6. 从寻找知识的共同因素方面设计评语，让易混淆知识明晰化

在教学过程中，教师应该积极提供能让学生认识知识间的共同因素的评语，引导他们观察，并鼓励他们寻找、探索、发现那些易混淆知识的区别；应该鼓励和培养学生形成一种寻找相似性、统一性的意识，帮助他们实现知识的迁移；还应该有意识地引导学生自觉运用类比、联想的方法寻找相同要素。

7. 设计出促使学生去积极探索的评语，使他们自觉从混淆走向明晰

放手让学生探索，关键时刻给予指正，这是教师在教学中应该做的。当学生有能力自学时，尽量让他们自己探究，教师只要适当地设计一些评语予以帮助和指导，充分发挥主导作用就行了。

学生对知识的混淆是暂时的，教师只要把握了混淆的原因，设计出相应的点醒式评语，从各个方面努力，就会使这一状态得到改变。在点醒式评语的引导下，展现在学生面前的知识将不再是混淆的，而是逐渐明晰化的。与此同时，教学效果以及学生的学习效率也都将在一定程度上得到提高。

给学生“自主权”，让学生放飞思想

——激趣式评语里的智慧

注意力是智力的重要组成部分。乌申斯基说过：“注意力是我们唯一的门户，意识中的一切必须经过它才能进来。”在课堂教学中，学生如果注意力分散，心不在焉，就不能很好地学习知识。所以，教师应想办法让学生爱上学习，让他们把注意力集中到学习上来。

兴趣是最好的老师。如果学生对所学知识感兴趣，对教师的讲解感兴趣，那么他们就愿意把注意力放到课堂听讲中。所以，教师不妨试着用评语激发学生的学习兴趣，并借助兴趣的推动力，让学生专心听讲。

（一）听从学生意愿，让学生自己做主

姬秋芳是浙江省德清县逸夫小学的信息技术课教师，她像往常一样把学生带到电脑室，准备按计划讲新课“有趣的‘纸牌游戏’”。

可是，正当她要转入正题时，一个男生叫了起来：“老师，这么简单的课，你就别讲了，让我们自己玩吧！”

接着，又有几个学生跟着起哄。

姬老师刚要制止他们，但转念一想：有道理！这个小游戏根本就没必要一点点地教，小学生天性好奇、贪玩，再加上他们早就在家接触过电脑，所以肯定能自己搞定。于是姬老师说：“我知道同学们很聪明，也知道我们班有几个很棒的电脑天才，‘纸牌游戏’早就玩腻了。既然你们有实力，那你们就给其他不会的学生当一次‘小老师’吧！接下来，大家先自己动手看看哪里不会，等一会儿‘小老师’会帮忙的。”（听到学生说课简单，姬老师及时调整思路，决定给学生机会，让会的学生给不会的讲解。她故意说出班上有电

脑天才，夸奖他们有实力，从而激起学生做“小老师”的自信和兴趣，为他们做好“小老师”消除负面心理影响）

话音刚落，学生们就动手操作了起来。

这时，有几个学生叫了起来：“老师，怎么启动呀？我不会！”

“老师，‘纸牌游戏’在哪里呀？我怎么都找不到。”

“别急，慢慢找。如果还找不到，我想‘小老师’们会给你们指点迷津的。不过，老师相信你们一定行的！”（此处的评语，一方面鼓励了有能力当“小老师”的学生，激励他们积极当“小老师”，另一方面也暗示了其他学生——你们应该相信自己能行，相信每个人都有可能做“小老师”，从而让全体学生为当好“小老师”而认真听课）

“老师，我已经启动了。”循声望去，原来是刚才要求自己玩的学生小明。于是，姬老师就利用多媒体教学系统把屏幕切换到他的电脑上，让全班学生都能看到他的计算机屏幕。

姬老师说：“哇！我说咱们班有电脑天才吧，还真有。瞧，小明就是！现在，我们先停一下，让小明给大家讲讲他是怎样启动‘纸牌游戏’的。”

没想到，小明很拘谨地站在那里一动不动。

“小明，你这个‘小老师’给大家讲讲啊？”

小明还是不动。

姬老师想，可能是因为平时小明是班上有名的捣乱鬼，经常在课堂上没头没脑地怪叫，惹得老师训他，所以，他肯定以为老师这次故意设了个圈套，想批评他，或者让他出丑。为了打消他的顾虑，姬老师说：“小明，这次你做得很棒，也很认真，老师是不会批评你的。你看你动作那么快，做一次‘小老师’肯定没问题。你就给大家讲讲刚才是怎么启动的吧。”（小明有当“小老师”的能力，但却没有完全做好当“小老师”的准备，因为他平时不是老师们喜欢的学生。而姬老师此处的点评是对他的一种肯定、一种鼓励和一种期待，极大地激发了他做好“小老师”的勇气）

听姬老师这么一说，小明一改刚才的样子，得意地说：“老师，这个没问题，小菜一碟。我一定给大家讲得明明白白的！”说着，他就动手操作起来，并且一边操作还一边讲解，跟老师一样认真。

小明一口气说了四种启动方法：(1) 单击开始——程序——附件——游戏——纸牌游戏；(2) 双击桌面快捷方式；(3) 右击桌面快捷方式，弹出快捷菜单再单击打开；(4) 单击桌面快捷方式选定，再敲回车。

听了他的讲解，学生都很惊讶，都没想到他这么厉害，居然能一下子说出四种启动方法。

“小明讲得非常好！下面，同学们自己试试看。如果发现了更好的方法，也可以像小明一样做个‘小老师’。”姬老师说道。(“非常好”，是对小明表现的肯定，同时也是对其他学生的激励。而之后的“试试看”“也可以像小明一样做个‘小老师’”则是对学生的美好期望，这会进一步激发学生做好‘小老师’的信心)

大家都开始动起来了，很快就都启动了“纸牌游戏”。

突然，小爽站起来说：“老师，我也发现了一种启动方法。”

什么？还有一种启动方法？姬老师简直不敢相信自己的耳朵，因为小明已经把全部的四种方法讲完了。她可从来没听说过还有别的启动方法。

“当然好！你赶快给大家讲讲你是怎样启动‘纸牌游戏’的。老师也很想知道呢！”说着，姬老师把屏幕切换到了小爽的电脑上。(“老师也很想知道呢”，这一急切的点评，能进一步激发小爽做“小老师”的兴趣，因为这表明老师自己也不知道，而给老师当老师是许多学生想都不敢想的事)

只见他熟练地在键盘上按下“开始”键，然后用光标移动键往上移到“程序”，按回车键，出现子菜单后再将光标移至“附件”，按回车键，在接着出现的子菜单中将光标移到“游戏”，再按回车键，再次出现子菜单后，将光标移到“纸牌游戏”，再按回车键，就打开了“纸牌游戏”。

原来他是用键盘来操作的。

“老师，这样太麻烦了。”还没等姬老师发言，就有学生提出了反驳的意见。

姬老师点评说：“虽然用键盘来操作比用鼠标麻烦一点，但是小爽能通过自己的努力发现这个启动方法，也很好。下面，请小爽做一次小老师，说说他是怎么发现这个方法的。”(尽管学生给予小爽的是负面评价，但姬老师却从正面对其予以表扬，甚至给了小爽解释的机会。这种点评能让学生即便遇到了挫折，也不会失去信心和兴趣)

“老师，刚才你表扬小明，我很不服气，就想这有什么了不起的，我也能找到，于是就想会不会还有其他方法。我想了半天，在操作时发现鼠标一点都不听话，一着急就乱敲键盘，结果无意中按下一个键，刚好出现了‘开始’

菜单。于是我又试了一下，发现原来按下这个键相当于单击‘开始’按钮，刚才小明讲的敲回车键也能起到单击这个作用，再加上以前我在家里玩游戏机时经常用方向键来控制方向，于是就想出了这种方法。”

听他这么一说，姬老师惊喜交加，看来鼓励学生当“小老师”是非常有利于教学的。为了当好“小老师”，学生们个个都会认真听讲，认真参与教学活动。

想到这里，姬老师说：“同学们，如果你们都能像小明和小爽一样，在学习中多动脑、多实践，相信用不了多久就能超过老师成为中国的比尔·盖茨。好！下面，我们再比试一下，看看谁最先成功。”（以小明和小爽为好榜样，以超过老师成为中国的比尔·盖茨为希望，这样的点评，谁会不喜欢，谁听了不会受到极大的鼓舞呢？）

……

课下，有学生兴奋地对姬老师说：“老师，以后我也要好好学电脑知识，这样我就也可以当‘小老师’，带着大家解决难题了。”

“老师巴不得你们都能当‘小老师’呢！那样，老师不仅省了心，而你们也能认真听课，学到好多知识了。老师相信你们，只要都想当‘小老师’，就一定能做好‘小老师’的。”（最后这次充满期待与信任的点评，给了每一位学生希望，极大地激发了每一位学生做好‘小老师’的斗志）

反思拓展

学生活泼的天性使他们好为人师，希望获得做教师教别人的快乐，因为这表明他在某一方面很优秀，得到了别人的认可。姬老师正是抓住了学生的这种心理而创设了“小老师”课堂。

陶行知说过：“学生有了兴趣就会全副精神去做事，学与乐不可分。”当学生对当“小教师”这件事感兴趣了，就会减少因其他事情而分散注意力的可能。但是学生毕竟是学生，他们的自制力不足，还是需要教师的鼓励与引导，否则就有可能把课上乱。为了避免这种情况的发生，姬老师就一次次用欣赏性的激趣点评，让学生认识到自己的潜力，让学生生发出竞争之心，让学生心甘情愿地为做好“小老师”、上好一堂课而时刻做与教学有关的事。

（二）激发辩论热情，让学生放飞思想

在讲《胡同文化》一文时，广州市第四十七中学高一年级的教师何国跻给学生们上了一堂“辩论课”，让课堂变得精彩而热闹。

“同学们，汪曾祺先生用朴素简洁的文笔表达了他对胡同文化的留恋，及对胡同文化走向衰亡的理性认识。那么，你们是如何看胡同文化的呢？与取而代之的‘高楼文化’相比，你更喜欢什么，认为哪一种更好一些呢？”

很多学生举起了手，何老师点名让学生回答。

“因为认同胡同文化的多一些，我就把你们划分为两个‘派别’——‘胡同派’和‘高楼派’吧！同学们对照课文，想一下胡同文化与高楼文化哪一个更有优势，各自有什么弱势？给大家3分钟时间准备，怎么样？”

“好！”

3分钟后，何老师问：“胡同文化，有代表发言吗？”

学生1：“胡同文化有优势，很热闹，人与人的距离近，大家能够不约而同地会鸟、喝酒、下棋。”

“‘高楼派’注意听人家的发言，以利于反驳啊！”何老师提醒“高楼派”一些还在看书的学生。（辩论已经开始，一些学生却还在看书，显然这是不利于辩论深入展开的。而此处何老师的点评，是一个提醒，提醒学生把兴趣和注意力放在辩论上而不是课本上）

学生1继续说：“那两位老人对打小姑娘的事情持消极的态度，就是因为住了高楼，所以不管闲事了。”

“噢！他们如果住了胡同就不会是这样的态度了，是吗？”何老师反问。（这一及时的反问打开了学生的思维，也进一步提高了学生的辩论兴趣）

没等学生1回答，学生2就说：“还有，胡同里没有车水马龙，远离了热闹。”

“噢！你说的是环境安静。”

“胡同还有很典雅的感觉。”学生2继续补充。

“‘高楼派’呢？”

“刚才他们说的不管闲事的两位老人原是住在胡同的，与高楼无关。”学生3说。

“不是，他们中有团结、文明的精神传统。我们要继承这种传统，而且要发扬。”学生2反驳道。

学生4说：“我是‘高楼派’！我认为，高楼是科技发达的象征，是历史发展的必然结果。”

学生齐声喊“哇”，接着就欢呼鼓掌。

“你说高楼是历史发展的必然。发言好有高度啊！”何老师赞叹道。（“发言好有高度”，这是对学生4的肯定，势必会激发出学生更大的辩论热情，使学生将更多的心思放在辩论上）

“住高楼的人思想就应该进步一些。”学生4有点得意地说。

“那你认为，住高楼的人就应该管一管打小姑娘的事，住胡同的人就可以不管吗？”何老师问学生4。

学生5举手想回答。

“请。”

“我觉得，这是不同的生产力背景下发生的事。”

学生又齐呼“哇！”

“你又开拓了一个新的思路啊！”何老师夸奖道。（学生的发言很有特点、很有高度，而何老师的点评同样也很有鼓舞性，它让学生对自己、对此次辩论都充满自信）

“我认为高楼文化是由胡同文化发展过来的。”学生6说。

“那你是哪一派的？”何老师问。

“‘中间派’的。”学生6继续说，“高楼文化是历史走过来形成的。这并不代表高楼文化好。胡同文化使人与人之间有一堵墙，如课文里提到的‘邻里之间，过往不多’；高楼文化有一点进化，但二者各有优缺点，即高楼使人们之间的墙越来越厚，邻里之间交往更少了。从这方面来说，这二者都不好。但这些是人造成的，不是环境造成的。”

“你认为不论什么文化，关键在人，是吗？”

“是的。”

“你看问题似乎站得更高一些！”（何老师这样点评的目的是为了激发并鼓励学生表达出更高更好的观点）

学生7说：“这两种文化都画地为牢。胡同画出的是四合院，书中说他们各人自扫门前雪，而高楼则把人切分为一户户人家。我也认为是历史发展成这样的，人们之间的隔膜变厚了。按照‘天下为公’的说法，我不认为高楼好，我不希望有这样的文化，还是自然一些好。我想穴居挺好的，穴居的话人与人之间没有那么多提防，夜里睡觉可以不用关门，用现在流行的睡袋也好。如果硬要我选择的话，我选择穴居文化。”

“很有老庄风格啊！”

学生7继续说：“我希望过小国寡民的生活，希望人们有交往也有独立的空间，人要少一些。人多麻烦多。”

“你是国家未来的计划生育委员会主任的很好人选啊！”（何老师不拘一格的点评，增加了辩论的趣味性）

学生笑了。

“同学们的发言有理有据，条分缕析。请接着来！”（何老师总结性的点评，让学生看到了刚才的辩论成果，也会在接下来的辩论中再接再厉）

“小典（学生7）的说法太理论化了，不可能实现的。”学生8说。

学生9：“我是‘中间派’的。我赞同小枫（学生8）的观点。有人曾说，在城市这个用钢筋混凝土浇筑的人性的沙漠上，感到十分的孤独和无助。但高楼为什么代替了胡同？这是历史发展的必然。胡同里的人很清闲，年老的摇一把蒲扇，年青人无所事事可以去会鸟，胡同里的生活节奏缓慢，不符合现代生活的节拍，所以被高楼取代了。但进步的文化也是双刃剑，至于为什么，我前面也已经说清楚了。”

许多学生“哗哗”地鼓掌，然后举起了手。

“这么多人要发言，我该叫谁呢？你！”

学生10：“我是代表胡同文化的，我首先反驳小典的观点。她说的那种夜晚打开门睡觉的生活是不现实的。胡同文化具有历史意义，是传统文化，不会完全被取代，一定会得到一定的发扬的。”

学生11说：“我是胡同派的。如果说到人与人之间的关系，请大家看一看课文73页的第一段。”

“特别注意，我们听，她讲话的依据是从课文中来的。很好。”

学生11继续说：“书上说，北京人也‘处街坊’。看得出来，北京人讲究独门独院，也讲究‘处街坊’。这与现代人相似，现代人讲究交往，也注意保持个人的独立自由空间。现在高楼大厦里的人，人们心理间的隔膜更厚了。刚才有同学说过，混凝土已经使人与人之间的距离更大了，所以，我们应该感谢胡同文化，它使我们既保持一定的距离又不会使人们之间的距离更加拉大，而现代高楼里的人，邻里已经完全是陌路人了，他们见了面也不说话。”

“在你看来，胡同文化并不是那么有隔膜的。它有适度的交往，又使人们保持了适度的个人空间，而今天的高楼文化也是由胡同文化发展而来的，是这样吗?”何老师问。

“是的!”学生11回答，“还有，今天高楼里的人还有一定的交往，那也是从胡同里继承下来的，所以，我们应该感谢胡同文化。”

“汪曾祺先生说：‘再见吧，胡同。’那么，你的意思呢?是‘你好，胡同。’对吗?”何老师问。

“是的。”

“好，请坐下。还有吗，有请‘胡同派’!”看到“胡同派”有人举手，何老师说。

“高楼派”的学生不满地说：“又是胡同啊!”

“好好，我改正!待会儿多请你们‘高楼派’发言。”

学生12回答：“胡同文化还有使用价值，如课文里提到的上马石、拴马桩等。它们的历史价值还在，它们为后人提供了考察的依据。”

“好，有请这边。”何老师指着“高楼派”的学生说。

学生13说：“我赞赏高楼文化，从74页第17段可以看出，胡同正在走向衰败和没落。如果外国游客来到中国看到残破的景象，就会认为中国还没有发展起来，这样就会影响中国的形象。”

“哦!她是站在国际交往的角度来看胡同的，发展高楼就可以让外国人看见中国的发展，如广州的中信大厦是多么骄傲地矗立在中国的大地上啊!”

学生鼓掌。

学生7站起来说：“我先反驳一下小辉（学生13）的观点。我自己刚才也没有说完整。大家觉得胡同已经不适合现在了，已经‘Too old’了。”

“她是英语课代表，说话要用英语才能较好地表达啊!”何老师幽默地说。（幽默性点评缓解了紧张的辩论气氛，也增加了辩论的趣味性）

学生大笑。

学生7继续说：“大家看看物理书，可以知道物质小到原子大到宇宙，一些物质看似两极对立但却是可以统一的。同样，我说的穴居文化，不是要人们过钻木取火的生活，我讨论的是理想。我们现在正处于社会主义的初级阶段，但我相信随着生产力的发展，人与人之间的心理会更适应物质生活更丰富的将来，人们可以夜不闭户地生活。”

“运用了邓小平的初级阶段理论来论证啊！”（学生的论据是旁征博引，而何老师的点评也是不拘一格，符合辩论语境）

学生14：“为什么高楼这么多，我们学习的地方也是高楼？这就是现实存在，胡同总会走向没落的。”

学生15：“我比较支持胡同文化，对胡同有很亲切的感觉。”

“你住过胡同吗？”

“住过类似胡同的院子。高楼只是因人口增长与时代发展而形成的，我们住高楼只是因为人多了，如果建胡同的话要占用更多的土地。”

“你这是从国土资源部部长的角度来考虑的。”

学生笑。

学生16：“外国人不会因为看到胡同就说中国落后，这可能还是他们喜欢看的特色建筑呢。”

“你这是从旅游局局长的角度来看的。是啊，北京有一个旅游项目就叫‘到胡同去’，很卖座的噢！”

学生鼓掌。

“有请继续。”

学生9：“我说高楼是胡同发展的结果，但我更倾向于胡同文化。书上说‘偶有剃头挑子的“唤头”之类’，这些在高楼里是见不到的；还有，课文说北京人容易满足，高楼是从胡同发展来的，不好说谁优谁劣。至于高楼的‘隔绝’状况，这是不会长久的。古话说：‘穷则变，变则通，通则达。’人的本性是趋于交往的。”

“你是说人的社会性会使人们自然地打破高楼的封闭吧？好，现在给每个派别一次发言的机会。”

学生2：“胡同是我们的特色，民族特色，它不会消失，就算高楼文化发展了，胡同还会保留下来。”

“请‘高楼派’。”

学生17：“我想请问小俊同学（学生15），如果广州有胡同，你住哪儿呢？”

看学生15不说话，何老师催促道：“回答啊！”

学生15：“广州有很多城中村，类似于胡同的。”

学生18：“我告诉你，这些村已经被改造了，被高楼取代了。”

学生19：“这是发展的结果。”

“是啊！难道你到学校学习不是为了发展吗？”何老师问。

学生热烈地鼓掌。

“啊呀！”何老师指着学生19，“被他抓住‘尾巴’了呀！”

学生大笑。

学生17：“还有，高楼文化是人们追求现代化生活的结果，胡同文化是历史的见证物。”

学生鼓掌。

“请‘中间派’。”

学生7：“有人说我的观点太理想化了，其实是他们没有理解我的意思。”

“那我问你，小典，如果白云山上有个洞，你去住吗？”何老师问。

“如果我的一切都那么现实，那我还有什么理想的追求呢？”学生7反问道。

“你看，我问她，她反问我了，这就是语言运用的艺术。”（何老师有针对性的幽默点评，既增加了辩论的趣味性，也会使更多学生乐于辩论）

学生鼓掌。

“是的，我不能住山洞，我要上学，要考大学。虽然我不能住深山洞，但我不能丢掉理想。当年当有人想象今天有电脑、有高楼时，他旁边的人也会觉得他的想法荒唐可笑，但理想是前进的动力。”学生7继续说道。

学生鼓掌。

“同学们的辩论非常精彩，发言彬彬有礼，展现了应有的辩论风采，同时，同学们还各自从不同的角度分析论证了自己的观点。大家从两种文化的历史渊源、文化价值、现实发展、未来展望等方面，结合自己的认识与理解，作了充分的交流和热烈的探讨。我听了大家的发言很受启发，很有收获。”（何老师充满赞扬的总结性点评，让学生看到了自己的辩论效果，有助于激发学生对辩论的兴趣，让学生对下一次的辩论教学充满期待）

反思拓展

“话不说不知，理不辩不明。”胡同文化和高楼文化孰优孰劣，每个学生都有自己的想法，并且也都有自己说得通的理由。但如果仅知道自己的想法，学生获得的知识就未免太少了。那么如何让学生学到更多的知识呢？采用哪种教学方式能让学生对课堂教学更感兴趣呢？何老师给学生安排的小型辩论会，不仅可以活跃气氛，还能集思广益，将学生个体的知识收集起来，让其成为大家可以共享的知识。

然而，如果这堂课缺少何老师精妙、幽默的兴趣式点评，学生可能会因为观点不同而无休止地争吵，把辩论课上得乱哄哄的。这样学生不仅难以把话题引向深入，还难以集中精力听课，甚至会对辩论失去兴趣。

为了避免出现这种情况，让学生在课堂上既有趣味又有收获，何老师不仅让学生各抒己见，还用自己适时而恰当的点评给学生以鼓舞和启发，使这堂课不仅气氛活跃而且精彩万分。

可见，一堂课上得精彩与否，教学形式的选择固然很重要，教师的言语点评与引导也同样重要。教师需要用自己的点评去激发学生的兴趣，以引起学生对所学知识以及教学活动的关注。

（三）如何让激趣式评语更高效

课堂效果不同，原因是多方面的，但主要原因在于教师。除了教学功底和教育思想外，教师的一些教学技巧，比如教学中的评语设计等，也会深刻影响教学的效果。教师如果能在这方面下点工夫的话，是有可能让学生的学习兴趣高涨起来的。

1. 设计让学生感受成功喜悦的评语

兴趣有赖于成功，这是心理学的一则重要启示。不断获得成功、经常得到表扬的学生，他们的学习兴趣往往比一般学生高，其兴趣也会不断地得到巩固和发展；而屡遭失败、经常受批评斥责的学生，其学习兴趣则会日渐减退，甚至完全丧失。所以，要激发学生的学习兴趣，让学生享受到成功的喜悦，教师有必要给学生创造一些获得成功的机会，并在他获得成功或有望获得成功时，予以适当的点评，让他从教师的评语中体验到成功的喜悦。

例如，课堂提问时，教师可以把较难的问题留给成绩较好的学生回答，而把较简单的题目留给成绩较差的学生回答。在学生回答问题遇到困难时，教师应适时而巧妙地启发、指点，使学生能顺利回答出来，然后对学生进行欣赏性、鼓舞性的点评，让学生享受到成功的喜悦，看到自己的潜力及良好发展的可能性。

当学生一次次看到自己在学习上的成功以及教师对自己的期待时，他们就会对课堂教学充满兴趣，而不会一上课就想睡觉或走神了。

2. 设计能够激励学生而又幽默的评语

教师不能选择无曲折、无波澜的平铺直叙的方法教学，同样不能以批评和指责来对学生进行点评，应该多设计一些欣赏性的、激励性的能让学生情绪高昂的点评。

在讲授《我爱故乡的杨梅》时，于永正老师用自己幽默风趣的点评，让学生把思维紧紧锁在了课堂上。

那天，于老师请小荣站起来朗读。小荣读得非常认真，其他学生则一边看书一边听，个个聚精会神的，好像已经完全融入了作者所描述的诗情画意中。

“细雨如丝，一棵棵杨梅贪婪地吮吸着春天的甘露……端午节过后，杨梅树上挂满了果实。杨梅的形状、颜色和滋味，都非常惹人喜爱……没熟透的杨梅又酸又甜，熟透了就甜津津的，叫人越吃越爱吃……”

读到这里，大家更觉得小荣清亮甜美的嗓子里发出的不是朗读的声音，而是杨梅的香味了。

在小荣读完后，于老师点评道：“在刚才的阅读过程中，小建最投入。因为他在边看课文边听小荣朗读的过程中，使劲地咽过两次口水。”

学生们一听愣了，但是很快就明白了，于是全都笑了。

等大家安静后，于老师继续讲道：“所以，我可以非常肯定地说，课文中描写的事物，已经在小建的脑海里变成了一幅幅鲜明生动的画面了，甚至我敢断定，他就是因为仿佛看到了那红得几乎发黑的杨梅，就是因为羡慕作者能够大吃又酸又甜的杨梅果，才不由自主地流出了‘哈拉子’……”

紧接着，又是一阵更响的笑声。

但是，笑声过后，小建却变得精神抖擞了，并开始认真地听老师的讲解。

德国的海因·曼麦说：“用幽默的方式说出严肃的真理，比直截了当地提出来更能让人接受。”在小荣读课文的过程中小建走神了，于是于老师就用风趣幽默的点评，引导他认识了错误，并且也让其他学生缓解了紧张情绪，学生们从评语中看到了作者所描绘的精彩画面，甚至闻到了杨梅的味道。这一切都有利于让学生重新振作精神，增强对本课的学习兴趣，并把注意力更好地放在学习上。

如果不是对教师有成见，学生都会愿意听教师的话，愿意配合教师的教学安排。既然如此，教师就应该用自己的语言和行为引导学生对学习产生兴趣，让他们将注意力集中在课堂上。

如果教师能提高自己的点评技巧，并以此激发学生对课堂教学的兴趣，学生往往就愿意把精力都放在课堂上。

艺术性鼓舞学生，焕发学生激情

——调动式评语里的智慧

在课堂上，教师对调动式评语技巧运用的好坏直接关系到学生学习情绪的高低。如果教师能最大限度地发挥调动式评语的导向、激励作用，就会使课堂活跃不少，反之，则可能直接降低教学的效果。教师只有正确把握调动式评语的度，方能使它发挥调动学生情绪的功能，促进学生思维的发散。

学生是鲜活的生命体，如果教师能够及时把握他们在课堂学习过程中的独特感受与体验，让渗透于教学过程中的每一个环节的评语都充满生命力，那么学生的学习兴趣就会随着教师的教学节奏不断地增强，整节课都情绪饱满，从而给课堂教学带来教师难以预期的精彩。

（一）先抑后扬，让调动更具艺术性

学生根据于永正老师播放的一则中央电视台的公益广告进行写作，并在写作后进行交流。

师：下面我们进行交流，只要认真倾听，任何人的作品都会对你有所启发。要特别注意听老师是怎么评改作文的，在评改中学会写作文。

生：那男青年衣着革履。

师：请等一下，没有“衣着革履”，应该是“西装革履”。

……

生（继续读）：那穿着时尚的女青年瞪大眼睛叫道：“哎，你挤什么挤，没长眼哪！”男青年的脸立时变成了螃蟹壳。

师：用“烧熟了的螃蟹”更恰当，壳不要了。

生（往下读）：男青年一听，眉毛往上一挑，瞪圆了眼睛，毫不示弱地大骂："年轻轻的，怎么不说人话？来劲啦，是吧？"那眼睛瞪得比女青年的还圆，目光变成了火苗。

师：什么叫生动，什么叫具体？这就是生动，这就是具体。加 20 分。（于老师边倾听边点评，开始的两次纠正差点就浇灭了学生的热情，然而让人意想不到的是，于老师最后居然会激情四射地对该学生作出鼓舞性的精彩评语，这样的评语谁听都会燃起熊熊的学习热情）

另一位学生作文的第一句话是"雨哗哗地下着"。

师（打断）："雨哗哗地下着"，写得好。天下着大雨，骑车的人自然少了，乘公交车的人自然多了起来，车上也更挤了。简简单单一句话，既交代了环境，又为事情的发生埋下了伏笔，真是天衣无缝。这叫"思维缜密"。单凭这一句，就可以加 20 分。（很普通的一句话，很容易被人忽视的一句话，于老师却敏锐地捕捉住，并且进行了一番"画龙点睛"般的点评，实在令人赞叹。表面上看，他是单单在表扬这位学生，实则不然，他是在向所有学生传递一种信息——注意倾听别人的发言，这样你就会有收获）

生：往旁边站了站……

师：嗯，往旁边站了站，表示谦让，写得好。

生：人人退一步……

师：说得好，有句话叫"退一步海阔天空"，生活中很多时候都需要我们有这样的气度。不过可以改一下，"后退一步天地宽"，好吗？

学生读完后，师（投放幻灯片）：字也写得好，对话分段很清晰。你看，多清晰，多舒服！你想感谢谁？

生：于老师。

师：不，今天展示的是你的昨天，你应该感谢那些教过你的老师。（此时，于老师的评语已不再是单纯的语言，它化为了潺潺的溪流，在学生的心头轻抚，在学生的心灵深处驻留。试想，在这样的课堂里，哪个学生会没有学习的情绪呢？）

为了进一步提升学生的课堂情绪，于老师和一学生合作表演哑剧，表演完后，让大家进行写作，有下面一段课堂片段。

师问班内一写作能力较差的男生：有困难吗？

生：有困难，但我可以写。

师：于老师最喜欢听这句话。困难是有的，但是我可以解决。单凭这句话，待会儿就可以加分。

写完后，于老师让学生一一报出自己文章的题目，先请了两位学生读，边听边和大家一起评改。然后，他又请了那位写作能力较差的男生上台读。评改进入尾声时，于老师将他的文章投影出来说："分段、提示语大部分用得很好。只是字有点……"他欲言又止。

生（急了）：因为纸上没有线，有线就会好点。

师（拍着他的肩膀，意味深长地）：生活中都有线，好好思考一下。你想谢谢谁？

生：谢谢于老师！

师：不，要谢谢自己的努力。（这对于相对后进的学生来说，是多么激励人心的评语，这种直指学生内心的点评怎能不激发学生的学习热情）

反思拓展

著名的教育家叶圣陶先生曾说："教育就是培养一种习惯。"透过于永正老师这些激发学生思维、调动学生学习情绪的评语，不难看出他的"用心良苦"——让学生在课堂上学会听、学会看、学会想，在写作中学会读、学会议、学会改。这些绝妙的课堂评语，没有任何的说教，却无时不在告诉学生什么是正确的、什么是错误的，它们直指学生的心灵，随时随处让学生看到自己的实力所在或努力所得，这对调动学生的学习情绪，帮助学生开发潜能有不可低估的作用，体现了于老师高超的评价艺术，正所谓："随风潜入夜，润物细无声。"

在流动的课堂中，师生间的对话转瞬即逝，于老师以其敏锐的智慧、超人的灵感、丰厚的底蕴，得心应手地引领着学生在课堂中行走。于老师对学生和学生习作的评语不时穿插于课堂当中，虽然寥寥数语，却句句珠玑，恰到好处地对学生的学习起到了定向、校正、强化、调控和激励的作用。这些评语不但使学生的语言水平有所长进，还使学生的学习情绪时刻都高涨着，这些评语就像是一根看不见的线，牵引着、调动着学生的心绪和思维。

在于老师所构建的灵动的生命课堂上，学生们全身心地张开自己想象的翅膀，根据自己的阅读经验、感知视角，组织出了富有灵性的语言，获得了语言发展的一个新的增长点。自信在于老师的评语里萌芽，奋进在于老师的评语里彰显。即便是不喜欢写作的男生，一个语言苍白、自信不足的学生，也被于老师的评语调动出了写作热情，在于老师的关注、激励下，说出了“有困难，但我可以写”这样溢满自信的话语。这正是调动式评语所展现出来的魔力，它可以在短短的几句话中调动学生的学习积极情绪。

（二）有个性地调动，促进学生个性化发展

有一位老师让学生写了一篇题为“孤独”的作文。老师给学生的评语如下：

太棒了！仅仅凭这篇文章，我就可以看得出来，你定力不错，与老师不相上下。一个人有没有定力，决定了他今后能不能成功。胜利在向你招手，曙光在前头。

对一篇探讨情感的作文《放手的爱》，她给学生的评语是：有弃才有取，有失才有得。有所不为才能有所作为。文笔精彩，富含哲理。

有一个学生写了一篇有真情实感的作文，文中说到自己小时候有点调皮，父亲能够帮助他，却又缺乏耐心。她的旁批是：你可以做到“学而不厌”；你的老爸应该修炼“诲人不倦”。当学生在文中说父亲后来想帮他，却已无能为力时，她的旁批是：这正是当今绝大多数家长的无奈。最后的总批是：本文最大的优点是，有真情实感。认真修改一下，可以拿到高分；如果把字写得更规矩些，甚至可能拿到满分。修改方法之一：唤醒你的耳朵。也就是说，读给自己听，至少读三遍；只要用心读，你就能够发现并解决绝大多数的问题。

反思拓展

评语也应当有个性，体现老师的个性，带动学生的学习情绪。从上面案例中那些极具个性的评语中我们可以得到下面一些启示。

1. 教师应抓住学生的最大优点和最大不足予以点评。基础知识如错别字、用词不当、病句等不足之处点明就行；教师应该把修改的权利还给学生，

而不该包办代替。

2. 评语是与学生的谈心，是在帮助学生解思想疙瘩、做心理抚慰，要让学生感到亲切，倍受鼓舞，易于接受。

（三）如何让调动式评语更高效

有一些教师的教学设计做得较好，但其课堂却显得沉闷，学生的学习情绪没有被充分调动起来。分析其原因，其中之一就是教师的评语很平淡，不能准确、恰当地激励学生，不管学生回答什么教师都说"好、好、好"，语言随意，评价并没有真正触及学生的心灵，根本不能达到评语应有的效果。有的教师发现学生的回答与预先定好的"标准答案"不符，哪怕其再有道理也予以否定，评语"唯我独尊"，根本不能体现其应有的功能和意义，久而久之，就浇灭了学生的学习热情，使学生的学习情绪萎靡不振。

因此，教师要正确处理、把握好评语的度，努力寻求积极评价和消极评价的平衡点，化消极评价为积极评价，让评语真正发挥调动学生学习积极性的功能。可以调动学生学习情绪的评语，应着重体现以下几个方面的特点：

1. 准确性，有灵魂的评语才能调动学生的学习情绪

准确性是课堂评语的灵魂。没有这个灵魂，教师的评语就没有生命力，这样的评语无论用词如何考究、语句多么华美，都会显得苍白无力。所以，评语务必力求准确，直指学生的心灵。给学生的评语准确而又得体，是调动学生积极情绪，促使他们参与学习的最好方法。

孙双金老师在执教《天游峰的扫路人》时，其中有一段朗读训练："我抬头望了望天游峰，上山九百多级，下山九百多级，一上一下一千八百多级。我不由倒抽一口冷气。"

一名学生朗读得很流利，但没有感情。

师：读得真流利，声音响亮，口齿清楚，而且没有一个字读错。如果你能读得让我感到天游峰台阶多，爬起来累那就更好了。（有些教师遇到这种情况可能只会简单地说："你读得很流利，但感情不够。"而孙老师既准确客观、具体清楚地指出了学生的长处——"读得真流利，声音响亮，口齿清楚，而且没有一个字读错"，又十分得体、明确地提出了期待和建议学生改进的目标——"如果你能读得让我感到天游峰台阶多，爬起来累那就更好了。"这就

极大地调动了学生思索的积极情绪）

又一学生读。孙老师说："你的音色真好！我建议你今后去当个播音员。来，未来的播音员，握个手。"（孙老师的评语既贴切又得体。"来，未来的播音员，握个手"，则更进一步激发了学生的自豪感，使其学习情绪高涨）

又一学生读，当学生读到"一千八百多级"的时候，孙老师在一旁仰天长望，并倒抽一口冷气，说："这天游峰可真高啊！爬天游峰可真累啊！"学生都笑了。（"这天游峰可真高啊！爬天游峰可真累啊！"这种联系语境的随机评价，是对学生朗读得有感情的最为直观的肯定与激励，更重要的是它创造了一个"爬山"的办法，掀起了课堂学习情绪的高潮）

2. 差异性，有针对性地调动学生的学习情绪

每个学生都有自己的特点，在教学中，教师在给学生评语时要以此为出发点，力求有针对性地去调动学生的学习情绪，使每个学生都能从评价中获得激励，获得进步的动力，从而提高学生的主体意识和主体行为能力。

一位老师让学生上台交流自己的日记。学生的日记内容很好，但读的声音太小。

师：你的日记写得多好啊！你能大声地读出来，和全班同学一起分享吗？

该生又重新朗读一遍，声音果然响亮多了。

另一个学生朗读时声音响亮而有感情，但日记内容一般。

师：你读得真好听，老师希望你能用心观察，把日记写得更好。

又一个学生，朗读很好，日记也写得不错。

师：多么棒的小伙子啊！不但日记写得好，而且还愿意大胆地与同学们交流。老师相信你还能做得更好，对吗？

师：我发现我们班爱写日记的同学越来越多了。老师真为你们高兴，老师也爱写日记。接下来谁还愿意将日记跟同学们分享下呢？

学生争先恐后地举手。教师充满期待性的评语让课堂焕发出了勃勃生机。

3. 递进性评语，让课堂情绪逐渐升温

有经验的教师往往很善于给课堂情绪逐渐"增温"。在课堂教学开始时，教师先给学习有困难的学生朗读、认字的机会，并及时送上一句积极的评价："真不错，你已经认识了这么多字了，了不起！"虽然这些学生和优秀的学生相比，认识的字并不多，但他们和以前的自己相比已经有了很大的进步了。这时，只要教师再给予一点激励就能使他们克服畏难情绪，并树立起学习的信心。随着课堂教学的深入、学生对学习的投入，教师的评语也逐渐升温，比如，“你读得太有感情了，老师也深深地被你感动了!”这样的评语会给学生极大的成就感、满足感。

于永正老师教《新型玻璃》一文时，一个同学由于紧张将“划破玻璃”的“破”字漏读了。

师：停一下，将这句话再读一遍。眼睛看准，不要慌。

第二遍，该生仍然把“破”字读丢了。

师：再看，“划”字后面还有一个字，我想你第三遍一定能读好的。

这次，学生读正确了。

师：对了，接着往下读，你一定能读得更好。

学生信心满满地往下读，而且读得越来越好。

师：嗯，读得真好！想不到进步这么快，全班同学都像她一样把第二段读一遍。

该学生在全班同学羡慕的目光中高兴地坐了下来。

于教师的评语给了学生莫大的勇气，就这样，在教师真诚的期待中，学生产生了积极向上的情感体验，并在反复的尝试中获得了成功，赢得了自信，心情愉悦，从而使自己的学习情绪高涨了起来。

4. 机智性，闪动灵光的评语让调动更富煽动性

一堂课往往包含着十分丰富的信息，教学过程中又充满着各种变化、发展，始料不及的突发情况对所有教师来说都是在所难免的。这就要求教师在进行课堂评价时，要灵活运用教学机智，将预设性语言和随机性语言结合起来，根据学生的反馈信息、突发情况，及时调整原先预设的话语，快速反应，巧妙应对。这样，课堂评语才会折射出智慧的灵光，学生的学习热情才会不减，才会充满生机。

薛法根老师在执教《你必须把这条鱼放掉》时，一学生在读“哇，一条他从未见过的大鲈鱼”这句话时语气平淡。薛老师突然灵光一闪，说：“老师现在可不能向你投去赞赏的目光，你这条鱼不大，只有两三斤。”学生哄堂大笑。

在让学生齐读时，薛老师发现学生读得不齐，便用疑惑不解的语气问道：“咦，我觉得有好多鲈鱼在跳?”教室里又是一阵笑声。“读齐了，记住，只有一条鲈鱼。”学生再次朗读，这一次非常整齐。这样的评语是教师根据特定环境随机作出的，委婉、风趣、幽默、形象而又极富启发性，在这种语言的激励下，学生自然会兴趣盎然，学习情绪高涨，这样学习效果才会显著。

5. “随意性”评语的“不随意”

学生总是很重视老师的评价。课堂中，教师的一句自以为无意的“评语”，往往会左右某些学生的情绪，甚至其一生的命运。针对这一点，教师在教学过程中不妨将课堂中给学生的“随意性评语”变为可激发学生积极思维的“特意性评语”，从而调动学生的学习兴趣，强化其学习效果。

优秀教师之所以优秀，不仅因为他们有着深厚的教学功底，更重要的是他们非常注重课堂的评价语言，让学生在自己美妙得体的评语中受到教育、得到启迪，从而产生积极向上的动力。许多优秀教师的课留给人最深刻的印象就是那一句句甜美、动听的评价语言。

为让学生真正做到在与别人的交流中学会倾听，某位教师这样说：“老师发现第二组的学生最会倾听了，瞧，他们坐得多端正啊！”这样一来，其他同学有了榜样，就立刻集中了注意力，安静了下来。

还有一位优秀教师在指导学生写字时，没有机械地、枯燥地说一些“写字时不要趴在桌上！”“挺起胸，坐端正！”一类的话，而是轻轻地说：“老师看到有些学生写字的姿势很美，他们写出来的字也一定很美。”当时只见许多学生不由自主地挺直了身子。就这样一句充满欣赏和爱意的话语，带给学生的激励作用却是巨大的。

由此可见，对学生的否定性评价完全可以转化为肯定性评价。关键在于教师如何组织好自己的评价语言，让学生在充满艺术的评价中体验到精神的愉悦，受到美的熏陶，从而产生持久的认真学习的动力。

教师在课堂教学中所使用的调动式评语对学生学习情绪的影响是极其深远的。教师只有真诚地关爱每一个学生，像温暖的阳光、和煦的春风一样，催开学生的心灵之花，才能使课堂教学中的评语焕发生命的光彩，才能使每个学生在宽松、愉悦的环境中享受到成功的喜悦，感受到学习的快乐，才能点燃他们思维的火花，使他们获得自主性、主动性和独创性都很强的积极情绪，铸就会想、敢干、勇于创新、蓬勃向上的生命力。

打破条条框框，开启学生思维

——开放式评语里的智慧

有教师曾打过这样的比方：如果把学生的大脑比作一泓平静的池水，那么教师的评语就像投入池中的一块石子，能够激起学生思维的涟漪和心灵的浪花。那么什么样的评语会是这样一块石头呢？答案就是开放式评语。

开放式评语可以给学生留出更多自主思考、探索、讨论、交流、操作的时间与空间，有利于培养学生思维的灵活性、深刻性与广阔性，使他们主动从不同方向、不同角度、不同途径探索问题，并从中找出不同答案，提高创造性思维能力。

（一）开放评点，促进自主学习、合作交流

在教学“乘法的初步认识”一课时，武汉市洪山区长江小学的赵华南老师采用开放式评语激发学生的思维，不仅让学生初步体验了乘法在日常生活中的运用，还培养了他们团结合作的精神。

上课后，赵华南老师说：“今天，在上课前老师带大家去游乐场看看，好吗？”

学生齐声回答：“好。”

赵老师打开多媒体课件说：“在春光明媚的一天，我们和爸爸妈妈一起来到游乐场。”然后，赵老师指着第一幅图问：“看到这幅图，你想说些什么？”

“有 3 行小朋友在坐过山车。”

“有 4 列小朋友在坐过山车。”

“一共有几个小朋友在坐过山车？”

……

学生们踊跃回答，并提出了自己的问题。

赵老师又问："根据问题怎样列式？"

学生开始思考，并互相交流。过了一会儿，大家开始发表意见。

生："横着看，一行一行地数，每行有4个，有3行，一共12个。用加法算4+4+4=12。"赵老师将算式写在黑板上。

生："竖着看，一列一列地数，每列有3个，有4列，一共12个。用加法算：3+3+3+3=12。"赵老师将算式写在黑板上。

赵老师夸赞道："不错，大家列得很好。我们可以看出，以上问题都用了连加来计算，现在请观察一下，这两道算式有什么特点？"

（从上面的内容可以看出，赵老师提出的所有问题都是面向全体学生的。这样开放式的评语切入，能够使学生顺利进入下一轮的合作交流）

学生们又开始交流。

生："两道算式中各自的加数都相同。"

赵老师再次夸赞："好！回答得真不错。像这样相同几个数连加，就是求几个相同加数的和。同学们都已经掌握了连加的读法，而且读得很好。现在老师再教你一种读法。"

赵老师指着"3+3+3+3=12"的算式说道："数一数几个几连加？嗯，是4个3，我们可以读作4个3连加得12。好，谁来试试？"

生："4+4+4=12是3个4连加得12。"

生："3+3+3+3=12是4个3相加的和是12。"

赵老师微笑点头："很好！因为它们的每个加数都相同，像这样的加法算式还可以用另外的新方法表示。这就是我们要学习的'乘法'。"（赵老师的评语依然没有特别针对某个学生，而是在对全体学生表示赞扬。这么做，可以使所有学生都得到鼓励）

"乘法用乘号表示。乘号的写法是左斜右斜。'×'读作'乘'，它与'+''-'一样是一种运算符号。上面的相同加数是几？"

学生答："3。"

"几个3连加？"

"4个3连加。"

"很好！"赵老师对着加法算式写出乘法算式：3×4和4×3。"由于4个3的和是12，所以3×4=12，那么4+4+4=12，请你们互相试着说一说。"

同桌之间开始交流。

生："这是3个4连加得12，所以4×3=12；又因为3×4=12，所以4×3=12。"

生："3个4的和是12，所以4×3=12。"

生："3+3+3+3=12是4个3相加的，和是12，所以4×3=12。"

"很好！3×4和4×3都等于12，并表示4个3的和是12或3个4的和是12，也就是表示3与4相乘。"

赵老师又出示一个图片，上面有5行花，每行摆了2个。他问："看到上面的图，你是怎样想的？你想说些什么？"

学生交流，3分钟后各小组代表汇报讨论结果。

生："表示'5个2是多少'和'2个5是多少'。"

生："5+5=10或2+2+2+2+2=10。"

生："5×2=10。"

生："2×5=10。"

赵老师总结："表示两个数相乘，可以写出两个算式，如5与2相乘可以写成5×2，也可以写成2×5。它是2个2个地摆，摆了5个2。"

"把5个看作一份，5个5个地摆，摆了2个5。10个看作一份，摆了1个10，把1个看作一份，1个1个地摆，摆了10个1，总共是10个。"有一学生回答。

"回答得非常好！"

为了让学生更深刻地理解乘法，赵老师进行了巩固练习："现在请你们改写算式：8+8+8。"

生："3×8或8×3。"

赵老师又出题："7+7+6。"

生："2个7再加6。"

生："7×2+6。"

生："7×3−1。"

"真聪明！通过上面的练习，你们知道求几个相同加数的和除了用加法计算外，还可以用什么方法计算？"（赵老师对全体学生的肯定评语在前，巩固思维的提问在后，使学生对新知的探索更积极）

"用乘法计算。"学生齐答。

“好，那老师再出一题：100 个 5 的和是多少？”

学生兴趣盎然，积极思考，30 秒之后，他们争先恐后地举起了手。

生：“用乘法计算 5×100。”

“为什么？”

生：“用乘法方便，加法太麻烦，在黑板上要写很长，而且浪费时间。”

生：“用乘法计算简便。”

赵老师最后总结：“同学们说得都对！因此，求几个相同加数的和，用乘法计算比较简便。这就是我们今天学习的内容。”

反思拓展

在教学中，教师的评价方式不同，学生思维拓展的水平也会不一样，教学效果自然也就不同。要想引发全体学生的探索兴趣，教师的问题就必须是开放式的，而相应的评语也必须是开放式的。开放式的提问可以为学生提供广阔的思维空间，满足不同层次学生的思维需求，而开放式的评价则能激励所有学生，使思维能力强的学生更积极地从不同角度思考问题，并得到多个答案，使思维能力相对稍弱的学生也会在教师的激励中，通过思考至少想出一个答案。

所以，开放式评语可以引发学生的精彩互动，充分释放每一位学生的潜能，使课堂达到较为理想的效果。

（二）开放式评价引发思维大爆炸

在教“24 时计时法”时，武汉市洪山区长江小学的赵华南老师是这样导入的：“同学们，时间在生活中处处可以用到，你对它有哪些了解？你有什么想说的？”

赵老师的话音刚落，学生们就纷纷发表意见：

“有了时间我们就可以安排做什么事情了。”

“时间可以表示一年、一天的每一个时间（段）。”

“我们要珍惜时间。”

“在墙上的钟上可以看到时间。”

“在我家的电冰箱上有时间。”

“在电话机上也有。”

“在电视机上也是有的。”

……

为了更深入地启发学生，赵老师接着说：“是啊，我还会写呢！”于是，他随手在黑板上写了一个“8：00”。紧跟着，很多学生也上来写了“19：00”“3：00”“15：00”。（“我还会写呢”，虽然用的主语是“我”，但这个“我”是在牵引所有学生的“我”，它能使每个学生都自信地感觉到“我也会写”）

刚写完，有学生举手说：“我还知道，这个15：00其实就是下午的3点，下午的2点可以写成14：00。”赵老师立刻带头鼓掌。

这个时候，班级里的“数学尖子”说话了：“那么谁知道为什么要这样写吗?”那样子还真像个小老师。学生们思索着，教室里安静了几秒钟后，又热闹了。“因为一天有两个12小时。”“从凌晨1点到中午12点，再从1点到晚上12点。”“因为这样写好，不会弄错。”……

大家议论纷纷，但似乎没有一个人能够说出真正的原因，赵老师为学生们知道原因而无法说清楚感到着急。但就在这时，一个学生说：“如果一个人说我6点在吃饭，那我们就不知道是早上6点还是晚上6点，不知道他吃早饭还是晚饭。”

赵老师不由得为她的思维能力感到欣喜。接下来，赵老师继续引领大家去认识时间，了解“24时计时法”，课堂气氛很热烈。

反思拓展

“时间在生活中处处可以用到，你对它有哪些了解？你有什么想说的?”随着赵老师的问题的提出，学生的探索就此开始。然而，赵老师的问题非常具有开放性，面很大，学生可以从各个角度思考，这就给了学生很大的思维空间。于是，有的学生说出了时间的重要性、时间有什么作用等，有的学生甚至对时间的表示方法提出了自己的观点，可见一个开放式问题对激发学生的思维有很大的作用。

从案例中可以看出，开放式问题能够让学生从不同的角度认识问题，让他们采用不同的方式表达自己的想法，而开放式的评价则能使学生更积极地参与到解决问题的互动中来，可以锻炼每一个学生的思维能力。在运用开放式评语时也要讲究方法和艺术，不能信马由缰、盲目开放。

有一教师在教学“年、月、日”这一课时，为了激发学生的思维，由“今天真是个难忘的日子”开课，随即出示有关国庆节、“神舟五号”升空、儿童节、植树节的图片，让学生说说这是哪一天，发生了什么事。学生议论纷纷，准确地答出了节日名称。

教师夸赞道：“同学们说得真好！你们发现了吗？这些日子虽然各不相同，但都有共同之处，是什么呢？”

一学生说：“它们都是节日。”

教师引导：“‘神舟五号’升空也是节日吗？”

另一学生补充：“它们都是难忘的日子。”

老师夸奖：“说得好。还有不同想法吗？”

学生一时沉默。

教师有些着急：“想一想，我们都是怎么介绍这些日子的呢？都用到了‘哪年哪月哪日’，所以它们的共同点就是——”

又一学生回答：“都用到了年、月、日这几个时间单位。”

教师如释重负，激动地赞扬他：“说得真好！今天我们就来学习有关年、月、日的知识。”

那个学生很得意，其他学生则或是羡慕，或叹气沮丧。

很显然，这位教师的评语并没有真正起到让学生发散思维的目的。“这些日子虽然各不相同，但都有共同之处，是什么呢？”这个提问虽然表面上看来充满了无限可能，学生可以海阔天空地思维、表达以及创新，但实际上，这一切不过是为本课课题而作的渲染与铺垫。教师的目的很明确：希望学生回答出“都用到了年、月、日这几个时间单位”，以引出本课课题，因而教师对这样的回答给予了特别的期待，对那个学生给予了特别的肯定与重视，而对其他学生的回答只是轻描淡写，一句带过。这样就使评语失去了鼓励全体学生的意义，那些最先积极思考的学生该是多么失望！

教师在课堂上提出开放式评语时一定要面对全体，“一针见血”“画龙点睛”，既要不露痕迹地将问题的方向、范围等巧妙界定，把学生的思路自然引向需要的轨道，又要以此为核心发散开来，鼓励学生碰撞出智慧的火花。这样的开放式评语才是有水平、有艺术的，也才能引导学生积极思考、深入探究，最大限度地激发学生的思维。

（三）如何让开放式评语更高效

在课堂中，开放式评语的运用艺术值得每一位教师细细揣摩、反复摸索。教师应在能够体现思维多样、灵活创新的教学环节中，适时、适度地用开放式评语，给予课堂推波助澜式的画龙点睛，这样才能更好地达到开放思维的效果。

1. 让评语在宽松的氛围中激趣诱思

为给学生营造平等、自由、宽松的心理环境，搭建和谐默契的“心灵互动”平台，教师要始终在民主平等、自由宽松的氛围中，以朋友的身份和口吻给予学生开放式评语，使自己和学生在同一平台上交流、讨论。

有一教师在进行主题活动“下雪了”时，和学生一起到冰天雪地的操场上看雪景、玩雪球、打雪仗、堆雪人，在宽松的活动中丰富了学生对雪的感受与体验。回到课堂后，老师适时给出了评语：“我们都这么热爱雪，谁能告诉我，这是为什么？知道雪有什么作用吗？”

一句“我们都这么热爱雪”就引发了全体学生积极探索的兴趣，使学生的思维都活跃了起来。学生开始踊跃发言：“下雪可以把虫盖住。”“下雪可以打雪仗。”“下雪可以堆雪人。”“我看到的雪是白白的，我很喜欢。”……

可见，开放式评语要在宽松的氛围中运用，教师要用它自然地引发学生独立思考，为学生深入课堂提供有效的帮助。

2. 让评语在良好的情境中引爆思维

人如果总是处于兴奋、愉快的状态，其思维就会超常发挥，接受外界信息的速度也会非常快。在教学活动一开始，教师如果有意识地改变学生已熟悉的环境，创设新颖的、学生感兴趣的情境，以激发学生的好奇心，同时在学生处于兴奋状态时设置开放式的评语，即可引发全体学生回答问题的强烈欲望，激起他们思维的兴奋性，从而达到发散思维的效果。

某教师在进行科学活动“我们需要清清的水”前，更换了活动室墙饰，换成了蓝色的大海，在鱼缸里养了几条小鱼，在桌上摆放了几盆花，在墙上张贴了有关水的知识图片等，激发了学生对水的兴趣。

教学开始后，该教师先放了一段课件——清澈见底的流水。然后给出开放性评价："你们都这么热爱水、喜欢水，那么看到水想起了什么？想知道什么？"

教师的话音刚落，学生就积极响应，你一言，我一语，争先恐后地回答。有的说"水可以喝""水可以浇庄稼、养鱼、洗衣服、做饭"，也有的说"我想到了瀑布、小溪""我想到了大海"，还有的说"我想知道我们用的水能不能用完"……

在与自然近距离接触的情境下给出的开放式评语，引燃了学生思维的火花，他们不但说出了关于水的很多知识，还表现出了对水的朴实深厚的感情。

3. 捕捉有效信息设计评语，拓展学生的思维

在教学过程中，教师要关注学生的探究活动，抓住时机对学生的举动作出积极的反应，要善于从学生的积极思维中捕捉有效的信息，适时地给出评语，再通过交流帮助学生梳理在活动中的发现，把学生原本无意识的活动引向有意识的活动，疏通学生的思维流程，拓展学生的思维空间。

在活动"我认识的汽车"中，教师组织学生畅谈："你认识什么样的汽车？它有什么用？"学生们都兴趣盎然地谈论自己认识的汽车，但这时却有个学生对旁边的同学说："汽车有什么好？噪音大，味又难闻，我才不喜欢汽车呢。"

对此，该教师并没有给予反对，而是抓住契机给出了一个新的评价，带领学生进入了一个更广阔的思维空间。教师这样说："那位学生说得很对，汽车虽好，可它会给我们带来污染，那怎么办？"就这样，只一句简单的评价，便引发了新一轮的思维大爆发。

在教学过程中，教师给出评语的目的不能只为使学生的回答符合自己预想的答案，不能对不符合预定答案的回答置之不理，而应从学生的回答中了解其想法，有针对性地使用评语对其进行引导，进行"逆向提问"和"质疑提问"，促使学生从不同的角度思考，从而发展逆向思维能力。

4. 在课堂导入阶段设计评语，激发学生的思维

这类评语一般在导入新课这一环节中给出。教师要依据学生的年龄特征和认知水平，将一般性评价加以改良，将其变成更有趣、更富有挑战性的开放式评语，以激发学生兴趣。

在“分桃子”一课中，教师创设了两只猴子分8个桃子的情境，并给出评价式导语：“同学们都是爱动脑筋的，老师现在问问你们，每只猴子可能吃几个？为什么？”

学生纷纷发挥想象并回答：“一只猴子可能才分到一个桃子，因为它在摘桃子时偷懒，它应该分得少，剩下的给另一只猴子……”学生把8种可能的分法都说到了。

在学生对分桃子的各种情况进行讨论后，再让他们认识“平均分”就十分简单了。在学生思考问题的环节中，教师要把握好契机，适时对他们的回答进行总结，并引出课题：哪种分法两只猴子分到的桃子一样多？

开放式评语能恰到好处地引导学生进行思考，使他们掌握一定的思维方法和技能，为他们创新思维能力的发展打下良好的基础。思维广阔是现代人必须具备的思维品质，用开放式评语引导学生对同一问题或现象从多角度进行思考，用多种方式去分析，用多种方法去解决是课堂教学的重要目的，更是素质教育的必要途径。

所以，教师在课堂教学中，要适时适当地多运用一些开放式评语，开放、发散学生的思维，开阔学生的视野，让他们学会通过不同的途径、运用不同的方法解决问题。

巧设疑问情境，让学生在探究中学习

——疑问式评语里的智慧

科学的教学不仅仅是让学生记忆知识，更应该注重对学习过程的指导和学习方法的传授，让学生知其然，也让他们知其所以然。教师应该在课堂上用一些疑问式评语，引发学生探究的兴趣，让学生在探究中学习。这一具有极强操作性的课堂即时评价办法，需要教师在教学实践中不断思考、不断探索、深入研究，这样才能得心应手。

（一）巧设疑问，层层深入，引发学生的探究兴趣

在“估算”一课的教学过程中，特级教师吴正宪巧妙地运用了问题探究教学方法，使课堂变得非常灵动。

师：对于估算，我们过去已经学过，但吴老师不知道在过去的学习当中，你碰到过哪些困难、问题。凡是有关估算的问题，你都可以提出来，我们一起来研究，好不好？好，谁愿意提问题？

生：为什么估算要用斜的等于号呢？

师：斜的等于号是什么样的，你说？

生：那种弯弯型的。

师：弯弯型的？哦，你说的是这个意思吗？（板书出约等号）是这样的吗？这个问题提得好！还有吗？你的问题是？

生：我想回答这个问题。

师：不急，我们一会儿讨论讨论再说吧，先把问题提出来，谢谢你。好，最后那个男生？

生：我想问一下，估算是在什么时代开始使用的？

师：估算是在什么时代开始使用的？最开始用的是什么时代？我也帮你记在这里。

师：还有问题吗？

生：我的问题是，如果是15或者是25之类的，要估什么呢？

师：你的问题是把15看成什么，怎么样来估对不对？我也给你记在这里，到底怎么样来估呢？会碰到这些问题的。

生：估算是怎么由来的？

生：谁发明估算的？

师：还有不一样的问题吗？

生：是哪一个国家先知道的？

师：反正你们想追究，对不对？还有吗？

生：估算估的时候，为什么要在下面画一横线才能估？

师：估算都要画横线是吧？不画横线就不能估？谁定的？

（全场笑）

师：哦，你们估算的时候都要画一横，一会儿看看你们怎么画，我还不大懂。好，你的问题是？

生：为什么不把等于号放在前面，为什么却把加号放在前面？

师：好，“它”加“它”，又一个问题。还有吗？你的问题是？

生：如果是整百的数，那怎么估？

师：你的问题是，估算有什么好的方法？

师：还有吗？你的问题是？

生：估算为什么要变成整十？

师：还是方法问题，怎么样来估，对吧？还有没有？没有？我来的时候，北京的小朋友问我，学习了精确计算，又学习估算干什么？你们有这样的疑问吗？没有，那好啊，北京的小朋友还有问题呢，既学估算，又学精确计算，那我们什么时候要估一估，什么时候一定要精确计算呢？你们碰到过这样的问题吗？

（学生有的说有，有的说没有）

师：没关系，这就是说在什么情况下来估，我也记在这里。我们一下子提了这么多问题，今天，我们就带着这些问题，一起走进我们的数学课堂，好不好？看看今天这些问题能不能得到解决。

（上面设置的一系列问题以及引导学生提出问题，其重要的指向都是将学生引入探究，让学生开动脑筋，集中注意力，这是巧设疑问及相关评语所想达到的重要目的）

（课件显示一小朋友逛超市的录像：大家好，我是青青，我和妈妈去超市玩，欢迎你们和我一起去购物）

师：请看大屏幕。我想，你们一定有过和爸爸妈妈一起购物的经历吧？在这里，青青遇到了什么问题？

（课件画面继续显示：青青和妈妈选了5种商品，妈妈的问题是：我只带了200元钱，够不够买这5种商品呢？收银员的问题是：我到底该怎样把这些数据输入收银机中呢？）

师：吴老师很想和你们首先讨论一个问题，大家看一下，在下列哪种情况下，你认为使用估算比精确计算更有意义？

（屏幕显示：

1. 当青青想确认200元是不是够用时；

2. 当销售员将每种商品的价格输入收银机中时；

3. 当青青被告知应付多少钱时）

师：你们认为，哪种情况使用估算比较合适？用手势告诉我，开始！

（学生举手势表示）

师：大部分同学选择了1，四位小朋友选择了3。好，我选三个代表过来。

（教师分别选出选1、2、3的三位同学上来）

师：三位小青青都来了，我们先说选项2吧，假如你只花了186元，我问选2的青青，你输入时，这186元接近哪个整百？

生：200。

师：干脆我就往收银机中输入200吧，行不行？

生：不行。

师：那这时候是准确值，还是估算出来的值？

生：是准确值吧。

师：不估了？

生：不估了。

师：选2的青青说不估了，那选3的青青，我要问你了，你本来花了186

元，我算了算，哦，186 接近 200，就给 200 元好吧？选 3 的青青你给不给？

生：不给。

师：那为什么不给了？估一估，给我 200 元好了。

生：不行，不划算。

师：你只花了 186 元，你要说什么？

（一学生插话：没找钱，没有钱搭车回家了）

（全场笑）

师：没钱不能走，是不是啊？那这时候，一定是精确值，还是估算的值？

全班学生：精确的值。

师：同意吗，选 3 的青青？

生：同意。

师：这个时候一定是准确值，对不对啊？

生：对！

师：这时候，我问一下选 1 的青青，花了这么多的钱，你在这时候怎么样？

生：我可以把 186 直接估成 190。

师：可以不可以啊？

生：可以，这几种商品大概多少钱，可以去估一估。

师：同意吗？这么一分析，我们就积累经验了，就明白了。

（结合课件和情境，使疑问更加明确，即使之清晰地指向问题的关键——分清估算和精确计算的概念，这是提出疑问及疑问式评语所展现的对比教学策略）

师：继续看题目，这个图你们知道的话就喊出来吧。

（课件显示曹冲称象图）

全班学生：曹冲称象。

师：经过仔细的观察，大象被赶下去了，石头上来了，它们的质量相等吗？

全班学生：相等。

师：你怎么只看一眼就说相等啊？你看到什么啦？

生：称大象时他有在船上画一条横线。

师：好眼力呀，他一下子就发现这条红色标记是在同一个位置上的，平面是平平的，对不对？那么这说明它们的质量是相等的，那好了，称称石头就可以了，对吗？称啊称啊称，一共称了六次，结果摆在这里了，你知道这头大象大约有多重吗？

（课件显示下表）

次数	1	2	3	4	5	6
质量	328	346	307	377	398	352

师：这样，把你估的过程写出来，和别人一样的就不再写了，不一样的写在黑板上，好吗？下面每位同学拿出练习本子，愿意写在黑板上的同学可以过来，看看你用哪种方法可以最快地估出它大约有多重。开始！

（学生开始独立估算）

师：谁愿意到前面来？

（几名学生上前板书出自己的估算方法，教师指导他们写在黑板上的不同位置）

师：我们看一看刚才你们提出的问题在这里能不能得到解决，好不好？下面，我圈上谁的算式，谁就站起来，好不好？

师（圈出“300×6”）：这是谁写的？

生：我把所有的都估成300，再乘以6。

师：为什么乘啊？

生：因为有6个数。

师：所以是……

生：300乘以6。

师：得到了……

生：1800。

师：这位同学不仅能写出算式，还能用语言清晰地叙述出他的思考。把6个数都看成300，300乘以6，可以不可以？（先作出肯定的评价，然后又将结论化作问题抛给学生，这么做可以充分体现以学生为主体的教学思想，而且更能引发学生探究的热情）

全班学生：可以。

师：好！你们能给他这种往小里估的方法取个有特点的名字吗？它叫什么估？

生：小估。

师：小估！好不好？挺有特点的，你看看，本来是300多一些，你却往小里估，那就叫小估，好不好？（在评语中加入“问”的环节，可以体现出教师尊重学生的态度，从而激发学生探究学习的热情，即“问”也可以是一种肯定）

全班学生：好！

师（圈出“400×6”）：这是谁估的？请站起来说说，人家都往小里估……

生：我把它们全都估成400，再乘以6，是因为它们共用了6次，就是400乘以6等于2400，单位是千克。

生：应该说约等于。

师：别着急，在这写着弯弯的等号，在这里写着直直的等号，哪一个写法是合适的呢？

生：第二个。（指的是400×6=2400）

师：“400×6”和“2400”，前面和后面的结果是一样的，对不对？既然完全一样，那就应该用直等号来表示。为什么用弯弯的等号呢？因为他知道这是在估算，对不对？那什么时候用弯弯的等号呢？一会儿我们一定会碰到它，到那时候我们再来讨论，好不好？

生：好！

师：人家是往小里估，他是……

生：大估。

师：大估，你这方法也不错，很快就出来了。

师（圈出“300×3=900，400×3=1200，900+1200=2100”）：那这位同学呢？

生：前面三个数比较接近300，我就给它估成300；后三个数比较接近400，我就给它估成400，然后再把算出来的得数加起来，是2100。

师：说得真清楚！他说，接近300的就往小的估，接近400的就往大的估，可以吧？

全班学生：可以。

师：他那种估法，你们能给它取个名字吗？

全班学生：大小估。

（全场笑）

师：看来大家比较倾向大小估。（板书：大小估）

师（圈出“350×6”）：那我再圈一位，这是谁写的？你是怎么想的？请站到前面说。

生：把全部的都估成350，然后再乘6。

师：听懂了？他不往小里估，也不往大里估，那这个特点很鲜明了，就叫……

全班学生：中估。

师：可以的，这个特点就是中估。（板书：中估）

师：不过，350×6和2100，中间是用弯弯的等号，还是直直的等号？

（学生有的说是用“弯弯的等号”，有的说是“直直的等号”）

师：口算“350×6”得多少？

生：2100。

师：“350×6”的口算结果是2100，那这样应该采用什么？

生：要用“直直的等号”。

师：那什么时候用弯弯的等号呢？别着急，我们一定会见到它的。在这节课上，我们会跟它不期而遇的。

师（圈出“330+350+310+380+400+350”）：这里还有一位，后面不写了，你是怎么想的？

（生欲言又止）

师：遇到困难了！但是我觉得通过对这个算式的讨论，大家一定会有意外的收获。你为什么把328看作330呢？你能告诉同学们吗？

生：我就是把28估成30了。

师：那你怎么把352估成了350呢？

生：352比较接近350。

师：说话听音，锣鼓听声。你们听出了他的意思了吗？

全班学生：听懂了！

师：看来，在这位同学的心中，一定悄悄地有着一个他自己定的标准，是这样吧？那我请问，当8时，你就往上……

生：提高了。

师：当2的时候，你就……

生：提下了。

（全场笑）

师：那我请问，当7的时候，你是提高还是提下？

生：中等吧。

师：7你就中等了，是吗？我看看，377，你把它变成380了，是提高了还是提下了？

生：提高了！

师：你有很好的标准耶！这对我们会有启发的。9的时候，是提高还是提下？

生：提高。

师：1呢？

生：提下。

师：3呢？

生：提下。

师：4呢？

生：提下。

师：6呢？

生：提高。

师：8呢？

生：提高。

师（加重、放慢语气）：5呢？

（学生下面有争议，或说提高，或说提下）

一名学生：提高又提下。

（全场笑）

生：不提。

师：有道理，你要说什么？

生：可以提高，也可以提下。

师：我听懂你们的意思了，反正1、2、3、4就……

全班学生：提下。

师：6、7、8、9就……

全班学生：提上。

师：这标准马上就出来了，到5的时候你们有分歧，也不上，也不下，对不对？

生：我觉得到5的时候应该提高。

生：我的意见是往上提。有一次我问爸爸，到5的时候该往上提还是往下提，我爸爸告诉我，反正到5就得提高，这是估算的规则。

师：你爸爸讲了这一规则，告诉同学们，你们自己有自己的规则，对不对？

全班学生：对。

师：首先，我感谢你的爸爸，我告诉大家，1、2、3、4下，你们有没有意见？

全班学生：没有意见。

师：6、7、8、9上，你们有没有意见？

全班学生：没有。

师：5的时候，上也罢，下也罢，都没关系，但是爸爸说了，有规则，一般的时候，5是往上提的，好不好？要把爸爸的规矩、你的规矩集在一起，你们能给它起一个非常有特点的名字吗？

生：双估。

师：谁还能根据这些特点起个名字？

生：单估。

生：双单估。

生：上下估。

师：有戏了！上下估！什么时候下？

全班学生：1、2、3、4下。

师：几就上？

全班学生：6、7、8、9上。

师：把5也挤上去吧，爸爸都说了，好不好？5、6、7、8、9，怎么样？

全班学生：上。

师：再简单点，到几就下？

全班学生：没超过5就下。

师：太啰嗦了！到几就下？

全班学生：4就下。

师：到5就怎么样？

全班学生：5就上。

师：你想说什么？

生：四下五上。

师：我这就把它记下来，就叫四下五上。你把估的标准都说出来了，其实，我们今后要学习一个很重要的词……

生：我好像记得有一个词叫四舍五入。

（生鼓掌）

师：大家都已经把掌声送给你了，真的有一个词，叫四舍五入。（板书：四舍五入）

师：4的时候，就把个位的数舍去，变成0了；5、6、7、8、9的时候怎么样？

生：就入上去。

师：这儿还有一位，300×7＝2100，这是谁写的？请你来说说吧！300×7，同学们数一数，这是几个数啊？

生：1、2、3、4、5、6，共6个。

师：怎么整出7个数啊？多出的一个300在哪儿呢？

生：300就是第5次数时398可以往上移。就是把其他多出来的加起来，大约是一个300。把它们全部看成300，剩下的也差不多是一个300。

师：你的意思是将多出来的数再调整调整、凑合凑合，加一加，就又多了一个300？

生：对。

师：那你说，在估的过程当中，还再调一调、凑一凑，对于这种估法你能给它起一个名字吗？

生：凑加估。

（全场笑）

……

师：有这么多的方法，对不对？条条大路通罗马，只要你们开动脑筋，我们总会有方法的。哎！你们估的时候，我的电脑也在悄悄地工作着，它准确地算出了大象体重的准确值。

（电脑屏幕先后显示：20108千克、2108千克）

师：第一次算出来是20108千克，第二次算出来是2108千克，你认为哪一个准确值可能是正确的？

（学生用手势表示，大部分选第二个）

师：为什么你们大部分同学都选第二个呢？

生：两万多千克就是20多吨，是没有那么重的大象的。通常，最重的大象也就是四五吨。

师：他说，从实际出发，没有那么重的大象，你有没有不同的结论，或不同的解释？

生：我想说的是，第二个得数比较接近我们估的得数。

师：聪明啊！你太有才了！

（全场笑）

师：这位同学发现，我们估的数都在2000左右，不可能有两万多，用自己的经验选择了第二个答案，这种从经验出发去学习的方法是很好的。你们有没有想过，我们既学精确计算，又学估算干什么？我们就带着这个问题继续来研究，请看屏幕。（对从疑问中探究出来的答案先加以肯定，再巧设疑问将问题引入正确的方向，这么做的目的是为了肯定学生自主探究的精神）

（电脑屏幕显示题目）

师：每辆车有56个座位，有7辆车，350个同学坐够不够？

生：不够。

师：请说说你的理由。

生：把56看作60，7辆车就是420，座位350个不够坐。

（其他学生笑，他意识到错误后，改口说够）

师：在这里，他将56估成60。还可以估成多少？

生：50，那就是350，刚刚好。

师：有道理，这里小估一点可以，大估一点也可以。请看课件。

（课件显示：$56\times7\approx420$）

师：这里“56×7”是精确等于420呢，还是大约等于420？

全班学生：是大约等于420。

师：所以，我们要用——

全班学生：弯弯的等号。

师：好！这种情况，我们是把56往小点估成50好呢，还是往大估成60

比较好？

生：往小估比较好，大估有时会不够坐，往小估，有时也就是多几个空位。

师：你们听懂他的意思了吗？我再给你解释解释，意思是说在这里用小估比较好，是吗？

生：把56估成50，座位都够了，那估成60，座位一定够。

（教师板书：一定）

（电脑屏幕显示一公路桥图）

师：继续看，这座桥限重3吨。一车上装有6箱货物，一箱重285千克，车重986千克，这辆车能安全通过吗？

生：把285估成300，300×6＝1800，车重估成1000，1800＋1000＝2800，这桥限重3吨，还余200千克，加上司机的体重，也能过。

师：说得真好！这里我们用大估还是小估比较好？（激励的评价给出后，立刻设置疑问，使学生探究的热情不减，从而实现教学延伸）

生：用大估比较好，大估比较容易。

生：用大估比较好。估成300都能过了，285肯定能过。

师：刚才这两题，一题小估点比较好，一题大估点比较好，那要是碰到其他情况，你到底是用大估呀，还是小估？

生：我们要看情况，用大估一定够时用大估，用小估一定够时用小估。

师：现在我们来看看你们课前提出的问题，人们是从什么时候开始估算的，哪个国家发明的，谁先提出来的，你们把吴老师问住了，我真的不知道哎……

生：我知道是阿拉伯人发明的。

师：谢谢你，你真棒！到底是谁先发明的估算呢？你们可以回去问问你们的爸爸、妈妈，也可以问问别人，好不好？这节课我们就上到这里。

反思拓展

学生对新知识的理解程度与他们内在的认知结构息息相关。布鲁纳说得很清楚：“获得的知识如果没有完美的结构把它们连在一起，那是一种多半会遗忘的知识。”学生建构知识概念的过程，绝不是教师简单告诉的过程，而是学生的一种经验性探究的过程。

在案例中，吴老师的课堂评语无不透露着引发探究的信息，其每一次巧设疑问都在为学生的积极探究指引着方向。在吴老师的课堂上，学生可以自由质疑，并提出许多不一定是完全正确，但又融合了个人体验的问题与见解；当学生对估算有了探究兴趣后，伴随着欢笑声，小估、中估、大估、大小估、四下五上估……各种估法纷纷“闪亮登场”。对学生来说，这是一次幸福的学习经历。

教学是师生双方相互交流、相互沟通、相互启发、相互补充的灵动的过程。有效的教学，其课堂必然是一个灵动的课堂。灵动的课堂就是真正的人人参与、师生互动的课堂，它意味着平等对话，意味着合作建构，意味着自主创新。所以，在教学实践中，教师不能机械地一味解说，而忘了学生才是学习的主体这一事实。教师要重视评价学生对知识、技能的获取情况，更要重视学生的问题意识、提问能力和探究能力的发展情况。面对具体情境，教师可以巧设疑问式评语，引导学生探究出知识中蕴含的各种问题，进而激励他们主动收集各种有用的信息，并创造性、个性化地解决问题。

（二）用疑问引导思维，在“思”中探究和进步

闵学强是北京师范大学燕化附中的优秀教师，也是北京市房山区区级骨干教师。在实际的课堂教学过程中，闵老师善于利用巧设疑问的方法诱发学生的探究思维，积极有效地打造了属于自己的诱思探究课堂。以下是闵老师教学《义和团运动和八国联军侵华》的课堂案例片段。

闵学强老师先后展示了帝国主义瓜分中国和八国联军侵华的幻灯片，这些幻灯片根据当时列强在本国通信用的明信片做成。

师：请看下面两张德国和法国的邮局在19世纪末、20世纪初分别发行的明信片，指出这两张明信片所描述的分别是什么历史事件。

（学生观看幻灯片，小声议论）

生：第一幅是帝国主义瓜分中国，第二幅是列强从海上发动侵略中国的战争。

师：仔细看看有多少军舰，想一想是哪次战争。

生：8艘，是八国联军侵华战争。

师：对，是八国联军侵华战争，大家想一想八国联军侵华的直接原因和根本原因是什么？（肯定结论后抛出关键问题，指引探究方向）

生：根本原因是想使中国成为他们的殖民地，直接原因是义和团运动。

师：对，是义和团运动。今天我们要探究的是“义和团运动和八国联军侵华”。

师：谁去过山东的青岛，青岛给你印象最深的是什么？

（学生纷纷说出青岛的名胜古迹，有些同学回答青岛的建筑最美）

师：你认为青岛的建筑最美，美在哪里？

生：世界各国的建筑形式在青岛都有。

师：青岛被称为世界近代建筑的博物馆。（幻灯片展示青岛的建筑）其实在这些美丽的建筑背后，是一部青岛乃致山东人民的血泪史。大家回忆一下，以前我们讲过列强侵略山东的哪些史实？

生：在第二次鸦片战争中开放的通商口岸有山东的烟台，甲午中日战争中的威海卫战役就是在山东打的，然后德国强占胶州湾掀起瓜分中国的狂潮，还有……

生：还有英国强租威海卫军港。

师：为什么列强都把侵略重点放在山东？（对学生的回答进行总结，并引发学生思维探究：“山东为什么这么重要？”）

（学生陷入了沉思之中）

师：大家可以从山东的地理位置这方面想一想。

（学生顿时活跃了起来）

生：山东面朝海洋，有利于列强入侵，另外山东地处京津地区的下面，京津地区是中国的政治中心，列强占领山东可以较好地控制清政府。

生：山东的南面是长江流域，是中国的经济中心，所以山东在中国的战略位置非常重要。

师：大家答得很好！正是由于山东的战略位置重要，所以列强把侵略的目标都集中在山东。山东人民受帝国主义的压迫最为深重，民族矛盾最为激烈，所以义和团运动首先在山东爆发，这是义和团运动爆发的根本原因。那么，义和团运动爆发的直接原因是什么？请大家看书回答问题。（从一个问题进入下一个问题，评语和疑问环环相扣，使学生探究的脉络变得十分清晰，

这也正是名师巧设疑问、引发探究的智慧所在）

（学生阅读课本，很快答出：反洋教斗争）

师：大家回忆一下，列强在宗教文化方面侵略中国的史实。

生：《中美望厦条约》《中法黄埔条约》中有有关建教堂、传教的规定，《天津条约》中规定传教士可以到内地传教等。

师：这些传教士到内地后一边进行文化侵略一边充当列强的间谍，搜集中国的情报，为列强进一步侵华创造条件。

（教师展示义和团告示的有关资料：

（1）保护中原，驱逐倭寇。——《义和团告白》

（2）扶清灭洋，替天行道，出力于国家而安于社稷，佑民于农夫而护村坊。——《马兰村坎字团告示》

（3）上能保国，下能安民。——《增福财神李告白》

（4）神助拳，义和团，只因鬼子闹中原。……升黄表，焚香烟，请来各等众神仙。……挑铁道，把线砍，旋再毁坏大轮船。……一概鬼子都杀尽，大清一统庆升平。——中国近代史资料丛刊《义和团》）

师：请大家结合上述资料小组讨论回答：（1）义和团眼中“扶清灭洋”的含义是什么？（2）如何评价“扶清灭洋”？

（学生组成小组讨论教师提出的问题，然后派代表回答问题）

小组1：我们组认为“扶清”的含义是保卫国家，保卫清政府。这是从材料2中的“出力于国家而安于社稷”和材料3中的“上能保国，下能安民”得出的。“灭洋”的含义是反对帝国主义包括他们的先进技术，可以说一切和洋人有关的事物都反对。这是从材料4中得到的。

师：归纳得不错，并且能够做到论从史出，非常好！哪组能够评价一下这个口号？

小组2：首先，我们认为从这个口号中可以看出，中华民族与帝国主义的矛盾是十分突出的，它抓住了那个时代的主题，说明义和团运动是反帝爱国的运动。其次，从上个小组的分析中可以看出义和团把清政府当成了国家，国家就是清政府，它没分清楚二者的概念，危害是放松了对清政府的警惕。另外，在“灭洋”时连先进的技术都要毁坏，一是说明义和团对外国侵略者的憎恨之深；二是这些技术用在侵略上，它们给当地的人民带来了深重的灾难，所以毁坏它们是应该的。

师：答得很好！其他组还有没有补充？

小组3：我们认为毁坏先进技术，反映了农民阶级的落后与愚昧，太盲目了。另外，义和团还带有宗教迷信色彩，这在材料4中有表述。

小组2：我们不认为农民阶级盲目，列强拿这些先进技术到中国干什么来了，是拿它们来作为剥削、侵略中国的工具。难道人民不憎恨它们么？毁坏它们是应该的。

师：在当时的历史条件下，要求长期处在封建统治下的农民阶级能正确区分清政府和国家是两个不同的概念是困难的。“扶清灭洋”的口号提出不再与清政府为敌，那是否义和团就能顺利地开展反帝斗争呢？请大家阅读课本，写出义和团运动重心的转移和清政府对义和团运动的态度有何变化。（在肯定中使问题层层深入，评语的导向作用十分明确：使每个问题的探究都指向一个目的——课程的中心点，即学习的重点）

（学生阅读课本，思考教师提出的问题）

……

反思拓展

探究教学对教师在课堂上即时生成的评语要求较高。它要求教师能够清楚每一名学生理解了哪些概念，能否灵活地运用知识去解决问题；清楚每一名学生是否能提出问题，是否能设计并实施探究计划，是否能分析处理所收集的证据，是否能判断证据是支持还是反对自己提出的假设等。

要弄清楚这一切，单靠终结性评价是难以奏效的，必须重视对即时性评价的运用。如案例中闵老师巧设疑问引发学生不断探究，及时与学生进行面对面的交流，针对某个问题作出解释，通过这些了解学生对知识的理解深度和广度，了解他们进行科学推理的能力。

（三）如何让疑问式评语更高效

教师的评语不仅为了让学生清楚地了解自己的优缺点，还为了加强师生间的交流，提高学生的学习积极性，激发学生探究的兴趣，使课堂教学取得更好的效果。

1. 指导学生掌握探究方法，强化学生的探究动机

当学生在课堂或作业中出现审题、计算、观察、分析、判断等方面的错误时，教师可以利用疑问式评语进行方法指导，让学生产生探究兴趣，从而找到正确的方法。如“先试试找准数量关系式。”“利用逆推方法试试看?”“第二步该干什么?”等。根据评语的指导，学生不仅可以找到错在哪里，而且可以知道为什么错、怎么改正。

2. 拓宽学生的探究思路，引发自主创新

教师在给学生评语时，不仅要使评语指明学生解题的正误，对学生进行恰当的学法指导，使学生获得正确的解题思路和方法，而且要注意挖掘学生的智力因素，通过积极引导，拓宽学生进一步探究的思路，培养学生自主创新的能力。

教师要利用疑问式评语适当地给予学生启发，以帮助学生开发潜能、激活创新意识。如利用疑问式评语提示学生进行“一题多解”，可以培养学生从多种角度去思考问题的能力，使学生能正确、灵活地解答千变万化的问题。

利用疑问式评语引发学生探究兴趣的教学并没有固定不变的模式，各学科可根据教学要求自行设计教学步骤。值得注意的是，教师巧设疑问引发学生探究时要控制讲话时间，一般不要超过 10 分钟，这样才能留给学生足够的探究时间，这样的探究教学才算真正体现了学生在课堂教学中的主体地位，教学效果也才会显著。

给学生以自信，让学生在乐学中求知

——赏识性评语里的智慧

课堂教学离不开赏识性评语。同一句赞扬的话，教师可以说得平淡如水，让学生无法感受到振奋；也可以说得激情四射，让学生感到温暖和幸福。作为教师，应力求使自己的赏识性评语真实、准确、精彩，使其富有鼓舞性。

想要发挥赏识性评语的效果，不仅需要教师的真诚，还需要教师有丰富的文化底蕴，那些人云亦云的"好!""棒！棒！棒!""你真棒!"等评价性语言会使人觉得索然寡味。

良好的情绪能促进个体智能的发展。拥有良好情绪的人头脑清晰，思维敏捷，记忆力强，学习效率高，如果教师能巧妙地运用赏识性评语，对学生进行鼓舞性的评价，不仅可以使学生在课堂中保持良好的情绪，提高学习的积极性，而且能为学生的成长打下乐观、积极的心理基础。

苏霍姆林斯基曾说："赞扬差生极其微小的进步，远比嘲笑其显著的劣迹更文明。"这要求教师在给出赏识性评语时要有针对性，因人而异，因课而异，艺术性地对不同学生进行赏识性评价。要做到这点，首先就要求教师认真地听取学生的发言，发现学生在发言中的新意和关键点，然后针对发言给以真诚的、能打动人的赏识性评价，使被评价的学生感受到成功的喜悦，从而更积极主动地投入学习，真正展现出赏识性评语的魅力。

某教师教《槐乡的孩子》时，有一名学生多次举手回答问题，非常积极，在谈及槐乡孩子非常热情好客这一问题时，该学生这样回答："槐乡的孩子非常热情好客，只要见到你，他们就会把你拉到家中，不是光口头上说一说就算了，而是热情地动手拉，这个'拉'字用得非常好!"听完这个学生的发言，教师非常高兴，觉得该学生不但很好地理解了文本和作者的所思和所感，与文本和作者产生了共鸣，而且掌握并运用了一种很好的理解文本的方法。

于是，该教师激动地对全体学生说："他的回答真是太棒了！短短的几句话就让我们受益匪浅，其中有三点值得我和大家学习：第一点，他善于思考并大胆发言，很勇敢！第二点，他很好地运用了一种理解课文的方法，那就是抓住重点字词去推敲、去理解，有头脑！第三点，他富有创新意识，敢于与众不同，有魄力！"

听完教师如此具有鼓舞性的赏识性评语，全班同学都不约而同地为该学生鼓起掌来。该学生虽然不好意思地低下了头，但是洋溢在脸上的自豪、喜悦、幸福、激动同学们都感受得到。这种赏识性评语也启迪了其他同学，使每一个学生的学习热情都空前地高涨了起来。

在课堂上，教师对学生的正确回答、良好表现及时予以赞扬，这是比较简单的，困难的是在学生表现得不理想、回答得不准确时，教师该怎样坚持以赏识为主。特级教师贾志敏在上《程门立雪》时，让学生给生字组词，一位学生站起来给"尊"字组词："尊，遵守。"同学们听完顿时哄堂大笑，贾老师却神情自若地说："他并没有错，他还没把话说完呢！"贾老师微笑地望着那位学生，"遵守的遵，去掉……"那位学生立即领悟过来："遵守的遵，去掉走之底，就是尊敬的尊。""你们刚才笑得太早了！"贾老师风趣地说。课堂上爆发出一阵热烈的掌声，听课的老师也不禁为贾老师高超的教学艺术叫好。这节课中，这位学生表现得尤为积极，多次举手发言。

学生组错词，如果换成一般的老师，肯定会说"错了"或"再请另一位同学说"之类的话，而贾老师却能诱而导之，使其自悟自得。不难发现，在贾老师的眼里，每一位学生都是成功者，在学生遇到困难时，他会想办法帮他们克服，帮他们树立信心的。

教师只有始终拥有一颗赏识的心，才能在课堂上随时给出赏识性评语，使鼓舞性的评价直达学生的心灵。

（一）层层递进，让学生热情高涨地学习

武凤霞老师是一个善于在课堂上巧妙运用赏识性评语的名师。下面是武老师《月球之谜》的课堂实录。

师：同学们有和我一起上过课么？

生（齐）：没有。

师：同学们的眼睛告诉我，你们都很聪明。是么？（武老师从第二句话开始就用了赏识性评语，使学生的注意力一下全集中到了教师身上。这样的赏识性评语对武老师来说是信手拈来，丝毫没有做作之感）

生（很兴奋地）：是！

师：衡量一个人是否聪明有很多标准，其中一个是记忆力。我想考考同学们的记忆力，可以么？（“衡量一个人是否聪明有很多标准，其中一个是记忆力”，武老师巧妙地预先埋下了赏识的种子，为后续给出赏识性评语做好了铺垫）

生（跃跃欲试地）：可以。

师：我说一个句子，只说一遍，看看谁能够记住。

（教室里很安静，学生都睁大眼睛看着老师）

师：海上生明月，天涯共此时。

师：露从今夜白，月是故乡明。

师：弯弯的月儿像一条明亮的小船。

（这几句话比较简单，学生很踊跃）

师：窗外的月儿，像盛开在蓝色夜空的菊花瓣。

师：把细菌撒在从月球带回来的尘土上，细菌一下子都死了。

师：水藻一旦放进月球尘土，水藻就长得特别鲜嫩青绿。

（后两句是教材中的句子，所以，学生举手不怎么踊跃）

师：床前明月光，疑是地上霜。

（学生哈哈大笑，说太简单了）

师：看来同学们的记忆力真的很棒，同学们都聪明得很啊！好了，聪明的同学们，准备上课吧！（前面的种子终于在这里发芽，课程刚刚开始，而此时的学生早已被武老师鼓动起了极高的学习热情）

师：同学们，这里有几个词，谁会读？

（出示：“嫦娥”）

师：知道嫦娥么？

生：嫦娥是月亮上的人。

生：不对，嫦娥是神话故事中住在月亮上的人。

（教师出示：“银台”“夜光”“玉兔”）

师：玉兔和嫦娥有关系么？

生：有，嫦娥经常抱着玉兔。

生：玉兔是嫦娥的宠物。

师：这都是传说。继续读。

（出示："冰轮""婵娟"）

师：婵娟一般用来形容什么人？

生：形容女人，因为这两个字都有"女"字旁。

（继续出示："玉盘""冰镜""金波银钩""团扇""广寒宫"）

师：齐读一遍。

师：这些词语同时还代表着一种事物，是什么呢？

（学生茫然，教师点击图片，一轮圆圆的明月缓缓升起）

生（齐）：月亮。

师：月亮不仅名字多，而且在它身上还有很多难解之谜呢！今天我们就来学习《月球之谜》。"谜"有两种解释：（1）单指谜语。（2）比喻还没有弄明白的或难以理解的事物。在题目中，"谜"应该选择第几种解释呢？

生：第二种解释。比喻还没有弄明白的或难以理解的事物。

师：那么，课文中都讲了哪些月球之谜呢？同学们都预习课文了，愿意读给大家听么？

（教师请一位学生读完第一段）

师：真的很不错，声音这么清亮，我很喜欢。而且这一段中加注了拼音的生字很多，你也都读对了，真好。请同学们一起把本段中带拼音的词语齐读一遍。（充满激情的赏识使学生的注意力一下集中到了带拼音的词语上）

（学生声音响亮，读得整齐、正确，读后继续请学生分段读课文）

师：课文中写了哪些月球的难解之谜呢？

生："把细菌撒在从月球带回来的尘土上，细菌一下子都死了，难道这些尘土有杀菌的本领么？"月球的尘土能杀菌么？这是一个谜。

生："再看看用植物做实验的结果：把玉米种在月球的尘土里，和在地球土壤里生长没有明显不同。可是，水藻一旦放进月球尘土，水藻就长得特别鲜嫩青绿。"为什么不同的植物在月球的尘土里生长得不一样？这又是一个谜。

生：从月球采回来的岩石估计年龄已经有46亿年了，而在地球上，只能找到40亿年前的石块。难道月球的年龄比地球还大？这又是一个谜。

师：同学们说得都很对，这篇课文主要为我们介绍了月球的这三个谜。这些谜连我们的爸爸妈妈都还不知道呢，更别说我们身边的小朋友们了。所以，我有个建议，下课以后我们把这些谜讲给他们听，好不好？那么，我们怎样讲才能吸引他们呢？（这种类似激将法的赏识，使学生的积极性得到提高，自我意识得到空前的发展，每个孩子都会觉得自己比大人都聪明了）

生：讲得要熟练。

师：对。只有讲得熟练别人才能听明白。如果我们讲得磕磕巴巴，会让人听得很不舒服。除了熟练以外，还有其他的要求么？

生：应该讲得有感情。

师：是啊，但是怎么才是有感情呢？

（学生沉默）

师：有感情表现在声音上就是清楚响亮，表现在语气上呢？

生：语气要有快有慢。

生：要抑扬顿挫。

师：对！能够说明月亮之谜的词语要说得突出一点，这就是我们平时说的重音。

生：还要注意说话时候的表情。

师：对呀，表情和语气结合起来，更能够吸引人。好，同学们，接下来就按照你们自己说的要求，从课文讲述的第一个谜、第二个谜中选择一个试着讲讲吧。先读几遍，然后合上书本讲讲。

（这一阶段，武老师的赏识具有一种递进的特点，更具煽动性，不断牵引着学生的思维往课程需要的目标上靠近）

（学生试着讲述，教室里很热闹，教师巡视，查看学生讲述的情况）

师：谁来讲？

生：我讲的是第一个谜。把细菌撒在从月球带回来的尘土上，细菌一下子都死了，难道这些尘土有杀菌的本领么？

师：我很欣赏他的讲述，他强调了两个词，让我们感觉到细菌在从月球带回来的尘土上死得又干净又彻底。哪两个词？（赏识看似只针对回答的学生——“我很欣赏他的讲述”，实则为了指引重点——“两个词”，引发群体思维）

生（齐）：“一下子”和“都”。

师：对！就是这两个词语。（课件上这两个词语的颜色变红）还有一个地方讲得很好，让我们一听就知道这是一个未解之谜。

生：最后一句，他讲的时候疑问的语气很强。

师：听得真准确！不过，发生这么奇妙的变化主要是因为把细菌撒在哪里的尘土上呢？

生：月球。

师：对，这个词语在讲的时候也要注意突出。（“月球”一词的颜色变红）我们把这段话一起念一遍，注意刚才我们谈到的这几个关键词语，把它们读得突出一点。

（学生齐读）

师：谁再来讲讲这个谜？我相信，你会讲得更好。（教师不断用赏识激励学生）

（一个学生举手，他讲述得通顺流畅，老师表扬他）

师：“月球上的尘土是否能杀菌”这个谜同学们讲得很好，那第二个谜会讲么？这个谜可是比第一个要长一点，难度也要大一些啊！

（同学们悄悄翻看书本）

师（很体谅地说）：要不要准备一下啊？

生（齐）：要！

师：好的，时间两分钟，抓紧时间读，然后合上书本试着讲。

（教师的话音还没有落，教室里就响起了一片读书声，学生准备好以后，教师让学生分组讲，然后才请一个同学讲）

生：再看看用植物做实验的结果：把玉米种在月球的土壤里，和在地球土壤里生长没有明显不同。可是，水藻一旦放进月球土壤，就长得特别鲜嫩青绿。

生：他把这一段中两个“月球尘土”，都说成是“月球土壤”了。

师：对，文中是有区别的，月球后面跟的是“尘土”，地球后面跟的词语是“土壤”。这位同学在讲的时候还丢掉了一个词语，你们发现了么？

生：“可是，水藻一旦放进月球尘土，水藻就变得特别鲜嫩青绿。”一共有两个“水藻”，他把第二个丢掉了。

师：打开书，我们读读这个句子，看看第二个“水藻”用在这句话中是不是必需的。

（学生读完后举手）

生：可以去掉，因为一句话中有两个水藻，读起来感觉重复了。

生：可以去掉，去掉以后我们听得清楚明白，语言也简洁了很多。

师：既然同学们都同意把第二个水藻去掉，那我们就把它去掉，然后再读读这个句子。

（学生齐读）

师：听起来舒服了。谁再来试着讲讲这个谜？

生：再看看用植物做实验的结果：把玉米种在月球的尘土里，和在地球土壤里生长没有明显不同。可是，水藻一旦放进月球尘土，就长得特别鲜嫩青绿。

师：我特别欣赏他讲的最后一句，让我们一听就知道了水藻在月球尘土里的生长状况很特别。请这位同学再给大家讲讲吧。

（该学生讲最后一句，然后大家一起背诵这一段）

师：在这篇文章里，最难讲的是最后一个谜。因为它的语言最多，还有点拗口。这样，我和同学们来比赛一下，看看谁记得快、讲得好，好不好？（武老师的每次赏识都是有目的性的，这次赏识就着重点到了最后一个谜的重要性，这种有的放矢的赏识更激发了学生挑战重点和难点知识的积极性）

（学生很兴奋，师生各自准备）

师：好了？谁愿意和我比赛？

（学生纷纷举手，教师指定一个学生）

生：一项研究结果说，月球上曾经有过火山活动。从月球采回的一块岩石，估计它的年龄已有46亿年，而在地球上，只能找到40亿年前的石块。难道月球的年龄比地球还大？或者是月球的火山活动比地球还早？这又是一个谜。

（学生讲得不怎么熟练，还有个别地方丢字和改词）

师：在这么短的时间内能讲得这样熟练，真了不起，让我们把掌声送给他！（虽然对学生的讲述不甚满意，但教师先给予赏识，不打击学生的自信心，为继续后面的教学做好铺垫）

师：我来试试。同学们不看书，认真听，看看我讲得怎么样。

师：一项研究结果说，月球上曾经有过火山活动。从月球带回的……

生（纷纷说）：不是“带回”，是“采回”。

师：哦，这么微小的改变你们都能听出来，了不起！听我继续续讲，“从月球采回的一块岩石，它的年龄已经有46亿年……”

生（纷纷说）：不对不对，丢了一个“估计”。

师：丢就丢了吧，反正只是一个词语。没关系。

生：不行，这个词语不能丢，“估计”是不确定的意思，如果不加这个词，就是一定的了。

生：不加“估计”就说明月球上采回的石头一定是46亿年了，加上就不确定了，或者是47亿年，或者是43亿年。

师：看来，这个词语很关键啊，那我讲的时候把它突出一点。“估计它的年龄已经有46亿年，而在地球上，只能找到40亿年的石块。”

生（特兴奋的）：又错了。丢了一个“前”字，是“40亿年前”。

师：犯了和“估计”一样的错误。马上改正。“只能找到40亿年前的石块。难道月球的年龄比地球还大？或者月球的火山活动比地球还早？这又是一个谜。”同学们，在你们的指导和帮助下我终于把这个谜讲完了。哪位同学再来试试？

（学生讲，教师点评）

师：课文为我们介绍了月球的三个谜，是不是月球的难解之谜只有这三个呢？

生：不是，文章中在三个谜语之后用了省略号，说明还有其他难解之谜。

师：课前我让同学们查查资料，你找到了月球的其他的谜了吗？

（学生交流，都比较简短，有的是科学已经解决了但孩子们不知道的问题）

师：是的，月球上还有许多难解之谜，我也搜索了几个，同学们来看。

（教师用课件展示）

师：这么多难解之谜！同学们，我就不明白了，作者怎么不把这些谜都写在文章中呢？

生：如果写得太多了，文章就太长了。

生：写得太多，人们就看不下去了。

生：有些谜很深奥，我们看不懂。

师：哦，我明白了，这篇文章是给小学生看的，所以，要选择简单一点的谜来写。如果这篇文章是要在世界科学家大会上发言用的呢？

生：那就要把深奥一点的谜写出来。

师：看来，写说明文选材的时候还要看读者是谁，要根据读者选择材料。

师：同学们，正是因为月球有这么多难解之谜，所以，每当夜幕降临，一轮明月悬挂在高高的夜空中的时候，那皎洁的月光曾经引起人们多少美好的遐想啊……

（出示：月球是从哪儿来的？上面有些什么东西？它跟地球一样么？）

（学生齐读）

师：这是遐想，所以，读的时候要轻一点，虚无缥缈一点，这样才能把听我们读的人带入遐想。再来一遍。

（学生再次齐读）

师：看到这美丽的明月，你想到了什么？

生：我想，里面真的有桂花树么？住在里面的嫦娥姐姐是不是很美丽？

生：我想到一首诗。“床前明月光，疑是地上霜。举头望明月，低头思故乡。”

师：是啊，古往今来的文人墨客都喜欢把月亮写在自己的诗词文章中，以此表达自己的一种情感。同学们，遥望夜空，月亮是那么美丽，那么迷人，月亮上真的有桂花树么？真的有嫦娥么？对，什么都没有。1969 年 7 月 20 日，美国宇航员首次登上月球，他们第一眼看到的是十分奇异的景色。

（出示：这里的天空黑沉沉的，表面却洒满灿烂的阳光。月球上满是尘土、岩石和环形山，没有水，没有任何生命。月球是一片荒漠）

（学生齐读）

师：真是一个景色奇异的世界。月球上不仅景色奇异，而且会发生一些奇妙的事情。

（出示：月球是绕地球旋转的星球，对物体的吸引力只有地球的六分之一，所以，地球上重 6 公斤的东西，到月球上就只有 1 公斤了。在月球上，人只要稍微用力一蹬，就能窜起很高，如果在那里跳远或跳高，可以取得比地球上好得多的成绩）

（学生齐读）

师：从这一则资料中，你又了解了什么？

（学生交流）

生：我了解了，在地球上重 6 公斤的东西到月球上就只有 1 公斤了。

师：对呀！你的体重是多少？

生：35 公斤。

师：如果到了月球上你还不到6公斤重，跟一周岁的婴儿差不多。

（学生笑）

生：我还知道，在月球上跳高或者跳远能取得好成绩。

师：是的，如果拿在月球上跳高或者跳远的成绩参加地球上的奥运会，那世界冠军非你莫属。

生：我知道在月球上走路也和在地球上不一样，人都是一蹦一蹦的。

师：就是，像幽灵。

（学生笑）

师：好了，同学们，这么美的月亮，这么奇异的景色，这么有趣的月球现象，这么多的难解之谜，让月亮充满着魅力，深深地吸引着人们去探索。我相信随着探索的深入，人类还会发现越来越多的月球之谜。

师：同学们，在这节课一开始，我们就认识了月亮的很多名字，还记得吗？

（学生将名字一一说出）

师：相比之下，这些名字哪一个都比月球这个名字时髦，那课文的题目换成“嫦娥之谜”“玉兔之谜”“冰轮之谜”“婵娟之谜”“银钩之谜”可以吗？

生：不可以。如果换成“嫦娥”之谜，人们读了以后首先想到的就是传说中的那个叫嫦娥的仙女，而不是月亮了。

（学生就课文题目进行讨论）

师：我明白了，看来文章题目不能只追求时髦、与众不同，还必须让人们一看就知道写的是什么内容，这很重要。谢谢同学们带给我的启示。就让我们带着这节课收获的月球之谜以及选材与拟定题目的启示同这个美丽的星球说再见吧。

反思拓展

武凤霞老师对学生的赏识是独树一帜的，从案例中武老师采用的充满魅力和鼓舞性的赏识性评语中就可见一斑了。除此之外，武老师还用她娴熟的赏识技艺，鼓舞学生做出了一次次的精彩表现。

有些教师的赏识性评语十分做作，但武老师的评语却传递着一种关爱。

两者不仅在表述上存在差异，更是在理念上存在差异，一种是毫无感情的应付式的评价，另一种则是真心诚意的赏识性评价。

（二）如何让赏识性评语更高效

学生的学习自觉性和积极性得到调动是一堂优质课的显著标志之一，而其中的关键就是教师的课堂调控策略是否有效地运用了“赏识”机制。赏识是调动、激发学生积极性、主动性和创造性的绝佳方式。

赏识性评语要从学生内在的期望、动力需要出发，给予学生一种普遍的、共性的、积极向上的行为导向。教师可以从以下几个方面出发，进行赏识性评语设计。

1. 根据学生的“需求”设计赏识性评语

“需求”作为一种生理和心理现象，是人对某种事物或某种对象的期求、渴望和欲念，是人产生思想、行为的原动力。在课堂中，教师的赏识必须从学生的这种“需求”出发，以此激励学生积极主动地投入学习当中。

某教师在教《火烧赤壁》时，为了让学生认认真真地总结课文，就设计了引发学生“需求”的赏识性评语。该教师说：“赤壁之战可真是一场不简单的战斗，仗是打完了，可总得好好总结一下。三国里的人物很多都是大英雄，同学们也都拥有一颗当英雄的心，你们其实已经是老师心目中的英雄了，如果你是周瑜，你怎么总结大获全胜的经验？如果你是曹操，你应当记取哪些失败的教训？谁愿意当周瑜？谁愿意当曹操？”教师的一席话，刺激了学生的表现欲，使他们产生了想当众显示一下自己才能的愿望。

于是学生的兴致来了，大家都想当“周瑜”，都想当“曹操”，便都争着上讲台总结这场战争。正是由于教师对“英雄”的赏识，激起了学生的学习积极性，使他们在高涨的情绪下和教师配合，共同实现了学习目标。

2. 从细微之处设计赏识性评语

教师应细心地发现学生各方面的优点，坚持不懈地为学生的每一个微小进步加油，使学生从每一步的前进中都感受到克服困难、超越他人、战胜自我的愉悦。在赏识过程中，教师要善于运用评价艺术，让学生产生被评价的需要，并对评价产生信任感，把评价作为自身发展的方向标。

3. 对不同学生设计不同的赏识性评语

教师在进行赏识性评价时要充分考虑学生发展的水平差异，要针对学生的个体差异分别要求，采用不同的赏识标准和方法。对学困生的进步应给予偏向于表扬的赏识性评价，对成绩中等的学生应给予偏向于激励的赏识性评价，对成绩优异的学生应给予带有鼓励其参与挑战与竞争的赏识评价，从而使处于不同发展水平的学生都得到关心，获得发展。

4. 在不同的发展阶段设计不同的赏识性评语

赏识性评语要以发展性目标为依据，以学生为本，关注学生知识的习得、能力的提高和素养的形成。在学生发展进程的各阶段中，教师要进行不同的赏识性评价，使学生在评价中不断地认识自我、发展自我。

教师的课堂评价要注重每个学生的独特感受，以赏识为主，捕捉他们身上的闪光点，及时给予肯定和表扬，让学生感受到教师和同学的关心与帮助。作为教师，应该不断研究和提炼自己的赏识性语言，以更好地激励学生，使他们积极思维、主动探究，以饱满的热情参与学习活动，获得自身的不断发展。

评价与提问相结合，在动态中促进学生思考

——提问式评语里的智慧

提问式评语是课堂教学的主要手段，是一种重要的教学艺术，是教师教学技能和教学智慧的集中体现。有效的提问可以调节课堂气氛，促进学生思考，激发学生的求知欲望，而将评价融入提问，可以激励学生更积极地思考问题，促进师生间的有效互动，提高信息交流的效率，从而大大优化课堂教学。

为了高效地完成教学任务，教师应根据教学目的、教学重难点及学生实际，在提出问题的同时，设计出相应的评语，使学生能够更积极地进行自主钻研、思考，并准确作出解答。提问式评语应具启发性，不仅要注意教学内容和学生的具体情况，还要采用正确的方法与技巧。提问式评语的设计一般应遵循以下几个原则：

1. 在评价中设计有目的性的问题

在评语中加入问题是为了调动学生思维，启发学生积极思考，所以，教师的“问”应有目的性，不能随便设问，要能达到激励或牵引学生进一步思考的目的。

2. 提问与评价的结合应引起学生的学习兴趣

课堂上，教师在问题中所融入的评语，应是能对解决问题起到积极意义的话语，这样才能让学生的学习兴趣得到提高。

3. 评价与问题应适合学生的能力水平

提问中的评价和问题都应适合学生的能力，让他们一听就明白，以减少他们对自身能力的质疑。在知识程度不一的班级里，教师要用自然的、通俗的语言进行提问式评价，以符合学生的语言水平和概念理解水平。

科学、有效的提问式评价对于提高课堂教学的质量和效益有着举足轻重

的作用。它不仅可以帮助学生领会教学内容，检查学生掌握知识的情况，还能培养学生的创新思维，调动他们的学习积极性。

(一) 在提问中评价，在评价中提问

以下是特级教师薛法根老师在教授《匆匆》时的课堂教学实录：

师：同学们可能都不认识我，我姓薛。有同学姓这个姓吗？（无人举手）这个姓很少，所以很珍贵。

（生笑）

师：今天我们学习第2课，题目是——

（生齐读课题）

师：预习过课文吗？你都预习了什么？

生：我读了3遍课文。

师：你很自觉，老师没有要求，你就能自觉地读3遍，不错！

生：我先看了预习提示，然后根据预习提示中的问题去读课文。

师：能够根据预习提示有针对性地预习，很好！

生：我把预习中遇到的问题都解决了。

师（笑）：了不起，答案都想好了，能透露一个给我吗？

（生笑）

生：不能。

师：还保密呢！你能带着思考进入课堂，收获就要比一般同学多。

生：我借助字典解决了预习中不认识的字词。

师：能借助字典、词典等工具书来解决预习时遇到的生字词，这是会学习的同学。

生：我边读边想，总结了每一段的段意思。

师：一边读一边总结，这是很好的学习习惯。

师：好像还有同学找了许多名人名言，是你吧？

生：高尔基曾说了一句有关时间的名言警句。

师：记得这句话吗？能背出来吗？

生：世界上最快而又最慢，最长而又最短，最平凡而又最珍贵，最容易被人忽视而又最令人后悔的就是时间。

师：大部分同学都认真读了课文，有的根据预习提示进行了有针对性的预习，有的带着问题进入了课堂，有的借助工具书解决了预习时遇到的问题。这些都是你们在预习时自觉做到的，都是很好的学习习惯。坚持这些习惯，你必定受益终身。

师：读了3遍课文的同学请举手。

（生全部举手）

师：读了3遍以上的请举手。

（生无一人举手）

师（笑）：你们都统一要求读3遍啊？

师：我们来看看你们读的3遍与其他人读的3遍有什么不同。

师：你来读第一自然段。

（生读）

师：读得不错，很流利。这第二个句子很长，“但是，聪明的，你告诉我，我们的日子为什么一去不复返呢？”读得很流利，不错。谁再来读给我听听，也能像他读得那么流畅吗？

（生读）

师：别急着坐下，考一考你。你在读这一段的时候想了些什么？心情有没有什么变化？

生（略停一下）：这一段中有4个问句，感情要深厚一些。

师：你注意了这段中有4个问句，感情不同，不错。这两位同学都读得很好，边读边思考，说明他们读得很投入。

师：谁来读读其他的自然段？是不是都能像他们一样认真？

（生读第四自然段，强调“呢”字）

（众生笑）

师：不错，很投入。他读得很沉重，但有些词语可以读得比较轻快。谁再来读一读这一段？

（生读，依然强调“呢”字）

师：比较轻快，很好！但是，你说说看为什么一定要强调“呢”字呢？

生：因为作者好像是有问题在问我。

师：谁能不通过强调“呢”字来体现这些问句？

（生读）

师：美吗？像她一样读，会给人一种美的感受，一种全新的感受。

生：我来读最后一段。

师：为什么？

生：一来是这一段很短，二来是这一段也很重要。

师：我们就请你来读读这最重要的一句话。

（生读）

师：他虽只读了一句话，但这句话却是课文的灵魂。这个问句的答案文中没有。正是因为这个问句，这篇文章成为散文名篇。

（生读第二段）

师：有点忧伤的语调，不错！

师：第三段最长，谁有勇气来读读？

（生读）

师：这么长的段落，读得这么流利，看来是真的下了一番工夫。

师：“匆匆”就是“急急忙忙”的意思，脚步匆匆，吃饭匆匆，洗脸匆匆……课文写的是什么匆匆？

生（齐）：时间。

师：先别急着告诉我，请你们大声朗读全文，文中有一个词告诉了我们是什么匆匆。

（生大声读）

师：读好了的请举手。

师：课文有一个词，写出了什么匆匆？

生：课文写的是“日子”匆匆。

师：“日子”就是时间，就是时光，意思是一样的。

师：我们每天都在过日子，最普通的事情往往就容易被忽视。在作者眼中，日子有什么特点？到底是怎样的？请你们再认认真真地读第一自然段，告诉我日子有什么特点？好吗？（在评语中连续提问，使得学生的思维都集中到了“日子”这个点上，引领着学生进行深层解读）

（生读）

生：我觉得第一自然段告诉我们，日子是一去不复返的。

师：这是日子最大的一个特点。

（板书：一去不复返）

师：你再看一看，这段话中还能看出日子有什么特点？（这一评价中的提问把学生的思维向着更深处牵引，能让学生彻底打开思维之门）

（生木然）

师："是有人偷了他们罢：那是谁？又藏在何处呢？是他们自己逃走了罢：现在又到了哪里呢？"从这句话中又能看出日子有什么特点？

生：这是作者的想象。

师：日子能偷吗？能藏吗？又到哪里去了呢？不知道，日子无影无踪。

（板书：无影无踪）

（这里的一连串带有评价性的提问使日子的"一去不回"被着重凸显出来，为引出下面的一些可以"失而复得"的事物做了铺垫）

师：一起来读。

（生齐读）

师：作者没有直接写日子一去不复返，而是写这一句："燕子去了，有再来的时候；杨柳枯了，有再青的时候；桃花谢了，有再开的时候。"我们一起来读一读。

师：老师这样排列，你能看出什么特点？

"燕子去了，有再来的时候；

杨柳枯了，有再青的时候；

桃花谢了，有再开的时候。"

生：这是排比句。

师：你注意到了句式的特点，除了排比句，在内容上有什么发现？

生：前面都是讲了什么事物去了，后面都讲这个事物又回来了。

师：你讲得很好。无论是燕子、杨柳还是桃花，它们去了，都能再回来。这叫"失而复得"。

（你来读一读）

（生读）

师：你注意到了这三件事物去了可以再来，它们都会在时间上留下痕迹。

师：日子去了也应该是可以回来的啊？

生：不可以。

师：日子与桃花、燕子、杨柳相比，有什么不同？

生：日子一去不复返。

师：作者为什么这样写呢？

生：作者为了突出时间的一去不复返。

师：表达了作者怎样的情感？

生：他很渴望时间回来。

师：是啊，他很留恋。

（板书：留恋）

生：他很无奈。

（师板书：无奈）

师：读书后知道作者为什么这样写，其中蕴含了怎样的情感，这叫会读书。请大家把那种留恋、无奈、怅然若失的感觉读出来。

（生自由练读）

师：我相信，此刻你再来读这一段，感觉就不一样了。

（指名读）

师：不错，你把体会到的、感受到的都读出来了，拿起书，我们一起来读一读。

（生齐读）

师：课文一开始提出一个问题，告诉我们时间一去不复返，无影无踪。但在作者笔下，日子是匆匆的，能看得到，摸得着，感觉得到。日子的影子是怎样的？

请你们读读第二自然段，找出日子的样子。

（生读）

师：日子是有样子的，找到了吗？

生：没有。

师：再读读，找找日子的样子。

师：找不到没有关系，你去读读第三自然段，日子是什么形象？找找。日子的影子在哪里？是什么样的？

（生自由读第三自然段）

师：日子是什么样子的？

（生摇头）

师：找不到没关系，请你接着读第四自然段，（众生笑）读了这一段如果还找不到，那就真的糟糕了。

（生自由读第四自然段）

师：这一段中，你找到的日子的样子是怎样的？

（众生举手）

师：把你找到的句子画下来。

师：请画出来的举手。

师：请你往上看，第二、三自然段中，日子的影子在哪里？请你画下来，一定能找得到。

……

师：现在都找到的请举手。

（大部分学生举手）

师：请大家读读第三、四自然段，感受一下作者笔下形象的、可以看得见的日子。……谁来读一读？

生：像针尖上的一滴水……

师：这针尖上的一滴水，滴在大海里，有声音吗？有影子吗？

（生再读）

师：现在你能看到八千多日子的影子吗？

生：就像针尖上的一滴水。

师：有多大？

生：一点点。

师：也就是说，八千多日子就像针尖上的一滴水。那你经历了半滴水都不到的日子，你有什么感觉？

生：……

师：你们算算，八千多日子相当于多少年？

生：24 年。

师：作者写这篇文章时，24 岁。（板书：八千多日子像针尖上的一滴水）你读了这个句子，有什么体会？

生：日子太容易被人忽视了。

生：时间太短暂了。

师：时间很珍贵，你一生有几个八千多日子？那仅仅是大海里的一滴水，你有什么感受？

生：时间太珍贵了。

师：因为少，所以珍贵。我们再来读读这句话。

（生齐读）

师：八千多日子像针尖上的一滴水，是有限的，人一生只有几个八千多日子，很短暂。（板书：短暂）人的生命在时光的大海里，可以忽略不计，是那样的渺小，想到这里，所以作者“头涔涔，泪潸潸了”。

师：你明白吗？

生：一直以来，我们认为时间是用不完的，没想到，人的生命是短暂的，所以作者“头涔涔，泪潸潸了”。

生：他浪费了一些时间，这20几年里，他没有什么成就，所以他“头涔涔，泪潸潸了”。

师：是啊，当他突然发现时间已经过去时，很难受，你有过这种感受吗？作者蓦然发现八千多个日子已经过去了，你们呢？我们齐读……

（生读）

师：一滴水滴在大海里有声音吗？有影子吗？看得见吗？为什么？

生：因为人们忽视了时间。

……

师：读到这里，你不要急于回答，读第四自然段，你对这个问题会有更深刻的理解。

（生读）

师：八千多日子像针尖上的一滴水，那每一个日子也应该是看得见的，是什么样子的？

（生读第三自然段）

师：“他”是什么样子的？

生：飞快的。

师：读得好，但是还没抓准。

生：太阳有脚……

师：是啊，太阳有脚，像一个人，就是一个人，我们读这句话。

（出示：太阳他有脚啊，轻轻悄悄地挪移了；我也茫茫然跟着旋转。于是——洗手的时候，日子从水盆里过去；吃饭的时候，日子从饭碗里过去；默默时，便从凝然的双眼前过去。我觉察他去的匆匆了，伸出手遮挽时，他又从遮挽着的手边过去。天黑时，我躺在床上，他便伶伶俐俐地从我身上跨

过，从我脚边飞去了。等我睁开眼和太阳再见，这算又溜走了一日。我掩着面叹息。但是新来的日子的影儿又开始在叹息里闪过了）

（生读）

师：这都是时间的脚步在那儿挪移。怎样地挪移？

生：轻轻地……

师：快吗？慢吗？所以吃饭时……

（生读）

师：时间都是慢慢地、悄悄地挪移，我们一起朗读。

（生齐读）

师：开始是挪移，后来从哪里看到“他”的脚步匆匆？

生：跨过、飞过、闪过、溜走。

师：所以，日子是有形象的，是看得见、摸得着的，他有脚，可是他与人有什么不同？

生：人的脚步可以快可以慢，可以自由停下来，而时间的脚步一去不复返。

师：“他”的脚步只能匆匆而过，你想留也留不住，挡也挡不住，读第一句。

（生读）

师：这句话表达出作者对时光一种怎样的感受？

生：无奈。

师：你能留住吗？那种对日子的无奈表现得非常清楚。

（板书：无奈）

师：从第四自然段中，你找到日子的形象了吗？

生：找到了。

师：轻烟、薄雾，看得见吗？你看多形象，如轻烟被微风吹散了，如薄雾被朝阳蒸融的样子，你看过吗？为什么把时间比作轻烟、薄雾？而不是比作一滴水？（评语中的提问使问题的重点更加突出。“看得见吗？”“你看过吗？”这两个问题使轻烟和薄雾的比喻更为突出）

生：因为被微风吹散的轻烟、被蒸融的薄雾都无影无踪了。

师：说得多好啊！八千多日子就像轻烟、薄雾般无影无踪、没有痕迹，告诉了我们八千多日子没有在生命中留下任何痕迹。我们来读。

（生读）

师：你看到过这样的痕迹吗？

生：没有。

师：要急促些，听老师来读。

（生再读）

师：这里的两个问句一样吗？为什么要反问呢？

生：强调了没有留下任何东西。

师：对，没有留下任何痕迹，为什么？往前看，读读第四自然段的第二句话。

（生读）

师：八千多日子……留下两样东西，一是徘徊，一是匆匆，因为作者没有做什么有价值的、有意义的事情。八千多日子就这样过去了，没有留下任何痕迹，所以作者有怎样的情感在里面？

生：后悔。

生：惭愧，因为没有做过有意义的事情。

师：文中的“平”是什么意思？我不能理解。

生：我觉得来的时候、去的时候不能一样平凡，应该做点什么。

师：有点懂了。

生：不能平静地、白白地走这一遭。

师：要留下点什么，哪怕是一丝痕迹，齐读第四自然段。

（生读）

师：它告诉我们，一生要有所作为。人生短暂，生命有限，岁月无情，人来到这个世界上，应该怎样走这一遭呢？怎样有所作为呢？所以作者留下这样一个疑问，齐读最后一段。

（生读）

师：在作者眼里及笔下，日子匆匆过去，是有形象的，八千多日子……（指着板书总结）我们再来读读这最后一句话。

（生读）

师：为什么提出这个问题，却没有回答？他为什么这样写？

生：给我们留下思考的空间。

师：是啊，一个需要用一生思考的问题，人生一去不复返，人生该留下一个怎样的痕迹，今天留一个作业：为这个问题写一个答案，想想我们该怎样走这一遭？

师：把这句名言送给大家，我们共勉："人最宝贵的是生命，生命对每个人只有一次。人的一生应该这样度过：当他回首往事的时候，不因虚度年华而悔恨，不因碌碌无为而羞愧；在临死的时候他能够说：'我的整个生命和全部精力都已经献给了世界上最壮丽的事业——为人类的解放而斗争。'"

师：看看现代人是如何看待时间的——

将时间用于工作，那是成功的代价。

将时间用于思考，那是智慧的来源。

将时间用于运动，那是健康的奥秘。

将时间用于阅读，那是知识的源泉。

将时间用于爱人，那是幸福的所在。

将时间用于奉献，那是人生的真谛。

将时间用于微笑，那是减负的良方。

将时间用于空想，那是生命的浪费。

师：相信大家学习了今天这一课，对时间会有自己的理解！下课。

反思拓展

在案例中，薛法根老师的课堂评价式提问可以说贯穿于整个教学过程。他根据教学目标，在准确把握教学重难点的基础上，对每个教学环节的提问都做了精心安排，不仅注意到了提问的有效性，还运用了不同的技巧，从而使得整个教学过程环环相扣，逻辑紧密，逐层推进，收到了良好的教学效果。

课堂提问式评语是一种古老而又重要的教学方法。希腊先哲苏格拉底的"助产"式教学即是以提问为核心，通过引导，使谈话者逐步反思所探讨的问题，让自以为知者知其所不知。在现代课堂教学中，提问仍是教学的关键，富有启发意义的提问结合评价性的语言，不但可以激活整个课堂，使课堂充满灵性，使学生的潜力在课堂上得到最大限度的释放，而且能有效地增进师生交流，促进教学相长，营造和谐、民主、融洽的教学氛围。

1. 提问评价导入，揭示课题

教师与学生之间的情感互动是否良好，是影响课堂教学能否顺利展开的关键因素之一。薛老师在讲授新课之前，采用了轻松活泼的谈话方式，通过几个简洁的评价提问，不仅很好地与学生交流了情感，拉近了彼此的距离，创设了轻松活泼的教学氛围，也初步了解了学生对课文的预习效果。提问式评语“‘匆匆’就是‘急急忙忙’的意思，脚步匆匆，吃饭匆匆，洗脸匆匆……课文写的是什么匆匆？”则很好地揭示了课题，使学生对课文有了整体的初步感知，为下面的教学做了铺垫。

2. 以探究、对比评价为线索，引导学生探索新知

一个好的课堂评价，不但要具体、明了，说到点子上，评在关键处，还应富有启发性。在讲授新课的时候，薛老师根据课文内容的安排，主要设计了两大评价问题：

一是：日子有什么特点？到底是怎样的？

二是：日子的影子是怎样的？

这两个问题都是围绕着段落大意来设计的，看似不新颖，实则是新课学习的两大主线。薛老师的提问式评价正是以这两大主线作为立足点，围绕它们引导学生一步步进行探究式学习的。

薛老师还设计了许多探究、对比式的提问评价。如探究式评价提问：“作者为什么这样写呢？”“表达了作者怎样的情感？”“一滴水滴在大海里有声音吗？有影子吗？看得见吗？为什么？”对比式评价提问：“日子与桃花、燕子、杨柳相比，有什么不同？”“日子是有形象的，是看得见、摸得着的，他有脚，可是他与人有什么不同？”这些评价式提问设计巧妙，抓住了教学的重难点，不仅可以启发学生的思维，更促进了他们的积极思考，有助于培养其鉴赏与评价能力。

3. 以发散式提问总结评价，升华文章主旨

总结评价也是课堂教学的一个重要环节，此环节旨在引导学生围绕课文展开想象，谈感想，说体会，促进学生语文综合能力的提高。

这节课中，薛老师在学生深刻理解课文的基础上，以发散式的评语“人生一去不复返，人生该留下一个怎样的痕迹，今天留一个作业：为这个问题写一个答案，想象我们该怎样走这一遭”来总结评价，并把奥斯特洛夫斯基的名言送给了学生。

这样“问”中带“启”的总结评价，不仅让文章的主旨得到了升华，给课堂教学留下了韵味，给学生留下了思考的空间，而且使学生在联想、体会自我价值的追求中再次体会到了时间的珍贵，让他们深化了对课文内涵的理解，从而真正实现了学有所获、学有所悟。

（二）如何让提问式评语更高效

课堂教学提问式评语艺术性的实现，要讲究技巧与方法。具体来说，主要有以下几种设计方法：

1. 对比法

用对比法设计的提问式评语，是指将相互联系或容易混淆的概念加以对比而设定的提问，旨在使学生认识事物的相同点和不同点。这种提问有利于学生求同思维和求异思维能力的培养。

一位教师在进行古诗《春日》《游园不值》的教学。

师：春天像刚落地的娃娃，从头到脚都是新的，它生长着。春天像小姑娘，花枝招展的，笑着，走着。春天像健壮的青年，有铁一般的胳膊和腿脚，领着我们上前去。（幻灯片出示，配乐朗诵）这是朱自清爷爷的文章《春》的一个段落。写得美吗？

生：美！

师：喜欢的读一读。

（自由读这段话）

师：这几句话赞美的是春天万物复苏、繁花似锦、生机勃勃的喜人景象。今天这节课，老师和同学们一起来学习两首宋朝诗人写的古诗，看看古人眼中和笔下的春天又是怎样的，与朱自清爷爷笔下的春天有什么相同的和不同的地方。

这位教师便以问题为线索，通过现代文与古诗的比较，引导学生在比较的过程中理解课文，学习写法。其实，在教学中，教师如果经常引导学生比较、分析，让学生在认识共性的基础上掌握事物的特殊性和不同的表达方式，对学生准确理解、灵活掌握知识，是非常有好处的。

2. 探究法

事情总有前因后果。根据事情的结果，对事情的原因、经过进行探究性设问，有利于激发学生的兴趣。

《倔强的小红军》一文中有这样一句话：“陈赓同志全明白了。”教师设疑："他明白了什么？"根据这一结果再质疑——"为什么小红军一直不肯上马？为什么不和陈赓同行？为什么不肯接受青稞面？"这样探究下来，学生就弄清了事情的前因后果。

《草船借箭》一文最后写道："周瑜长叹一声，说：'诸葛亮神机妙算，我真比不上他！'"教师设计提问式评语让学生讨论：诸葛亮的神机妙算赢得了一个什么结果？他的神机妙算表现在文中的哪些地方？草船借箭成功的原因有哪些？这样的逆向启发式提问，对学生思维的要求更高，可促进学生思维的发展。

3. 联系实际法

学生的知识来源于课本，也来源于社会这个大环境。在学习语文时，学生对许多问题的认识都要结合实际来进行，所以在教学过程中，教师可以联系实际来设计提问式评语，以使学生更好地理解课文，同时也把语文与生活联系起来。

薛法根老师在《匆匆》一课中这样提问："时间很珍贵，你一生有几个八千多日子？那仅仅是大海里的一滴水，你有什么感受？"这个问题便很好地联系了学生的实际，可以让学生结合自身的实际更好地理解和体会课文表达的思想情感。

《和时间赛跑》一文中写道："假如你一直和时间赛跑，你就可以成功。"教师可以这样设问："这句话你是怎么理解的？你同意这说法吗？"

类似这样的问题，学生都可以通过联系自己的生活实际来理解，这样就能使学生的学习既源于课内又源于课外，既深入课堂又深入社会现实。

4. 发散法

这种提问式评语具有如下特点：对于同一问题可从不同角度去获得多种答案。这种提问式评语又叫开放性问题评语。

关于古诗《泊船瓜洲》，据说对"春风又绿江南岸"中的"绿"字，作者在作诗过程中曾改过多次，最后定稿时才用了"绿"字。试想，作者可能用过哪些字，为什么最后用"绿"字？

这种问题的答案都不是唯一的，教师通过这些发散性的提问式评语，可以培养学生的求异思维。

5. 综合法

综合法是指抓住文章的重点词句来设计提问式评语。重点词句是理解文章内容、体会文章思想感情的窗口。教师若能准确抓住重点词句，并进行适当的归纳综合，设计的提问式评语必能引导学生透彻理解课文内容，体会文章表达的思想感情，使“文”与“道”融为一体。

如薛法根老师在《匆匆》一课的教学中引导学生找出“跨过、飞过、闪过、溜过”等词语之后，对学生提问：“你从这些词语感觉到什么？或是有什么发现?”这个问题便是在对这些重点词语的综合把握的基础上提出的。这样的问题，不仅可以有效地促进学生对文章内容的理解和感悟，更能启发学生的思维，提高他们的综合分析能力。

6. 在有效性的基础上设计提问式评语

在教学中，有效的课堂提问式评语可以激活学生的思维，增强学生的学习兴趣。但是，在具体操作过程中，有些学生尤其是低年级学生，由于心智不成熟，缺乏生活经验，思考问题时往往会偏离方向，要么答非所问，要么无所适从，使教师的教学活动一时无法进行。

事实上，课堂上热热闹闹、沸沸扬扬的景象，未必足取。作为教师，要能够在这样的环境中恰当地运用提问式评语，真正体现教学功底，展现自己的教学智慧。

在讲古诗《草》时，教师要求学生展开想象，把“春风吹又生”这一句诗用笔画出来。可是，面对这个练习，一年级的许多小学生都或者面面相觑，或者窃窃私语，就是无从下笔。见此情景，教师及时作出调整，巧妙地设计了一个提问式评语，帮助学生从日常观察中总结经验：

师：大家想一想，你可以用什么颜色画春风?

生：我要把春风画成黄色，因为春天来了，迎春花开了，迎春花是黄色的。

师：是啊，春风是黄色的。因为春天的使者迎春花是黄色的。

生：我要把春风画成红色。因为春天来了，桃花都开了，桃花是红色的。

师：对的，古人就有这样的诗句——人间四月芳菲尽，山寺桃花始盛开。

生：我把春风画成绿色。因为春天来的时候，小草绿了，柳树绿了……

师：说得真好，春天是一个万物复苏的季节，各种植物的种子纷纷发芽从地底下钻了出来，到处都是绿的，所以春风是绿色的。

提问式评语中的问题太难会使学生感到困顿与迷惑，太易则又常常使教学流于形式，浮于表面。教师应当努力寻求这两者之间的平衡点，以达到

“让学生跳一跳，都能摘到果子”的目的，这就要求提问式评语必须符合课堂有效性。案例中，教师最开始设计的练习让许多学生感到无从着手，因为教师的问题提得太宽泛、太过抽象。对此，该教师及时作出调整，降低了问题的难度，同时，又从学生的回答中捕捉到有价值的信息，并进行延伸和疏导，拓展了学生的思维和想象空间，提高了他们思考问题、解决问题的能力，也使教学环节有张有弛、动静相依。

有人说，语文的最高境界是诗意。在这个教学片段中，教师采用精炼而富有诗性的提问式评语，引领学生放飞想象，指导学生咀嚼品味。学生的思维被激活，发现的火花被点燃，诗意的表述被引发。由说到画，这样的设计，激起了学生的创作激情，使学生创新的火花时时闪现，在课堂上不仅有外在的愉悦表现，更有内在的成功体验。

当然，除了以上几种设计提问式评语的方法之外，还有很多其他形式需要教师在实践中摸索创造。值得一提的是，在课堂上，任何一种提问方法都不是放之四海而皆准的，都有其长处，同时也有其局限性。至于使用哪一种方法，还要根据教材的实际、学生的不同特点、具体的课堂情况精心设计，只有这样，才能大大提高课堂教学的效率，取得显著的教学效果。

课堂提问式评语是唤醒学生意识、启发学生思考、激发学生兴趣的重要方法。作为教学活动的引导者、组织者，教师要针对学生的特点及其知识基础预设提问式评语，指导教学活动，进而促进学生主动参与学习，提高教学的质量。

合理的提问式评语，可以检查学生对已学知识的理解、掌握程度，可以激发学生对未知知识的兴趣，强化学生对重点知识和难点内容的理解和应用，还可以活跃气氛，增进师生之间的沟通，使教学过程既严肃紧张又热烈和谐。

提纲挈领，引领学生进行探索式学习

——抓重点式评语里的智慧

抓重点式评语是从教材内容的重点入手，设计评语提示，引领学生轻松学习的一种方法。这种评语，能将所授内容的重点清晰地摆在学生面前，让他们的精力集中在重点上，从而达到事半功倍的课堂教学效果。当教师带领学生解决了重点之后，剩下的知识点也就迎刃而解了。

低年级学生的逻辑思维能力相对较差，他们在学习中很容易出现逻辑混乱、思路不清的情况。要想在教学中用评语帮助学生理清思路，让他们有逻辑地思考问题，教师的课堂评语就应抓住教材的重点和难点，为学生展现知识的内在联系，这既能帮助学生抓住重点、突破难点，还能够避免教学过程的单调和平淡。教师在设计抓重点式评语时，应注意以下几个原则：

1. 以教材重点为原则

评语的切入点应该是教材的重点或关键点，要有利于学生对所授内容的展开与分析，并且经过层层深入的探究，解决课文的重点，实现学习目标，从而提高课堂学习效率。

2. 以纲举目张为原则

以抓重点为目的的评语，其最大的特点就是能提纲挈领。因此，教师在备课时应仔细研读教材内容，做到“一引其纲，万目皆张”。评语应该以清晰、缜密的语言引领学生掌握重点内容。

3. 以抓主次为原则

重点也分主次。教师用评语切入教学内容时，应在重中之重处切入，然后逐层剖析，以主重点带动次重点。

教学实践中，教师应注意以上原则，灵活运用，提纲挈领，目标明确，用抓重点式评语切入授课内容，以达到良好的教学效果。

（一）以重点词为抓手，引领学生探索新知

河南省社旗县城关二小的庞宜聪老师善于运用抓重点式评语，给学生一个精彩的课堂。

《琥珀》是一篇科学小品，这一节课的教学重点是让学生理解“科学家是怎样展开合理的想象”的。一上课，庞老师就在黑板上写了“推测”两个字，然后问学生：“什么叫推测？”（板书便以重点词“推测”切入，将学生的思维集中到知识点上）

一个学生站起来回答：“推测就是根据已经知道的事情想象不知道的事情。”

庞老师说：“嗯。你说得对。现在就请大家默读课文，思考文中哪些事情是已经知道的，哪些事情是不知道的。”

过了一会儿，有一个学生举手说：“这块琥珀的样子是已知的，而它的形成过程和条件却是未知的。”

庞老师点点头，说：“好，我们先来讨论未知的。”接下来，庞老师就带领学生们跟随作者一起“推测”琥珀的形成过程。当庞老师问琥珀有什么特点时，有个学生用课文中的句子回答：“在那块透明的琥珀里面，两个小东西仍旧好好地躺着。”

庞老师接着问道：“从哪儿可以看出这块琥珀是透明的？请用书中的话回答。”（庞老师立刻抓住了“透明”这个重点词，引领学生探索新知）

学生通过仔细阅读课文，很快就找到了答案。

这时，庞老师又问了一个问题：“请大家分析一下松脂球的形成需要哪几个条件，并说说理由。”

一个学生说：“第一个条件是它必须是产生在炎热的夏天。”

“很对！”庞老师听到学生说出了重点词“夏天”，就把它写在了黑板上，然后继续问：“怎么能断定这个故事发生在夏天？”

那个学生继续回答：“因为只有在夏天强烈阳光的照射下，松树渗出的松脂才多。只有渗出的松脂多，才有可能滴下来。”这时，庞老师又抓住了重点词“阳光强烈”，并把它写在了黑板上，然后问：“请大家找找看，文中有几

处是描写太阳的，都是怎样写的？而气温的变化集中体现在哪几个词上？”（评语直接提示在重点词上，让学生有针对性地展开阅读，将学生的思维锁定在了重点知识上）

有一个学生站起来回答：“一共有三处。‘太阳暖暖地照着’‘太阳照得火热’‘晌午的太阳光热辣辣地照射着整个树林’。而气温的变化通过‘暖暖’‘火热’‘热辣辣’可以看出来。”

另一个学生说：“苍蝇必须飞到松树上，因为只有松树才有松脂。这也是一个条件。”庞老师又将重点词“松树”写在了黑板上。

又有学生提出了“松脂必须滴下来”和“松脂必须持续滴下来”这两个条件，于是庞老师把它们写在了黑板上。接着她继续带领学生学习课文。当讲到琥珀是怎样被发现时，庞老师又一次从重点切入。她从“首先被海浪卷到岸边”的“卷”字和“琥珀被孩子踏到了”的“踏”字这两个重点字来引入更深层的学习。

庞老师用课文重点词来设计评语，在整个教学过程中先对重点内容进行分析、推理，再引导学生理解琥珀的特点，既有的放矢地让学生明确了目标，也提纲挈领地带领学生进行了透彻的分析、推理，从而做到了切入点与欲授课程重点的结合，很好地提高了教学效果。

反思拓展

用抓重点式评语切入课题看似普通，却是非常实用的课堂授课技法之一，它能够让学生明确课堂学习的目的，也能够帮助学生理顺思路。

上述案例中，如果讲不清琥珀的形成过程，就无法揭示琥珀的科学价值。庞老师没有做太多铺垫，而是单刀直入地从重点词入手，首先抓住了“推测”这个重点词，并以此为切入点，引导学生理解“推测”的词义，然后以琥珀的特点为根据，让学生深入地感受琥珀形成的环境，了解琥珀的科学价值，进一步理解“推测”一词在句子中的意思。

随后，庞老师又抓住了“透明”这个重点词并由此切入，引导学生理解琥珀透明的特点，并对其进行深入推理，让学生了解琥珀里的苍蝇、蜘蛛保存完好的原因。接下来，庞老师在教授“松脂球的形成需要哪几个条件”时，同样使用了抓重点式评语这一方法。

这种用重点词句来设计评语的方法，可以启发学生分析事物间的内在联系，由“果”溯“因”，明确逻辑关系。通过对重点词句的分析、探究和联系上下文，学生不仅了解了琥珀形成的过程和条件，而且明白了琥珀的科学价值，领会了文章的中心思想，使思维强化与语言训练达到了和谐统一，收到了良好的教学效果。

（二）开门见山，直奔主题

沙岭中心学校的刘艳平老师在课堂上运用开门见山的抓重点式评语，取得了良好的课堂效果。针对不同的课文，刘老师的做法不尽相同。

片段1：

在讲《月光曲》一文时，刘老师在黑板上写下课文标题《月光曲》，然后对学生说：“只看标题大家想到了什么?”

一个学生说：“在皎洁的月光下弹的一首曲子叫《月光曲》。”

另一个学生说：“一首著名的钢琴曲的名字叫《月光曲》。”

刘老师说：“你们说得都很好，那么，谁能说说这篇课文主要讲些什么事?”

一个学生说：“老师，我预习了，课文讲的是传说《月光曲》是怎样谱成的。”

刘老师说：“对。”同时板书“传说”二字。刘老师接着问：“同学们想想，什么叫传说?”

一个学生说：“传说就是民间流传的故事。”

刘老师点点头，笑着说：“很好。这篇课文主要讲《月光曲》是怎样谱成的。音乐家写曲子叫谱曲，谱成就是写成。课文中讲的事情是传说，既然是传说，那就可能是真，也可能是假。它是在群众中传说的故事，既然是故事，那就一般有个完整的情节。根据你们过去学过的课文，像这样的文章，作者一定会按什么思路来写呢?”（刘老师直接用“传说”这一重点词切入课文主题，引导学生以正确的思路来理解课文）

学生齐声回答道：“可按事情的起因、发展、高潮、结束来写。”

刘老师接着说："对。既然是一个传说故事，咱们就应该顺着这个思路来读。现在请同学们打开书，你们听老师读课文，把不明白的地方记下来。"

片段2：

在讲《再见了，亲人》这篇文章的时候，刘老师也采用了抓重点式评语的方法。

"同学们，今天我们讲新课。"（板书：再见了，亲人）刘老师看看大家，"谁和谁再见呢？他们为什么是亲人？"（"亲人"是这篇课文的重点词，刘老师以此切入，进行点评，有着提纲挈领的作用）

前排一个学生说："'亲人'是中国人民志愿军对朝鲜人民的称呼。朝鲜人民给了志愿军无私的援助，在抗击美帝的斗争中，他们同生死、共患难，亲如一家，所以称为亲人。"

刘老师动情地说："你回答得非常好！我们中国人民志愿军1950年入朝的时候，他们看到的是处处焦土、遍地火光。志愿军立即投入紧张的战斗中，和朝鲜人民共同打击美国侵略者，经过三年的浴血奋战，严惩了侵略者，还帮助朝鲜人民在废墟上重建了家园。在共同战斗中，两国人民结下了深厚的感情。我们今天要学的这篇课文写的就是中国人民志愿军在1958年归国的时候，朝鲜人民依依相送、话别的场面。"（此段评语，刘老师几乎将课文重点总结了一遍，使学生对课文的主旨有了一个大概的了解，为学生掌握新知做好了铺垫）

片段3：

在讲《飞夺泸定桥》一文的时候，刘老师指了指黑板上的题目说："同学们看了这个题目，能知道课文介绍了一件什么事吗？"（此文的题目即是重点，刘老师抓住"飞夺泸定桥"这一重点来进行设问的用意可想而知）

一个女生说："老师我知道，这里讲的是在毛主席的领导下，红军克服重重困难，夺取泸定桥的故事。"

刘老师说："你回答得差不多了，还有谁能再加上时间，说得更准确些？"（"时间"是一篇文章的基本要素，重点提示时间是为了让学生注意事件发生的时代背景）

另一个学生说："长征途中，在毛主席的亲自指挥下，红军克服重重困难，夺取了泸定桥。"

刘老师答："很好。那么红军夺桥的目的是什么？是为了占据这个桥吗?"

学生纷纷说："是为了过桥，为了北上抗日。"

刘老师很高兴，说："夺桥是为了北上抗日，北上抗日就必须过这座桥。作者是按照什么思路写的?"

后面的一个大个子学生答："按照为什么过桥、怎么过桥、过去了没有的思路写的。"

刘老师："对。按事情发展的顺序，写了为什么要过桥、怎样过桥、过去了没有。回答得很好。那为什么要过桥呢?"

学生答："因为要北上抗日，泸定桥是北上抗日的必经之路。"

刘老师看到学生的注意力都集中在课文上，于是接着说："对。文章一开头就明确指出泸定桥是必经之路，必须从这里过。然后文章写了怎样过了吗?文章题目是'飞夺泸定桥'，我们一看'夺'字，马上就知道了什么?"（刘老师的评语都紧抓重点不放）

一个学生说："泸定桥有重兵把守。"

刘老师说："哈哈，对了。一看'夺'字就知道有敌军，有我军。还能知道过桥会怎样呢?"

学生答："难。"

刘老师点了点头："对。那最后过去了没有?"

学生答："过去了。"

刘老师说："尽管很难过，但是最后红军过去了。那么文章的重点放在了哪个部分?"

学生抢着回答："在第二部分过桥的经过上。"

刘老师说："对。因为它是'飞夺泸定桥'，夺桥就行了，为什么还要用'飞'字呢?'飞'字体现了什么?"

一个女生说："表示快、巧妙。"

另一个男生也不示弱，回答道："一是表示快，一是表示地势险要不好过。"

刘老师笑着说："到底这个'飞'字表示什么，我们带着这个问题，学习完课文就知道了。"

反思拓展

在讲授《月光曲》一文的时候，刘老师直接从标题切入，以相关的故事来带领学生分析课文；在讲《再见了，亲人》一文时，刘老师从“再见了”和“亲人”两方面来提问，引出学生对抗美援朝战争的回顾，进而切入课文；在讲《飞夺泸定桥》的时候，刘老师抓住题目中的题眼来重点分析，把这一课需要重点理解和掌握的知识点用评语一一引出，让学生在进入新课之前，就在脑海中有了一个知识框架。

题目犹如人的眼睛，从“心灵的窗户”窥视作者的内心世界，就会有事半功倍的效果。教师在上课后，直接点明这节课需要学习的内容和要求，单刀直入、开门见山地开讲，可以使学生明确目的，少走弯路，提高学习效率。

（三）如何让抓重点式评语更高效

抓重点式评语是非常直接、有效的一种课堂切入方法。教师在设计这种评语时，可以采用以下一些方法：

1. 从标题的重点词着手设计评语

以标题里的重点词设计评语，即抓住标题中的重点词并对其进行分析，然后指导学生快速进入课堂学习。

在教《猫》这一课时，某教师从标题切入，对学生说：“从文章的题目我们就可以看出，课文重点介绍的是猫。那么课文中一共写了几只猫呢？”

一个学生回答：“两只猫，一只大花猫，一只小猫。”

另一个学生持不同意见：“不是，课文就写了一只猫，课文第 4 段的第一句‘它小时候可逗人爱哩’明确地告诉了我们，第 1、2、3 段写的是大花猫，第 4 段是写它小的时候。”

老师表扬道：“非常好，你读得很仔细，并且还理清了课文的写作顺序。那么这到底是怎么样的一只猫呢？请大家先默读课文，找出其中的重点句，标出重点词。”

过了一会儿，学生都标出了重点句和重点词，并据此回答了老师的问题，顺利地进入到了下一个教学环节。

案例中的教师在授课时用抓重点式评语导入，避免了不必要的铺垫，也避免了冗长的情节分析和烦琐的提问推进，不但使课堂切入得快捷、简明，而且使学生兴趣盎然、感悟深刻。

2. 以重点词语设计评语

词语是构成文章的基本要素，但课文中的词语并不都是非常重要的。有的重点词统领了文章的中心思想，概括了人物的性格特点，教师可以抓住这些关键词语来设计抓重点式评语。

特级教师王崧舟在讲《一夜的工作》一文时，紧紧抓住“劳苦”“简朴”和“审阅”三个词设计评语，让学生仔细研读课文，找出有关语句，并谈谈自己的感受。学生透过文中的语言不但感受到周总理为了国家、为了人民而日夜操劳，而且知道了他是一个生活极其简朴的人。同时，在“极其简单”的后面，学生也感受到了一种极其不简单的东西，那就是周总理的精神品质。

这种从重点词设计评语的教学方法，不但突破了文章的难点，而且使描写人物精神品质的语言得到了提炼。同样是王崧舟老师，他在上《我的战友邱少云》一课时，紧紧抓住“纹丝不动”一词设计评语，引导学生认真读课文，并由此展开课堂教学。

3. 以重点句设计评语

用重点句子设计评语，是指从那些能够直接反映课文中心思想的句子入手，引导学生学习课堂内容。

特级教师于永正在讲《全神贯注》一文时，先让学生阅读课文，然后出示课文的中心句；特级教师支玉恒在讲《小珊迪》一文时，在一开始就让学生找中心句“饱受饥寒的小珊迪那高贵的品质将永远打动人们的心”。在这堂课上，支老师将中心句分解为“饱受饥寒”“高贵品质”“打动人心”三层意思，然后从课文中找出体现这三层意思的句段，并将其设计成评语，引导学生分析、感悟，从而顺利地完成了整个教学过程。

4. 以重点段落设计评语

每一篇文章都有重点段落，以重点段落设计抓重点式评语可以达到解析全文的目的。

在《拿来主义》这篇课文里，第七自然段是全文的一个关键段。某老师在讲这篇课文时，先让学生仔细阅读此段，并让他们在文中找出揭示“拿来主义”具体含义的句子和段落，使学生明白“拿来主义”就是“我们要运用脑髓，放出眼光，自己来拿”。

然后，这位老师又抛给学生这样一个问题：“该段有一关联词‘所以’，那么，与之相呼应的‘因为’在哪里呢?”

学生经过认真的思考分析，最终认识到“因为”在文章开头，文章的思路是先论述闭关主义、送去主义、送来主义都不行，“所以我们要运用脑髓，放出眼光，自己来拿”。

这样一来，教师就顺理成章地给学生讲明白了第一部分。然后这位教师又让学生熟读第七自然段，并再次提问：“我们怎样才能真正做到‘运用脑髓，放出眼光，自己来拿’呢?”

学生根据老师的提示，阅读了第八、九、十段后，理解了“拿来主义”既不是“徘徊不敢走进门”式的逃跑主义，也不是“放一把火烧光”式的虚无主义，更不是“接受一切”式的投降主义，而是“占有，挑选”。

由此可见，以重点段落设计抓重点式评语，虽然看似打破了文章的先后顺序，可实质上却是目的明确、重点突出的。它以一个重点段落为核心，沿此核心向四周辐射，为学生创设了一堂脉络清晰的课。

5. 以重要人物设计评语

大部分文章中都有重要人物。这个重要人物有时是重点人物，有时却是次要人物。而在不同的文章中，重要人物所起的作用各不相同，有的是引起事件，有的是穿针引线，有的是扭转局势……

教师可以重要人物为线索设计抓重点式评语，带领学生理清人物之间的关系，从而顺藤摸瓜，带领学生学完整篇课文。

6. 以重要情节设计评语

在课文中总有许多非常精彩、非常重要的情节。有的情节妙趣横生，有的情节紧张曲折，有的情节峰回路转。这些精彩情节最能激发学生的学习兴趣，如果教师以此设计出抓重点式评语，既能提高学生学习的主动性，又能激发他们思维的活力。因此，教师可以从重要的情节入手进行评语设计，然后对全篇设疑，让学生顺着重要的情节去解疑，并由此把握全文的主要内容。

一般来说，重要情节都是作者耗费笔墨最多的段落，而人物的思想性格、道德品质、价值取向，在这些段落里会体现得淋漓尽致。因此，教师在教学中要把握住这一点，与学生共同欣赏故事情节的精彩之处。

7. 以重点问题设计评语

每一篇课文都有其要解决的重点问题。教师可以将这些重点问题设计成评语，开门见山地向学生提问，这样既可以引发他们的思考，又可以一目了然地摆出重点。

在讲《地球上不同的生活环境》一课时，不仅要让学生理解不同的环境，记住五带及它们的分布和分界，还要让他们领会五带的成因。而五带的成因既是重点又是难点，有一位教师就以五带的成因设计了抓重点式评语。

一上课，他就问学生："你们想过没有，为什么地球上不同的地方有气温的区别？为什么地球上有光明和温暖？这光明和温暖是谁给的？"

所有学生都说是太阳。

老师又问："太阳对每个地方都是公平的吗？"

学生想了想说："不公平，因为有的地方冷，有的地方热。"

老师听后摇了摇头，说："不对，太阳是公平的。只是由于地球是个球体，所以不同地方得到的太阳光热才不相同。"

这时，他给学生进行了多媒体演示，其中一幅画显示了三种温度带的人影长短不同，然后他问："三种温度带的人影长短有什么区别？"

一个学生答道："热带人影短，寒带人影长，温带人影不长也不短。"

老师又问："这说明了什么？"

那个学生接着说："太阳在热带是直射，在温带是斜射，而在寒带斜射得很厉害。"

这时，老师又给学生进行了多媒体演示，显示一束阳光在不同的温度带照射的横断面，然后让学生看各温度带被照射的地区有无大小区别。

这时，学生就清楚地看出来：热带被照射的面积小，寒带被照射的面积大，温带被照射的面积在两者之间。

他看时机差不多了，就总结道："同样多的光热，照射的面积越大，被照面温度越低；反之，被照面温度越高。"然后，他又系统地总结了一下五带的成因。

以重点问题设计抓重点式评语，教师可以先抛给学生重点问题，让他们思考。而当学生无法解决时，教师便可及时地因势利导、相机点拨，从容地带领学生学习下面的内容。

利用抓重点式评语进行课堂教学，是教师引导学生学习一种重要方式。抓重点式评语教学是一种重要的教学艺术，是让教学过程中各个环节构成联系的纽带，其在教学中的作用是非常重要的。对于如何运用好抓重点式评语，教师在借鉴上述方法的同时，更应该根据不同的学生、不同的教学目的去创设，推陈出新，不断完善、发展这一方法。

层层深入，步步引导，让学生在思索中解惑

——引导式评语里的智慧

引导式评语是在学生疑惑的时候，教师及时给出的指引。就如同对待一个蹒跚学步的婴儿一样，在教学的初始阶段，教师要用引导式评语“扶”着学生走；在中间阶段，教师要用引导式评语“引”着学生走；在最后阶段，教师只需“跟”着学生走即可。学生在教师的牵引下，从积极努力跟着教师的思路走，慢慢过渡到自己主动钻研、独立探索，甚至达到有所创新的层面，最终实现彻底解惑的目的。

在课堂教学中，对于学生的反馈，教师要善于扮演“法官”的角色，及时给予恰当的“判决”，并对学生作出适当的引导，使学生能对自己的疑问有一个新的认识，从教师的评语中找到一个正确的认知方法，进而明确方向，找出解决疑惑的切入点。

师：葡萄有那么多的颜色，我们可以用什么词语来形容呢？

（有的回答五颜六色，有的回答五光十色，于是很多学生对“五颜六色”和“五光十色”两个词产生了疑惑）

师：书上为什么用“五光十色”呢？“五光十色”和“五颜六色”有什么不同？你能结合这句话说说对这个词语的理解吗？（教师在此作出了让学生进行对比的引导式评语）

生：在阳光的照耀下，晶莹的葡萄反射着太阳的光芒，闪闪发亮，色彩非常鲜艳。

生：葡萄有许多水分，在阳光下像宝石一样会闪闪发光，非常漂亮。

生：下过一场大雨，雨滴落在各种葡萄上，晶莹剔透，惹人喜爱。

师（小结）：“五光十色”不仅写出了葡萄的颜色多，还写出了葡萄像珍珠似的会闪闪发光，十分美丽！

学生在教师的指导下，很快发现了为什么形容葡萄要用“五光十色”，并对这个答案有了更形象的理解。这样就使学生准确了解了自己疑惑的根源，知道了解惑的方向。

一名高素质的教师，其课堂教学中的评语往往会具有引导学生的作用，同时，教师还应善于通过引导启迪学生，开发他们的智力，吸引他们的注意力，挖掘他们的心理潜能。

（一）紧扣主题，步步牵引，实现答疑解惑的分层引导

教师要针对教学内容灵活运用引导式评语，若只机械地套用，则是对引导式评语的一种误解。

师：鲁迅对“故乡”景物的描写共有几次？

生：三次。

师：哪三次？能否把描述的原文朗读一下？

生：一是“我”回到“故乡”时见到的“萧索的荒村”；二是“我”回忆起的“神异的图画”；三是“我”在“朦胧中”想象到的图景。

（学生分段集体朗读这三段描写景物的课文）

师：这三段描写，一处在开头，一处在中间，一处在结尾。“神异的图画”是过去，“萧索的荒村”是现在，“朦胧中”的想象是将来。从“神异的图画”到“萧索的荒村”，走过了将近二十年的道路。作品为什么有这样三次描写？它是怎么描写的？（教师作出了设问式的引导启发，让学生在渐进中逐渐明朗景物描写的关系）

生：写“神异的图画”是为了对比“萧索的荒村”。写“神异的图画”时，“沙地”是“碧绿的”，“天空”是“深蓝的”，又“挂着一轮金黄的圆月”。

师：这是一个绮丽而美好的境界。

生：写“萧索的荒村”，又是“深冬”，又是“阴晦”，又是“冷风”，天是“苍黄”的，村庄是“萧索”的，到处“没有一些活气”。

师：这是一个多么阴暗而凄凉的现实！两相对照和比较，又反映了什么？

生：从“神异的图画”到“萧索的荒村”，生动而形象地反映了在帝国主义、封建主义的残酷剥削和压迫下，中国农村经济日趋破产的图景。那“萧索的荒村”就是“饥荒、苛税、兵、匪、官、绅”蹂躏下的中国农村社会的

缩影和写照。这“荒村”的“萧索”景象，生动而有力地烘托了中国广大农民在反动统治下的贫穷、悲惨的生活。

师：写“萧索的荒村”是为了反映中国农村的破产和现实世界的黑暗，也反映了“我”现在的“悲凉”的心情。那么，写“神异的图画”又是为了什么呢？这是否意味着二十多年前的中国农村就是一个美好的天堂呢？（教师用对比的方式，引导学生探究作者为什么要写“神异的图画”，使学生逐渐明了文章主题）

生：不是的。

师：为什么不是？

生：鲁迅之所以写“神异的图画”，一是以此来对比“萧索的荒村”，突出“萧索的荒村”；二是为了衬托少年闰土的形象，也反衬和突出中年闰土的变化。“我脑海里忽然闪出”的那些美丽的景物，是由回忆少年闰土而引起的联想，这是一种文学笔法，目的是借以衬托和对比现实中的故乡，从而突出作品的主题。

师：见解高明。你是怎么知道的？

生：从一本分析《故乡》的书上见到的。

师：好，课外应该自己看点有关的书。现在我再提问：作者写了“神异的图画”和“萧索的荒村”，小说的结尾处为什么还要写那“朦胧中”的想象，而且基本上是重复“神异的图画”的描写？（引导学生进一步深入探索文章主题，使学生的思维逐渐接近教学所期望的效果）

生：这是为了反映“我”对现实的故乡的不满，希望能改变现实，有一个较为光明的世界，亦即文章中所说的“希望”。这段描写，既与开头的“萧索的荒村”形成鲜明的对照，也与记忆中的“神异的图画”相融合，从而给人以美好的印象和鼓舞的力量。这不是简单的重复，而是进一步深化了小说的主题。

（教师让学生再朗读一次三处描写景物的文句）

师：《故乡》里的这些景物描写对我们的写作有何启示？大家能谈谈体会吗？

生：它启示我们写景物要配合人物，要为表现主题思想服务，不能为写景而写景。

师：说得好。同学们的作文常常是为写景而写景，往往堆砌一大堆“蓝天、白云”之类的词语，却不知如何表现思想感情，景物游离于人物描写和作品主题思想之外，不能很好地反映文章的思想。这是大家应该提高的地方。

反思拓展

从案例中可以看出，教师的引导是将学生逐渐引向教学目标的有效手段。引导式评语的意义主要体现在以下几个方面：

1. 问题式引导，引领学生将疑惑逐渐解开

案例中教师的问题式引导评语有一个渐进的过程，从“有几次（景物描写)”到“为什么有这样三次描写？它是怎样描写的”再到“这是否意味着二十多年前的中国农村就是一个美好的天堂”，使学生的疑惑逐步解开。

也可以把上面的引导理解为“有多少次这样的景物描写”“每个景物描写的内容是什么”“为什么要运用这些景物描写”这样一个渐进的过程。在这里可以看到，教师的引导启发和学生在启发下的实践活动，达到了一种和谐统一。同时，也可以看到教师的设问也蕴含在引导式评语中。

2. 对比式引导，使学生在解惑的基础上加深印象

案例中“神异的图画”是过去，“萧索的荒村”是现在，“朦胧中”的想象是未来。这三幅图画已构成了一个对比，正如学生所说，写“神异的图画”是为了对比“萧索的荒村”，写“神异的图画”时，“沙地”是“碧绿的”，“天空”是“深蓝的”，又“挂着一轮金黄的圆月”，而写“萧索的荒村”是“深冬”“阴晦”“冷风”“苍黄”“萧索”，到处“没有一些活气”。从“神异的图画”到“萧索的荒村”，反映了农村的“破产的景象”，“萧索的荒村”正是农村生活的缩影和写照，烘托出了农民贫穷、悲惨的生活。这样的对比，正可以突出文章的中心思想，使学生加深对课文的理解。

3. 过程中的引导，使问题分解，让学生更容易解惑

教师把问题进行分解，让学生通过阅读去逐个解决，正像在创设问题式评语一样。对于问题，教师不重结果，而重学生解决问题的过程。

案例中，教师的引导直接切入景物，教师问了“有几次”“怎样描写”“为什么这样写”这样一些极易启发学生思考的问题。而“为什么有这样三次描写”接近学生的“最近发展区”，使学生的思维完全被激活，主动性完全被调动。随着问题的逐步深入，学生由初步感知课文到有意识地去分析、比较课文，化课外阅读所获得的知识为解决眼前问题的利器。

学生思维活动的深入程度取决于问题本身的难度，问题本身过易或过难都是对诱导解惑的违背。教师的引导式评语把学生推向了积极探究的状态，教师最终的讲解也起到了画龙点睛的作用，深化了学生原有的认知，使引导启发得以有效进行，并起到了应有的作用。

（二）如何让引导式评语更高效

引导式评语作为一种为学生解惑的重要手段，具有实际操作意义，它应该是灵活多变的。下面是一些设计引导式评语的方法：

1. 创设问题情境的引导式评语

究竟创设什么样的问题情境加以引导才能为学生解惑呢？创设此类引导式评语，要从教学需要出发，设计与教学内容相适应的具体场景或氛围，以引起学生的情感体验，帮助学生迅速而正确地理解教学内容，从而达到解惑的目的。

（1）必须具有激发作用

在教学过程中，教师可以通过自己的讲解、描述或提问，创设带问题情境的引导式评语，让学生对问题产生兴趣，从而有目的地去感知教材、思考问题。问题情境式引导评语要放在课堂的开始或一个问题的开始，因为，一开始就提出问题，可以迅速引起学生的注意，可以提高整个教学过程的质量，还有助于学生分析、综合、比较、概括能力的培养。

激发作用的引导式评语要让学生知道应注意什么、感受什么、联想什么，以及如何表达。事实上，引导式评语如何设计，取决于教师创设问题情境的目的及教师对教材的把握。

（2）引导式评语的设计要形象

教师的评语直接作用于学生，假如教师的言语干瘪、枯燥，就会直接抑制学生的兴趣和思维。所以，生动、形象、鲜活应是教师设置引导式评语所应着重体现的特点。

（3）具有启发的作用

引导要具有启发的作用，创设问题情境的引导式评语，注重的就是启发，要使学生由此及彼，由表及里，由“个别”到“一般”，让学生带着问题走进教室，带着问题走出教室。

(4) 具备可知性

教师的引导式评语的主导性、形象性、启发性都要基于学生对评语的可知性。也就是说，教师的引导要让学生有一个透彻的理解，否则的话，这引导就会成为学生的另一个疑惑。

2. 用比喻创设引导式评语

教师要善于运用生动形象的比喻来引导学生认识抽象、深奥的道理，进而启迪学生的智慧，培养学生的创造精神。

教学过程中，运用比喻引导学生学习，最典型的当数《论语》中记载的对话，下面把《论语》中用比喻形成的引导作一个简单的梳理。

“为政以德，譬如北辰，居其所而众星共之。”

“君子不器。”

“人而无信，不知其可也。大车无輗，小车无軏，其何以行之哉?”

“子贡问曰：‘赐也如何?’子曰：‘女，器也。’曰：‘何器也?’曰：‘瑚琏也。’”

“朽木不可雕也，粪土之墙不可圬也。”

“不义而贵且富，于我如浮云。”

“子在川上曰：‘逝者如斯夫，不舍昼夜。’”

……

比喻的作用十分明显，一是使深奥的道理浅显化，加深学生的体会，达到解惑的目的；二是使抽象的事物具体化，使学生便于接受；三是使概括的道理形象化，给学生以鲜明的印象。

在现代教学中，生动的比喻对学生掌握抽象的道理、引导学生的思维、提高学生解决问题的能力有着重要的作用。但在应用比喻式引导时应注意以下几个方面：

首先，比喻的科学性。评语中所用的比喻要有助于准确地说明事物，不能发生歧义，要巧妙运用事物之间的相似点来引起学生的联想和想象。

其次，比喻的思想性。为引导所作出的比喻要富有教育意义，能提高学生的思想水平。

再次，比喻的形象性。评语中所用的比喻一定是学生生活经验中的事物。

假如把运动员优美的跳水姿势比作敦煌壁画中的飞天来作为引导，那就有可能让学生觉得不知所云。

3. 分解难度，创设引导式评语

分解难度是课堂教学中最常用的方法，有时教师在课前并未充分了解学生的知识水平，提出的问题过难，学生不容易回答，教师在这种情况下就可化大为小、化整为零，把一个大问题分解成几个小问题来引导学生回答。

高二教材上有一道例题：一炮弹在某处爆炸，在 a 处听到爆炸声的时间比在 b 处听到爆炸声的时间晚两秒，爆炸点应在什么样的曲线上？为解决此题，教师可以设置以下几个问题评语进行引导：

①在 a 处听到爆炸声的时间比 b 处晚，能说明什么？②若设爆炸点为 p，声音传播的速度为 v，你能否用一个式子来加以描述？学生容易得出式子 $|pa|-|pb|=2v$。在学生得出这个式子后，可以设置第三个问题。③这个式子是否满足双曲线的定义？如果不满足，原因是什么？通过这个问题，让学生进一步理解双曲线的定义。加以比较后，可由学生阅读教材上的解答过程，然后回答第四个问题。④这个解答过程与你的想法是否吻合，如果不是，应该如何解答？

通过上面几个问题，就可以将学生一步步引导到对此题的思考中，同时让学生获得成功的体验。

4. 联系实际创设引导式评语

在教学过程中，理解教材内容是学生掌握知识的中心环节。学生对教材内容的理解有一个从感性认识到理性认识的过程，因此，在教学中要特别注意联系学生的生活实际，用来自学生生活的他们最熟悉的事物来展开诱导，让学生更加深刻地理解相应的知识。

在讲授“等比数列的前 n 项和公式”时，教师可以对学生说：“同学们，我愿意在一个月（按 30 天算）内每天给你们 1000 元，但在这个月内，你们必须第一天给我回扣 1 分钱，第二天给我回扣 2 分钱，第三天给我回扣 4 分钱……即后一天给的回扣的钱数是前一天的 2 倍，你们愿不愿意？”

此问题一出会立即引起学生的极大兴趣，这么“诱人”的条件到底有没有陷阱？只有算出“收支”并进行对比，才能回答愿与不愿。计算支出的费用就涉及求等比数列的前 n 项和的问题，如何求出这个等比数列的前 n 项和呢？这就需要学生探索出等比数列的求和方法及求和公式了。

通过这个引导式评语不但会使学生产生求知的热情，而且会自然引出等比数列的前 n 项和公式。

5. 用悬念设置引导式评语

用悬念设置引导式评语的目的主要有两点：一是激发兴趣；二是刺激思维。悬念常会造成学生心理上的焦虑、渴望和兴奋，使他们想打破砂锅问到底，尽快知道究竟，而这种心态正是教学所需要的“愤”和“悱”的状态。一般来讲，在引导式评语中设置悬念，需要教师在深入钻研教材与分析学生知识储备的基础上精心设计和准备。

对于“等比数列前几项和”的教学，可利用学生已有的对珠穆朗玛峰高度的认识，诱导学生从“折纸”这种常见的活动出发，告诉学生一张薄薄的纸片只需对折不多的次数，其厚度就会大幅增加，然后教师提出“有一种纸板的厚度是 1mm，只需将其对折 23 次，其厚度就可超过珠穆朗玛峰的高度”的论断，使学生在心理上产生强烈的反差，形成悬念，从而激起学生强烈的求知欲望。

如何引导学生获得知识、技能，关键在于教师的教学方法。孔子说“不愤不启，不悱不发”，就是说学生想知而不知、想说而说不出时，教师要给予引导、点拨。叶圣陶先生曾指出：“教师之教，不在全盘授之，而在相机诱导。”引导是教师发挥主导作用的一种体现，更是教师进行教学设计和实施教学方案所不可缺少、不容忽视的一个问题。实践证明，课堂教学中的引导式评语，对于课堂教学程序的优化控制和提高教学效率有着很重要的意义。

良药不苦口，让学生由他律到自律

——劝勉式评语里的智慧

找到学生最愿意接受的教育方式，使其乐于学习，进而改正错误，这是很多教师的共同意愿。劝勉就是学生愿意接受的教育方式，它是学生心坎里的阳光雨露，能给他们的成长带来巨大的能量。

劝勉式评语，即教师用委婉的语气向学生提出自己的看法或建议，它多勉励、少批评，是给学生的舒适的劝导、劝慰，让他们乐于接受。

1. 故事类劝勉式评语

他山之石，可以攻玉。有时候教师的说理再透彻、再通俗，也难以触动学生的心灵，让他们有真正的改变。但用他人的故事来教育学生，让学生从故事中自己体悟，进而自我改变，往往会收到比较好的效果。

一次，班上的一名学生在期中考试中打了“败仗”，失去了信心，之后的几次测验都不尽如人意。这时老师就在课堂上讲了奥运冠军杜丽和王义夫在大多数时间落后却在最后一枪反超最终夺魁的故事，老师最后说：“所有的落后都是暂时的，最可怕的是思想上的落后，竞技比赛如此，人生的赛场上也一样。”

老师并没有直接说班上的某某学生怎样，但当他说完这句话时已经看见那位学生点了点头，老师在他的目光中读出了自信。果然，从此之后该学生在刻苦学习的同时重拾自信心，恢复了主动学习的斗志，成绩有了很大的提高。

2. 寓言类劝勉式评语

寓言是一种把深刻的哲理和教训寄托在简短、形象的故事里的文学样式，它不仅能让学生在知识上有所收获，也能让学生在思想上受到深刻的教育。

用寓言故事来劝勉学生，不仅可以避免学生有反抗情绪，也可以让学生有更多的自主思考空间。

在教学《螳臂当车》时，一位老师最后说道："正所谓'失败是成功之母'。只要你奋斗了，就算失败也问心无愧。同学们，让我们一起来学习螳螂的这种勇于挑战的精神。不错，我们的人生道路还很长，任务还很重，希望同学们都能勇于挑战。"

3. 赠言类劝勉式评语

赠言类评语就是对学生的思想、行为用艺术化的语言作出恰当的评价，内容上要肯定成绩，指出不足，力求中肯；形式上要含蓄委婉，语言凝练，一语中的。

赠言类评语讲究委婉、含蓄，是师生心河的交汇、心灵的撞击，对启发学生思考、消除学生的逆反心理有较好的作用。

有一年，王老师接任了高三某班的班主任。班里有一个学生，天资聪颖，学习也较刻苦，成绩出类拔萃。但他很骄傲，同学们都不愿接近他，他自己也感到很孤独。于是，王老师在评语中写了这样一句话："你是幸运的，你优异的学习成绩，引来同学们羡慕的目光；你又是不幸的，比生命还可贵的友谊正从你身边悄悄溜走。"

放假了，王老师收到了这个学生写来的一封信。信中他言辞恳切地反思了自己的过去，查找了与同学们疏远的原因，最后他写道："您亲切的话语为我指点了迷津。老师，您看我的实际行动吧！"后来他果真热情地为同学们服务。班委会改选时，同学们一致推选他当学习委员。

4. 笑话类劝勉式评语

教师也可以用幽默的故事来劝勉学生，使学生在笑声中摆脱难堪，保持自尊，愉快地接受批评。由于暗示的对象是学生，因此讲笑话要有分寸，要有教育意义。

5. 比喻类劝勉式评语

在对学生进行评价时运用比喻可以使语言变得委婉含蓄，既尊重了学生，也间接地批评了学生，能起到鼓励和劝勉的作用。

班主任与一个早恋的女生谈心，为避免她产生对抗心理，只字不提"早恋"，只是指着教室外面的一棵果树说："你看，现在是早春，树枝上长满了花芽，这些花芽将来都要长成美丽的花，再以后就会结出又大又甜的果实。但是你看，在枝头上早开了一朵花，现在还没到开花的季节，没到开花的季节开的花是一朵不结果实的花！”该学生听到这里，顿时明白了老师话里的含义，认识到了早恋的严重后果。

罗素曾说：“一切学科本质上应该从心智启迪开始。教学语言应当是引火线、冲击波、兴奋剂，要有启人心智、激人思维的功效。”中小学生由于大多尚未成年，心智还不成熟，往往缺乏自我评价能力，他们判断是非、好坏时常常以“老师说的”为准，并且依据教师的评价来矫正自己的行为。可见，教师的评价对学生的成长有着重要作用，教师应该用蕴藉真情、饱含激励的评语拨动学生的心弦，为学生助跑、加油。

（一）将情理寓于劝勉中，让“顽石”自觉改正错误

游彩云是广州市天河区体育东路小学的教师。从1989年任教至今，每接手一个班，游老师总是深入实际，了解学生的学习、生活情况，摸清他们的性格、特点和家庭情况，以便在课堂上采用有针对性的劝勉式评语，使学生都能在评价中有所触动，进而认清自己，主动地、认真地去学习。

她曾教过一个叫小焘的学生，那个时候她刚刚走上工作岗位。

这是一个让人头痛的孩子，圆圆的苹果脸上嵌着一双大眼睛，虽然从外表来看，他很讨人喜欢，可接触过他的老师却觉得他让人无奈：聪明，却顽皮而偏执。

游老师刚接班时，他在课堂上当众与同学嬉闹，提醒一下，他就安静片刻，但不久便又开始碰碰这边的同学，拉拉那边的同学。好几个学生都曾向游老师告状说对小焘忍无可忍了，要求“制裁”他。

于是游老师把小焘叫出来进行批评，可还没等游老师说完，小焘就抢着说这个同学不对，那个同学先惹我。僵持了半天，小焘也没有接受游老师的批评。

可想而知，小焘接下来依然如故，甚至还有些示威的意思。有一天，小焘在课堂上说话，游老师终于忍无可忍，向他大吼一声：“你到底要干什么！”小焘这才闭住了嘴巴，可眼中却写满了不服气。

游老师冷静下来，觉得自己不该对他大声呵斥，毕竟他还是个孩子，或

许他的背后有着不为人知的故事，自己应该多用劝勉的语言来感动他才行。这天晚上，游老师拨通了小焘家的电话，并与他妈妈进行了一次长谈。从小焘妈妈的口中，游老师得知小焘是个非常特殊的孩子，行为偏执，个性倔强。

小焘妈妈也请了华东师范大学心理系的专家为小焘做过测试，在行为品质方面他要么是最高值，要么是0。专家说要纠正他的行为很困难，除非让他去国外专门的学校就读。

小焘妈妈一声声无奈的叹息让游老师对这个顽皮的学生有了些许同情。如何纠正他的行为偏差呢？游老师陷入了沉思。自此以后，游老师对小焘愈加关注。她发现由于小焘总是欺侮别人，所以朋友并不多，于是游彩云决定以此为突破口。

“小焘，我们做朋友吧？”

“朋友应该怎样？”

“要互相帮助。”

“……”

显然，小焘对这个朋友并不感兴趣，不置可否。

游老师却对小焘这个朋友很是关心，小焘的橡皮找不到了，游彩云会发动学生一起帮他找，并适时告诉他，朋友在有困难时要互相帮助。

“小焘今天的表现很好，坐得很端正。”

游老师注视着他的一举一动，不断勉励他。小焘感到老师总夸自己，脸上有了光彩，对这个朋友也开始认可了。有时，下课了小焘也会凑上来和游老师聊上几句，或送一本自己喜爱的书给游老师看。小焘的变化让游老师暗自欣喜。

可就在这时，又出事了。

一天，上英语课时，一个学生跑进办公室对游老师说：“格尔德先生不让小焘上英语课，小焘在那儿哭闹呢！”

格尔德先生是学校聘请的外籍老师，一向很温和的。游老师急急赶往教室，空荡荡的教室里只有小焘一个人，同学们都上语音课去了。

那一刻，游老师真想对他大吼一声：“你又搞什么鬼！”可转念一想，急躁也于事无补，便冷静下来问缘由。

从小焘断断续续的叙述中，游老师终于弄明白了，原来小焘和另一个学生用英语向格尔德说了些脏话，格尔德急了，但小焘就是不认错，反而和格尔德纠缠不休，结果才弄成了这个样子。

游老师明白，简单地批评小焘两句不仅不能解决问题，反而会激起他的逆反情绪，使事情朝着反方向发展。于是游老师和他一起坐下来，以朋友的身份和他谈心，讲道理，说利害，还给他讲了“篱笆上的铁钉”的故事，告诉他对人的伤害，就像钉在篱笆上的钉子，虽然钉子拔掉了，可钉孔还在，和格尔德吵架，就会在他心里留下一个伤口，无论怎么道歉，伤口总是在那儿。在伤害别人的时候，同时也毁掉了自己的尊严，损害了自己的人格。（用故事进一步加以劝勉，使劝勉有理有据，更有说服力，也易于接受）

这个短小的故事打动了小焘。他答应游老师以后遇事讲道理，并向格尔德道歉。这是游老师第一次见到小焘真心答应道歉。虽然自己已经口干舌燥了，但游老师由衷地为小焘的进步感到高兴。

当小焘跑去向格尔德表示道歉时，格尔德惊讶地睁大了眼睛，同学们也暗觉蹊跷——今天太阳怎么从西边出来了？站在教室外的游老师看着和同学们一起上课的小焘，笑了。

渐渐地，在游老师不断的劝勉中，小焘的情绪逐渐稳定了下来，学习成绩也逐步提高了，后来顺利地升入了中学。

反思拓展

老师的责备、妈妈的灰心、专家的结论，似乎所有人都对小焘失去了信心，仿佛他真的是一个难以教化的学生。游彩云老师却用她的真诚打动了小焘，用劝勉式的评语说服了小焘，情与理双管齐下，终于使那个偏执的小焘有了彻底的改变。

学生是独立的、有思想的生命个体，他们有丰富的内心世界，有独立的人格尊严。他们同样渴望得到他人，尤其是教师的认可，因此，教师的评语应该更多地体现在劝解和勉励上，使学生得到赏识与赞美。

在课堂上，教师如果能够多用客观、公正的评语评价学生，就会激发他们的表现欲望，他们就会为了得到更多的夸奖和称赞而主动地把精力放在学习上。

教师如果不是诚心诚意地帮助学生，那么劝勉得再多、再好也无济于事；相反，教师纵然是爱生心切，可劝勉时总是轻描淡写，或讲得牛头不对马嘴，也达不到好的效果。因此，教师在采用劝勉式评语时应注意以下几点：

1. 一视同仁，动之以情

教师在劝勉学生时，尤其是在评价那些所谓的差生时，情是必不可少的，这个情，就是教师深切热爱学生之情。唯有炽热的感情、真挚的语言，才能使倾听者感到可亲、可信，从而产生极大的认同感。

一旦学生觉得老师就是自己的知心朋友，他们就会敞开心扉，也只有在这种情况下，教师的劝告和要求乃至批评才容易被学生接受，他们紧锁着的心扉也才会被“爱”这把钥匙轻松打开。相反，如果教师在劝勉学生时感情淡漠，甚至对学生表现出讨厌、呵斥、挖苦的言行，学生就会产生逆反心理，或对教师敬而远之，或对教师心生愤恨，这样就很难有效地让学生认清自我，主动学习。

因此，教师在劝勉学生时，要多一点“人情味”，这样才容易和学生产生亲近感，并为良好的师生沟通打下坚实的基础。教师切忌表露不耐烦的神情，即使皱一皱眉头，有时也会使学生产生一种被轻视的感觉，从而出现对立情绪。

2. 动情的同时，别忘了讲理

教师在劝勉学生时，往往以为只要付出足够的爱，学生就一定能明白自己的良苦用心，然而，事实上偏偏有些学生不吃这一套。所以，教师的劝勉不可一味地动情，该讲理的时候也一定要讲理。

顾老师刚接手一个新班时，遇到了一个顽皮的学生，他在学校里拉帮结派，欺负其他同学，甚至连批评他的老师也会遭到他的“报复”。面对这样一个学生，老师们都徒唤奈何，然而，顾老师却想用“情”来感化他。

顾老师经常与他谈心，表达自己的关切。当他发现这个学生的组织能力不错时，便大胆提议请他担任纪律委员。一开始，这个学生把班上的纪律维持得很好，但后来某天上早操时，班里的学生和邻班的学生发生了口角，作为纪律委员的他不是及时制止，而是给他的哥哥打一通电话，他哥哥放学后带了几个人在路上把邻班那几个学生暴打了一顿。

这下事情闹大了，顾老师多方调解才把这件事给解决了。这时顾老师才意识到自己犯了错误：一心想着用“情”去感化这个学生，却忘了讲“理”，以致这个学生情绪一冲动就想到用暴力去解决问题。在经过一次又一次的“晓之以理”的谈话后，这个学生的思想认识渐渐有了转变，他不再惹是生非，而能与同学友好相处，学习成绩也渐渐赶了上来。

（二）如何让劝勉式评语更高效

陶行知应邀到某大学演讲，一走上讲台，他就拎出一只大公鸡放到讲台上，又抓了一把米放在它面前，可是公鸡惊惶四顾不肯吃。陶先生就按住它的头“请”它吃，又掰开它的嘴往里塞米，公鸡拼死挣扎就是不肯吃。这时陶先生松开了手，后退几步，大公鸡徘徊了一会儿，渐渐平静了下来，低下头吃起米来了。教育学生同样如此，教师的劝勉既“有心”不得，又“无心”不得。太过有心，则似掰开鸡嘴喂米，终难如愿；丝毫无心，则放弃了教师教书育人的职责。劝勉的最佳境界应是含而不露、引而不发。

1. 抓住闪光点设计劝勉式评语

在课堂教学中，教师要善于抓住学生的良好行为，及时给予赞美和好评，使学生明确自身的长处和缺点，发扬长处，改正缺点。

有个教师带了个学习、品德双差的“后进班”，班里有许多学生因违反校规校纪被学校处分过。这个班又全是男同学，大家都叫它“和尚班”。刚开学时，学生情绪低落。有的公开说：“什么‘和尚班’，我们是‘垃圾班’‘处理品’。”可是该教师却发现他们精力旺盛，特别喜欢体育，就鼓励大家说：“有人说我们是‘垃圾班’‘处理品’，这是没有道理的。就拿锻炼来说，我们班不但不是‘垃圾班’，而且可以争取成为先进班；不但不是‘处理品’，而且可以争取成为‘一等品’。”

听到这段话，学生十分高兴，群情激昂。果不其然，他们在运动会上取得了好成绩，学习也赶了上去。

社会心理学中有一种现象叫“阿伦森效应”，其要旨是：人们总是喜欢褒奖不断增加，批评不断减少。褒奖可以使人提高积极性，增强自信心。每颗心都渴望被肯定、被鼓励，学生稚嫩的心灵更是需要教师的细心呵护，一句真诚的赞美，一次恰当的劝勉，一腔由衷的赏识就能唤醒学生潜意识中的情意力量，催化其向上的动力，强化其豪迈的人生理想。这就需要教师以欣赏的眼光去捕捉、发掘学生的闪光点，对学生的良好表现给予肯定和表扬。

对于不同学生的不同表现，教师不应该只是简单地给予“好”“你真棒”或者“我为你感到高兴”之类的抽象评价，而应该给予有具体内容的确切的鼓励和赞誉，如“你读得真有感情”“你评得很到位”“你已经非常了不起了，你的脑子好灵活，词语真丰富”之类的话语。教师的正面劝勉，可以激发学生的学习主动性，使学生的主体地位得到更加充分的体现，还能让学生真正认清自我，最终把自己当作学习的主人。

2. 用充分的信任设计劝勉式评语

学生学习的主动性是需要教师用信任、支持与鼓励来激发的。教师的信任可以增强学生对自己的信心，也会激发学生的学习兴趣，增强学生学习的积极性与主动性。

全国特级教师贾志敏在讲《程门立雪》一课时，有一个学生在他的鼓励下自愿读课文的第六自然段。第一遍没读好，贾老师提出了中肯的意见，并信任地对他说：“你能行！”哪知第二、三遍他还是没能流畅地读下来，时间在一分一秒地过去……听课的老师都认为贾老师会让他坐下，哪知并非如此，一直到了第五遍，这个学生才流畅地把这段文字读完了。贾老师当即提议同学们为他鼓掌，并饱含深情地说：“你克服了五次困难，终于出色地完成了任务，真不简单。请你再读一遍，让大家欣赏欣赏。”

贾志敏老师抓住了教育契机，凭自己出色的应变能力，运用智慧的语言、朋友的口吻、长辈的宽厚去夸学生的长处，委婉地指出其不足，使学生在富有鼓动性的评价中受到情的感染、爱的激励、美的享受，在信心中取得了成绩，在轻松中认识到了自己的不足。

3. “忽视”学生错误的劝勉式评语

对于采取不正当手段并急于上进的学生，教师有必要改变一下教育方式，不去批评他，更不揭他的短，而是“忽视”他的错误。这是一种淡化痕迹的教学方式。

一次考试时，王老师发现小馨偷偷看了同桌的试卷，然后匆匆将自己的试题答案“60”改成了“6”。王老师没有当场指出她的作弊行为，而是在考完以后，若无其事地在黑板上出了小馨做错的这道题，然后请她来做，小馨认真思考以后做对了。老师笑着对她说："小馨同学现在真的会做这道题了。"老师还特别提高了"真的"两个字的声音。小馨顿时脸红了，下课后她主动找到王老师，请她在试卷上这道题旁打个叉。

小馨在课堂测试中的作弊行为，王老师心知肚明却不当场揭穿，只是用"小馨同学现在真的会做这道题了"这句话，既含蓄地批评了她的错误行为，又保全了她的自尊。教师的"忽视"，学生是意想不到的，它打破了学生的思维定式。对于教师的批评，小馨听后虽然羞愧万分，却没有丝毫抵触情绪。教师把改正错误的主动权交给了她，促使她用自己的行动改正了错误。这样的经历将成为她成长过程中的一次难忘的教训，是她继续前进的动力，而不是包袱。

与之相比，把学生当场抓住并公之于众的做法就过于简单粗暴，它只是把学生当众钉在了"耻辱柱"上，无助于学生自觉地认识错误、改正错误。当学生从思想上真正意识到错误之后，他们就会自觉地产生一种动力。这种潜在的动力就是自律能力，它可以让学生自觉地规范自身行为。

4. 因人而异设计劝勉式评语

在课堂上，教师要对不同层次的学生确定不同的要求，对他们的也许不是很完美的回答给予真诚的肯定。对于那些被别人视为"差生"的学生，教师应从他们身上找出一些闪光点加以肯定，使他们从心理上将教师视为朋友，并心悦诚服地听从教师的劝勉，同时也从教师的劝勉中找回自信心。由于学生的表现是随着年龄、教育的实施和环境的变化而变化的，因此，教师的评语应该坚持发展的观点，对学生作出客观公正的评价，引导其正确认识自己，并明确今后的努力目标，使劝勉式评语发挥导向作用。

（1）给优等生的评语

这类学生的发展较均衡，能力、成绩也较突出，但大都具有优越感和满足感。评价这类学生应坚持高标准、严要求原则，在肯定其优点的基础上，着重对其提出更高的奋斗目标，以劝勉其不断进取，如"作为一名优秀的班干部，不仅应该拥有优异的成绩，还需要有突出的组织才能和特长。想一想，你该怎么办呢?"

（2）给中等生的评语

这部分学生人数较多，其优缺点不太突出，成绩也多处于中等，但其内心都渴求上进。教师在评语中应及时鼓励他们，为他们添加动力，如："你并不比别人差，为什么总那么胆怯？由于缺乏自信，你已失掉了不少成功的机会。老师真希望你在新学期大胆、主动些，好吗？"

(3) 给暂时落后的学生的评语

这类学生大多有强烈的自卑感，缺乏自信心，所以他们期盼得到老师的关怀、同学的帮助，更希望老师能看到自己的进步，给予鼓励。所以教师的劝勉式评语应以爱心促其进步，抓住他们的闪光点，以小见大，适当渲染、激励，并委婉地指出他们的不足。如一位五年级的老师这样劝勉一个学生："老师欣喜地看到你在本学期的最大进步——改掉了沉迷于电子游戏的坏习惯，同时，我发现你在课堂上敢于举手发言了。不过可要坚持完成作业啊！那样，你的进步就会更快！能做到吗？"相信这样的评语会让学生产生一种向上的力量。

5. 用激将法设计劝勉式评语

有时候，教师可以用反面的话来刺激学生，使其自尊心从自我压抑中释放出来，从而达到劝勉其奋发向上的效果。这种劝勉式评语一般有以下四种表达方式：(1) 明激，即直接给予贬低否定的语言刺激，激发学生，促其奋起改变现状；(2) 暗激，即有意识地表扬第三者，激发学生超过第三者的决心；(3) 导激，即贬中有导，用明确的诱导性语言把学生的激情引导到教师所希望的方向上来；(4) 自激，即表扬学生过去的优点和成绩，激发其改变自身现状。

6. 用暗示法设计劝勉式评语

暗示劝勉所采取的手段具有随机性、偶然性、含蓄性、潜隐性，它的效果不那样明显、及时，更多地表现为一种间接和委婉的示意和启示，使暗示对象体会其中的意图。

一次，马克思在给女儿劳拉的回信中，针对女儿在信中流露出的骄傲情绪讲了一则寓言：湍急的河上有一只小船，船上坐着一位哲学家。哲学家问船夫："你学过外语吗？""没有。""你研究过历史吗？""没有。"哲学家摇摇头说："那么你失去了一半生命。"接着又问："你学过数学吗？"回答还是"没有"。哲学家说："你失去了一半以上的生命。"

这时，忽然刮起了一阵大风，把船掀翻了。船夫喊着问："你会游泳吗？"

哲学家答："不会。"船夫说："那你就要失去整个生命！"劳拉看完信，沉思良久，深受启发，懂得了任何人都有所长、有所短，人应该取长补短、互相学习，没有任何值得骄傲的理由。

暗示性的劝勉具有警示的作用，是通过某种直接、明了的暗示，给学生以警示、告诫、劝勉，使他们作出积极反应。暗示性评语与直接点明性评语虽然都能给学生以提示，但前者含蓄，后者明了；前者委婉，后者直白；前者体现为启发和诱导，后者则体现为指令和强制。

在课堂上，及时的劝勉是教师教学艺术的体现，是教师真正把学生放在主体地位的体现。这种把劝勉式评语引入课堂的教学方法，不仅能让教师直接提高教学效果，还能让学生在浑然不觉的自然状态中养成谦虚、大度和善于自我管理的好习惯。

化解尴尬，因势利导，促进学生主动学习

——机智性评语里的智慧

课堂教学过程是师生及多种因素相互作用的动态的推进过程，而这些相互作用的因素又是非常复杂的，它们会导致课堂教学过程的发展出现多种可能性，而且这些可能性的相互作用，还会使新的形态不断生成。教师即便事先准备得很充分，也难以预料到教学过程中出现的形形色色的情况和事件。

水到渠成的教学固然好，但意料不到的教学事件也是正常的。所以，当面对无法回避的意外情况时，教师应用自己的机智，将尴尬化解于无形，将被动化解为主动，将无意中的错误幻化成美丽的瞬间。

（一）因势利导，化尴尬于无形

这天，某教师在给学生讲句型“What is she/he doing?”，学生们一个个争先恐后地发言，都想在同学和老师面前好好表现一番。

突然，英语课代表站起来报告：“老师，聪聪没认真听讲，在画画呢!”话音一落，其他学生就哈哈大笑起来了。

可是，聪聪却好像没有听到大家的笑声似的，不仅没有放下手中的笔，反而仍在自顾自地继续画。看到他那无视一切的样子，老师没有发脾气，而是走到他身边，语气平和地问：“What are you doing now?”

聪聪没想到老师不仅没责备他，还会这样问他，就看了看老师，但没有说话。老师以为他没有听懂问话，或者是不知道怎样用英语说“画画”，就转向其他学生问：“Who can help him?”

立刻就有学生举手帮忙：“He is drawing.”

“Please say it again，Congcong!”

“I'm drawing.”聪聪轻声地跟着说了一遍。

“Good! Very good!”（这一欣赏性点评，不仅会平复聪聪紧张的心情，还会让聪聪放下心理戒备，顺从教师的引导）

然后，该教师又拿起聪聪的画，觉得画得不错，于是就向大家展示了一下。

看到老师的这一举动，聪聪和全班学生都迷惑了，不知道老师想要做什么。

老师很认真地说：“He draws very well, great! How beautiful the picture is!”（尴尬是由聪聪不认真听讲、在课堂上画画引起的，教师此时的点评，则消除了尴尬。而且，这样做也能激发聪聪的自省心理，让他引以为鉴）

聪聪显然没想到老师会这样表扬他的画，脸涨得通红，并不安地从座位上站了起来。

老师指着聪聪问：“What is he doing now?”

一学生回答：“He is standing.”

老师接着又问聪聪：“What are you doing now?”

聪聪回答：“I am standing.”

老师带头为聪聪鼓掌，并说：“He draws very hard. I'm sure his dream will come true. We must learn from him.”（这一欣赏性的、带有美好期待的点评，更加坚定了聪聪认真听讲的态度，而其他学生也会引以为鉴，不断地提醒自己，不再犯聪聪这样的错误）

反思拓展

课堂上的突发事件总是会出其不意地发生，使这些事件朝好的方向发展，不仅需要教师有良好的素养，还需要教师有一点“教学灵感”，适时地进行“四两拨千斤”的点评。

教师富含教育机智的教学评语，可以把偶发事件弥合在顺畅的教学活动中，达到一种妙境，即便出现“山穷水尽”的情况，教师只要顺水推舟，就可能让学生领略到“柳暗花明又一村”的奇妙。

苏霍姆林斯基说：“教育的技巧并不在于能预见到课堂的所有细节，而在于根据当时的具体情况，巧妙地、在学生不知不觉中做出相应的变动。”所以，在课堂教学中，教师要像聪聪的老师一样，善于运用自己的智慧，灵活地处理意外事件。

(二) 顺水推舟，让学生主动学习

老师正在给学生讲《白兔和月亮》一文。

在轻柔的音乐的伴奏下，学生们齐声朗读课文。刚朗读完，教室里忽然响起了一句“太简单了”，语气中还透露出不屑一顾。全班学生都听见了这句话。(这样“明目张胆”地跟老师对着干，显然会造成尴尬的气氛，让教师发愁如何应答)

“我也会写!”紧接着又有学生接应。(其他学生的附和则加剧了这一尴尬局面。这由不得教师不认真对待)

大家都不停地转过来转过去，寻找声音的来处，叽叽喳喳地说个不停。

毫无预兆地出现了这样的意外，真让该教师措手不及。“这好好的一堂课，难道就这样被搅了？这可不行。那干脆顺水推舟，让学生自己试试看吧。”于是，该教师控制住自己的情绪，示意学生安静，然后微笑着说：“嘿！看来你们个个都很了不起。那好，既然你们都觉得简单，那就说说课文是如何简单吧!”(面对尴尬，该教师没有发脾气，反而称赞学生了不起，并给了学生一个发表见解的机会。这对学生是一个鼓舞，会使他们认真对待老师的话，把自己的想法一一道来。同时，这也会引起课堂意外的“始作俑者”的反思，使他以后会选择更委婉的方式发表自己的不同意见)

听了老师的话，学生的注意力一下子被吸引了过来，不再乱哄哄的了。不过，大家却是一脸的吃惊，但当看到老师不是在开玩笑时，就有学生举起了手。

生：“内容既简单又有趣，讲了一个聪明的小白兔得到了巨大的利益又主动放弃的故事。”

生：“语言简洁，通俗易懂，我看得明白，觉得简单。”

生：“文章很短，我读起来很轻松。”

生：“小白兔就像我们的朋友，课文用拟人的方法写，我喜欢。”

生：“对小白兔的描写很简单。”

生："我觉得道理简单，告诉我们不要贪心，要适可而止。"

生："小白兔就像聪明的人，懂得不是自己的东西就不强占。"

……

在学生们争着发言的过程中，该教师注意到那位喊"简单"的学生已经恢复了常态。

"同学们说得真好，水平真高，看来真的很简单。那么，敢不敢自己也来当当小作家，写一篇寓言，跟作者比拼一下呢？"（在学生积极表达完自己的见解后，教师及时予以表扬，进一步增强了他们的自信，激发了他们的表达欲望，点燃了他们的智慧火花。这会使他们更加愿意各抒己见，更加愿意参与教师安排的教学活动，而这是上好一堂课的根本所在）

"好。"有学生不甘示弱地回答。

一番准备之后，一场"脱口秀"就开始了。

一个学生说："我给大家讲'两只老鼠'的故事。有两只老鼠，一只住在仓库中，另一只住在田野中。住在仓库里的老鼠粮食充足，没什么可担忧的，每天大摇大摆地走进仓库吃粮食。而住在田野里的老鼠则每日食不果腹。后来，住在仓库里的老鼠把粮食吃完了，由于它好吃懒做，没有寻找食物的本领，不久就饿死了。而住在野外的老鼠，由于长期自力更生，虽然每次得到的食物不多，但可以维持生命，最后，它快乐地度过了一生。"

该教师评价说："这则寓言让老师脑海中立即浮现出斯宾塞·约翰逊所说的嗅嗅和匆匆。这位同学的小老鼠与斯宾塞·约翰逊笔下的嗅嗅和匆匆有异曲同工之妙，真棒！"（如此高的评价，不仅让学生享受到了成功的喜悦，也激发了其他学生的比拼意识，使得他们愿意积极开动脑筋，想出更好的故事来）

另一个学生也不甘示弱："那我给大家讲'狐狸的收获'的故事。狐狸想钻进葡萄园，无奈洞口太小，它只好先把自己饿瘦之后才钻进园子。饱食了鲜美的葡萄之后，它却发现自己又钻不出去了，于是只好又饿上几天再离开。有人嘲笑狐狸饿瘦了钻进去，又饿瘦了钻出来，什么也没得到。其实，这只狐狸吃过葡萄，体验了甜美的滋味，已有所收获。"

"哇！这位同学的想象奇特、大胆、丰富，让老师惊喜极了。这个寓言故事，加上神奇的想象，可谓独具匠心，让人觉得新鲜、有哲理。真棒！"（这次的夸奖进一步激起了全班学生的参与欲望）

"那我来给大家讲个'梦笔生花'的故事。"第一个说课文"简单"的学生喊道，"清朝有一个人，叫金水宝。他听老者们说：李太白少时，梦见所用之笔头上生花，后来他便天才横溢，名闻天下。随后，此人立即回家躺卧于床上不起，只为能梦见与李白相同之事。"

"听到这则寓言，老师真的非常惊讶。真没有想到你居然有如此好的文言功底，只巧妙地运用了一则小故事，就把所要表述的道理说出来了，实在是妙。怪不得你说课文太简单了呢！行！老师佩服你！"（对引起"尴尬"的学生的点评，不仅意味着尴尬消除了，意味着老师不介意他的"造反"，还给了该学生一个表现的机会、一个自省的契机。相信以后他在上课时会注意自身的言行，不会故意让教师下不来台了）

……

口头作文还在继续着，"不听话"的学生还在争相展示着自己。不知不觉中，这节课的目标已经落实了，而最重要的是这种落实是建立在学生自发的、充满意趣的、生动而具体的创造之中的。

反思拓展

每个班级都会有几个思维活跃、表现欲强的学生，他们往往在教师和其他学生就某个问题达成共识后，偏偏喜欢独辟蹊径跟教师唱"对台戏"，或者在教师刚刚提出一个问题时，就迫不及待地插话、抢答，让教师"防不胜防"。这些学生常常被视为调皮生，教师也担心他们会影响课堂纪律或提出刁钻的问题，让自己难堪、尴尬，下不来台，因而对他们的"异类"回答或"异常"表现，都采取漠然处之的方法。

其实这样做是不妥的，甚至还会引发学生的进一步行动，让情况变得不可收拾。教师应该用机智的点评让学生意识到自己言行的不当，或者将学生的思维引向更加有益的一面去。

在案例中，当学生不屑一顾地说课文简单时，该教师没有批评他们，也没有轻视他们的想法，反而给其鼓励，激励他们与作者比拼。该教师的这种激励性评语，激起了学生的斗志，激发了学生的想象力。果然，学生们创造出了非常不一般的口头作文。

（三）如何让机智性评语更高效

叶澜教授曾经说过："课堂应是向未知方向挺进的旅程，随时都有可能发现意外的通道和美丽的图景，而不是一切都必须遵循固定线路而没有激情的行程。"课堂应是鲜活变化的，是师生共同成长的生命历程。因此，鲜活的课堂必定会给教师带去各种各样的挑战，也不可避免地会使教师遭遇一次又一次的意外与尴尬。

那么，在面对这些意外和尴尬时，教师应如何运用机智性点评艺术巧妙应对呢？

1. 在机智中"峰回路转"

课堂上，随时可能会出现教师被学生问倒或有学生"唱反调"的突发情况，这常常使教师不知所措。但是，它却是一种重要的教学资源，如果教师能及时运用教育机智进行适时而巧妙的点评，化不利为有利，就极有可能"峰回路转"，让课堂教学变得顺利而有趣。

在讲"年、月、日"这节课时，某教师提问："蕾蕾和爷爷今年过生日，蕾蕾已经过了 10 个生日，而爷爷只过了 14 个生日，这是怎么回事呢？"

有一个学生举手说："因为爷爷的生日是闰年的 2 月 29 日，每四年过一个生日。"

这突如其来的回答打破了教师原来的预设，但是该教师却没有生气，反而在停顿片刻之后说："咦？你是怎么知道的？老师还没有讲呢。"

学生骄傲地回答："我在课外书上看过这方面的内容。"

老师一听，立刻高兴地夸奖他道："你真了不起，有那么多的知识。这节课，就让我和你一起当老师，带领大家来学习这节课的内容吧！"

"好！我一定会配合好老师，给大家上好这节课的。"

这节课因为有一个特殊的"小老师"而变得不同起来。

课堂是动态的，是千变万化的，在课堂教学中常常会出现意想不到的"小插曲""小尴尬"。面对这种情况，作为课堂教学的组织者，教师应视而不见还是追随学生的兴趣，抓住教学中的"机遇"，机智地做出相应变动呢？答案是显而易见的。

案例中，这位教师的点评无疑有着"起死回生"之功效，是值得我们学习的。在教学中，碰到类似情况时，教师不要轻易地“高挂免战牌”，而应提前预设一些充满机智的点评，把学生引入新情境中，使自己悄然走出尴尬，同时激发学生的学习热情。

2. 在机智中留下悬念

在课堂教学中，学生常常会提出一些突发性的问题干扰教学进度，或者提出的问题是教师一时难以解释清楚的。此时，教师可以把疑问暂时搁置一下，让它成为一个悬念。这样既不挫伤学生提问的积极性，又能鼓励他们自己分析问题、解决问题。

在讲“能被3整除的数的特征”一课时，某教师问：“同学们，能被2、5整除的数的特征分别是什么？”

学生回答：“个位是0、2、4、6、8的数都能被2整除；个位是0或者5的数都能被5整除。”

“那么，谁知道能被3整除的数有什么样的特征呢？”

“个位是3、6、9的数都能被3整除。”

听完此回答，教师先后出示了“13、26、49”等数字，然后问：“这些数能被3整除吗？”

学生验算后纷纷回答：“不能。”

看到老办法不灵，学生们不由得纳闷起来：“怎么会不行呢？”

这时一个学生大声嚷嚷道：“老师，肯定是哪个环节出了问题了，或者根本就没有特征。”

老师听了，一怔。居然还有几个学生也随声附和道：“我看也是！2和5的都那么明显，为什么3的就不行呢？”

“哟！你们还想跟科学对着干？有魄力。但是，有魄力不代表你们就是正确的。你到黑板上写几个数来，老师一眼就能看出哪个数能被3整除，哪个数不能被3整除。”

第一个提出异议的学生自告奋勇地上去，一口气写了10个数字，结果都被老师轻易地回答了出来，并且一验证，全部正确。

“看来仅从个位上去判断一个数能否被3整除恐怕不行了，那么我们应从哪些方面去考虑呢？我们不会这么轻易地就被打败了吧？”

“是啊！”其他学生附和道。

“同学们不要着急，你们肯定不会那么容易被打败的，老师相信你们。而且问题总会有办法解决的。通过这节课的学习，同学们很快就会有答案了。下面，我们开始学习吧！”

在这个案例中，教师首先引学生进入“误区”，让他们产生疑问，设置悬念，激发了他们的学习热情，为课堂教学打好了基础。

3. 在机智中“欲擒故纵”

在课堂教学中，学生或教师难免会有一些失误。此时，教师不能动辄以自己的权威来教育学生、评价学生，而应放手让学生充分交流、大胆发言，通过师生、生生心灵的碰撞，达到预期的教学效果。

在讲“能被2、5整除的数的特征”时，某教师在黑板上写下：各位上是0、2、4、6、8的数都能被2整除。

忽然有学生站起来说：“老师，你黑板上写错了一个字。”

教师先是一惊，眼光迅速扫描了那行板书，发现自己把“个”写成了“各”字。虽然是一字之差，可是意思却相差太多了。

是随即改正一下呢，还是浓墨重彩地渲染一番呢？不如将错就错，欲擒故纵！想到这里，老师故意用质疑的语气问：“不会吧？”

顿时，教室里沸腾了起来：“不对，差太多啦！”“老师错啦！”

可是，老师还是一副不想改的样子。

这时，一个男生站起来说：“老师，我可以举例来证明。358能被2整除，可是它各位上并不都是0、2、4、6、8呀！”

又一个学生站起来说：“我可以上黑板画个图给你看看！”说着，他就跑上讲台在黑板上画了一个书上不常见的集合图，一边画还一边解释给大家听。

看到学生踊跃发言的样子，老师称赞道：“同学们说得很有道理，我这个错误应该改正，我立刻就改。”

在上面的教学中，出现尴尬后，教师没有把自己看成权威，没有凌驾于学生之上，也没有摆出师道尊严的模样吓唬学生，而是适时地做了回“糊涂先生”，让学生给自己讲解错因，激发了学生的学习信心与学习热情，掀起了课堂教学的小高潮，最后达到了教师所希望的教学状态。

4. 需要特别注意的点评禁忌

（1）避免只委婉称赞而不谈实质问题

在讲《燕子专列》一文时，当学完“他们送的是一批特殊的客人——燕子”之后，某教师引导学生质疑：“现在，你们有什么问题吗？”

一位学生提出了教师预设中的问题："燕子是候鸟，为什么需要专列送呢？"

教师很满意，点头表示了肯定。

可是，话音未落，就有一学生大叫："这个问题我会回答，必须让我回答。"

教师态度极其和蔼地说："你可真聪明！我们把机会让给提问的同学，好吗？"

课堂上，一些教师总是自觉不自觉地排除"异己"，回避困难，绕过矛盾，一步不停地奔向那个自认为正确的"主题"，上面案例中的教师就是如此。教师设计这个环节仅仅是想以提问的方式引出下面的教学环节，而没有想到让学生回答，但学生却急切地想回答。这样难免会扰乱教师预设的教学思路，于是教师就选择了客气地赞赏学生，刻意地回避问题。可是，教师这样做，难免会使被委婉拒绝的学生在下面嘀嘀咕咕，因此影响课堂教学。对此，教师不妨直面该学生的请求，一方面予以表扬，一方面请其回答，然后再开动脑筋，想一个更恰当的、能引出下一教学环节的方法。

(2) 避免对学生的质疑束手无策，胡乱回答

在讲《国旗和太阳一同升起》一文时，某教师请学生找出哪些句子写出了"国旗护卫队为了让国旗和太阳一同升起付出了很多"。

忽然有位学生提问："为什么说是'迎接每一次新的国旗升旗仪式'？"

这个问题显然是教师在备课时并没想到的，所以他不知如何回答，沉默了许久，他才一脸尴尬地回答："每次'五一''十一'这些节日，都会用新的国旗。"

教学过程中确实会有许多不确定的因素，国旗护卫队的生活虽然离学生生活较远，但是"新的国旗升旗仪式"这个短语中的"新的"修饰的显然是"仪式"，而不是"旗"。可是对于这样浅显的问题，教师却因这一突然出现的意外而慌乱了，并给出了错误的解释。这样的解释，叫学生如何看待他们的老师？所以，当出现意外时，教师不能自乱阵脚，要稳定情绪，尽快开动脑筋，想出准确而得体的答案来。同时，教师还要对提出这一不是问题的问题的学生予以点评，但要注意不要伤及学生的自尊。

(3) 避免在脱离教学目标的问题上纠缠不清

在讲《麻雀》一文时，某教师问："麻雀妈妈是怎样和猎狗搏斗的？"

一位学生冷不防地说：“老师，这只大麻雀不一定是妈妈，也许是它的爸爸。”

教师被问了个猝不及防，愣了半天，才说：“这位学生的思路很有意思，有创新意识。那么，请问你是根据什么认为它是麻雀爸爸的？”

“因为书上没有说是麻雀爸爸还是麻雀妈妈，我是猜的。”

其他学生受到了启发，纷纷补充道：“爸爸一般比妈妈勇敢些，力气也大点，所以是爸爸的可能性比较大。”

教师表扬道：“你真聪明！”

“我觉得也可能是爸爸，因为爸爸经常带我出去玩，妈妈很少有工夫和我一起玩的。”

可是此时，一个男生却不满地嚷道：“那可不一定，说不定还是麻雀爷爷呢！我就是经常和爷爷一起出去玩的。”

顿时，教室内一阵哄堂大笑。

案例中，学生提出的问题已经偏离教学目标，且没有太多实质性意义。可是教师不仅没有及时引导学生的思维回到正途，反而予以鼓励，这样是不妥当的。在点评时，教师可以鼓励学生创新，但不能让他们进行无意义的创新，同时要尽量贴合教学目标，不能放任学生的思维无意义地游走，否则只能使意外成为“课堂杀手”，而不是不可多得的教学资源。

生活中有许多意外，教学中也有许多意外，有些意外甚至会让教师面临束手无策的窘境。这时，教师不要沮丧，不能动辄批评学生，而应善于发现教学中的问题，善于利用教学中的尴尬，通过机智的处理，积极鼓励学生，及时激励学生的创新行为，并根据学生的发言、表现，及时予以机智的点评，灵活而巧妙地调整教学设计，因势利导，尽可能地实现教学相长的目标，让学生上一堂愉悦而有意义的课。

既“引”又“导”，让学生知其所以然

——反思性评语里的智慧

反思是指自觉地对认知活动进行考察、分析、评价和调节的过程，是学生调控学习的基础，是认知过程中学生强化自我意识，进行自我监控、自我调节的主要形式。英国哲学家洛克认为，反思或反省是人对自身活动的注意和知觉，是知识的来源之一。荷兰哲学家斯宾诺莎认为，反思是认识真理的高级的方式。曾子曰：“吾日三省吾身。”反思能够让我们获取知识、真理和丰富的内心感受，是我们学会观察世界、观察人生、认识自己、倾听内心的重要手段。

学生总是在日常生活经验和已有知识的基础上来建构新知的。日常的经验、已有的知识就是学生反思的起点。通常，初步形成知识模型、找到不同的方法、提出不同的见解之后，是学生进行反思的最好时机。此时，教师可以用评语鼓励学生对自己的学习行为、课堂表现等进行反思，以帮助学生巩固知识、拓宽思路，激活学生的学习潜能。

（一）在引发学生反思的基础上层层推进

在讲“两步计算应用”一课时，某教师问：“甲数是120，比乙数的2倍还多20，乙数是多少？”

一学生回答：“我是这样算的：（120－20）÷2＝50。”

“他算得对吗？”（此处教师貌似没有点评，其实是把点评的权利给了学生，希望借助学生的点评，引导他们自我反思）

全班学生异口同声地回答：“对！”

老师反问道：“真的对吗？”（一句反问，彻底把问题抛给了学生，让学生

不得不去深入思考同学给出的答案的对错）

此时学生的意见开始不统一了，有的说对，有的说不对。

“那到底对不对呢？你们可以做回老师，给他一个评价。”（再一次用不确定的反问，进一步激发学生思考）

学生开始陷入沉默，你看看我，我看看你，小声地议论着。慢慢地，有人拿出了笔，在本子上写写画画。

片刻之后，有学生站起来，非常肯定地回答：“老师，他给出的算式和答案都是正确的。”

“那么肯定？”

“是的！非常肯定。”

反思拓展

在学习过程中，一些学生热衷于猜测教师的意图，而很少想到自己去验证结论。这对学习是有百害而无一利的。一旦面对教师的“穷追猛打”，他们就会变得很茫然。

要想让学生都真正学到知识，教师有必要引导学生学会独立思考，独立去验证老师的话、同学的话。

荷兰著名的数学教育家弗赖登塔尔指出：“反思是数学思维活动的核心和动力。”事实上，反思是所有思维活动的核心和动力。课堂上，反思应成为一个重要环节。教师所进行的点评，应能引发学生的反思，让学生通过自己的思考去学习知识、掌握技能，而不是通过猜硬币的正反面来蒙混过关。所以，当学生提出问题期望教师回答时，教师可以适当地予以拒绝，把问题再抛给学生，让他们尽可能地通过自己的思考找到答案。

（二）让学生围绕“边际”反思

在讲“商不变的性质”这节课时，某教师首先让学生根据“12÷6＝2”来猜想“被除数、除数怎样变商才会不变”。

一位学生萌生了“被除数加上2，除数加上1，商不变”的猜想，并且举出了多个实例来证明猜想是成立的。

她说：“我把‘12÷6＝2’的被除数加2，除数加1，变成了“14÷7”，商仍旧是2。再比如把‘20÷10＝2’的被除数加2，除数加1，变成了‘22÷11’，商也仍旧是2。还有‘30÷15＝2’‘72÷36＝2’‘1000÷500＝2’等很多例子都是这样的。所以，我想我的猜想肯定是正确的。”

这位学生头头是道的论证，弄得很多已坚信“被除数、除数同时乘以或除以相同的数，商不变”的学生，开始有点摸不着头脑了，纷纷皱紧了眉头不说话。

看到学生进入了矛盾状态，老师对这个学生说：“这些实例的确能证明你的猜想。那么，这个猜想是否适用于所有的除法算式呢？”（先肯定再否定，肯定是对学生的解答的肯定性评价，而否定则是为了启发全体学生，引起他们的猜测、反思）

老师特意把“所有”两个字说得很重。于是，学生纷纷把目光聚焦在刚才那位同学所举的算式中，试图从中发现一些什么。片刻之后，很多学生就有话要说了。

“老师，我觉得她的猜想只适用于商是2的算式。如果换成商是其他数的算式，就不合适了。比如‘12÷4＝3’，把被除数、除数各加2和1，变成了‘14÷5’，商不就变了吗？”

“是啊！如果是‘12÷4＝3’，这个猜想就要改成‘被除数加3，除数加1，商不变’了。”

“我发现，算式的商是几，这个猜想就要改成‘被除数加几，除数加1，商不变’了。”

“老师，我觉得这位同学的猜想很有创意，但它要根据商的变化而不断改变，缺乏一定的普遍意义。”

反思拓展

在新课程理念指导下的课堂上，教师应当利用一切有利因素，用丰富多彩的亲历活动充实教学过程，促进学生进行反思，同时还应注意训练学生的发散性思维，鼓励学生大胆反思，以取得较好的教学效果。

然而，在一些特定的时刻，创新和猜想却不是教学的主流，不能任由学生去创新、猜想。在上面的案例中，如果全体学生接受了那名学生所说的“规律”，那么，“商不变性质”目标结论的达成势必会受到一定程度的影响。换句话说就是，无限制的猜想会妨碍正常的教学。在这种情况下，该教师首先有条件地肯定了那名学生的猜想，然后再用一个设问点评，有效地把全体学生的注意力集中到对该猜想普遍性的反思中来，从而让学生明确了该猜想的闪光点和局限性，既鼓励了课堂创新，又保证了探究的有效性。

可见，在课堂上，当学生有了创新的想法时，教师不能任意推广、称赞，而应有所保留，同时还要用适当的点评引导学生反思创新的正确性、实效性，而不能为了创新而创新，使创新失去意义，使教学失去方向。

（三）让学生在反思中构建知识体系

在教学生简便计算时，某教师在作业中看到一些学生经常把乘法结合律和乘法分配律混淆在一起，他觉得这多是因为学生对乘法分配律和乘法结合律的算理还没有真正理解，因此有必要把两者的推导过程加以对比呈现，让学生发现二者的不同之处，从而真正理解，避免混淆。

于是，该教师又进行了这样一次教学：

课前，他在黑板的左边画了 3 只盘子，右边画了 1 只盘子，并在每只盘子上标上“0.25 千克”的字样。上课铃响后，学生们回到教室，都奇怪地瞪大眼睛看着黑板上的图画。

该教师说：“这里有 3 盘面粉，每盘 0.25 千克，3 盘共重多少千克？”这个问题很简单，好多学生都举了手。该教师在黑板上写上“0.25×3”，然后接着问：“再添一盘，现在共有多少千克？”

还是有很多学生举手想回答。一学生答：“0.25×3+0.25。”另一学生答：“也可以先求出一共有 4 盘，再求出 4 盘一共重多少千克。”

根据学生的回答，该教师顺手在黑板上写下了“0.25×（3+1）=0.25×3+0.25×1”的式子，并提醒学生“有时×1 也可以省略不写，因为 1 个 0.25 就是 0.25”。然后，他叫了几个学生，让他们根据上述算式说说乘法分配律的算理，被叫的几个学生都说对了。

“到目前为止，同学们的回答都非常好，请继续保持。看看自己会不会一直都做得非常好。”（前面表现好不代表以后的表现一直好。该教师的提醒给了学生一个暗示，让学生在答题时认真思考，多反思）接着，该教师又出示了一道题“0.25×36”，让学生运用所学的运算定律进行简便计算。学生口答出“0.25×36＝0.25×（4×9）”。

“好！这次乘法的计算依然不错。请继续保持。”说着，该教师挑了一位做作业时把乘法结合律和乘法分配律混淆的学生，让他说出下一步简算的过程。他果然又出错了，他说成了“0.25×（4×9）＝0.25×4＋0.25×9”。

该教师没有说话，而是把他所说的算式对应地写在黑板上，然后和学生一起把这个列式的结果算了出来，是3.25，然后请列式的学生自己算出原题的得数。

他回答应该是9。这下他意识到应该是自己变化的式子出错了。为什么错了，错在哪呢？从他有点发愣的表情看，应该是还没找到。

这时，该教师抓住时机点评道：“前面，同学们的表现都不错。这位同学也一样。可是为什么在最后关头出问题了呢？大家好好想想，从各个角度找找原因。相信以大家的聪明才智，绝对能自己找到问题的症结所在。”（先肯定再启示，此处的点评给了学生一个反思的方向，给了学生一个期望，让他们相信只要自己认真反思，就一定能找到答案）

听老师这么一说，那位答错的学生低下了头，重新列式子计算。不久，他站起来说：“老师，我知道错在哪里了。0.25×（3＋1）＝0.25×3＋0.25×1这个式子是正确的，但0.25×（4×9）＝0.25×4＋0.25×9这个式子却是不正确的，因为小括号里的符号不同，是乘号，而不是加号，因此这是乘法结合律而不是乘法分配律。

该教师见他回答正确了，就说：“哇！那么快就找到问题的症结了，真棒！那你能用字母表述一下乘法结合律吗？”

该生自信地回答：“能！”说着，他就跑到黑板前写下了（ab）c＝a（bc）。

至此，该教师欣喜地发现这位学生已经通过反思，真正理解了乘法的这两个定律。在以后的简便计算中，他果然再没有混淆这两种运算定律。

反思拓展

已经学过的知识一般是在自然状态下零星地存在于学生的记忆中甚至是记忆的深处的，将新知识与它们联系起来，有助于发现一般规律以及系统性地总结知识，从而使学生能够区分知识间的不同。

可是，一些学生在学习新知识、解决问题的过程中，产生了知识的负迁移。在某种程度上，这与两类问题的相似性有关，而另一方面是因为学生在学习时缺乏反思，不能对比着学习。

教师必须引导学生进行反思，尤其是当学生混淆类似的知识，出现记忆不清时，更要让他们积极地进行全面的反思。此时，教师可以通过欣赏性点评，稳住学生的心态，然后创设条件，引导学生进行积极反思。

（四）如何让反思性评语更高效

真正的教育是自我教育，教育的最高境界是帮助学生形成自我教育的能力，而反思则为自我教育开启了第一道门户。学生学会了反思，就会以特定的眼光审视已有知识，发现并解决新问题，从而提高学习的效率。

可以肯定，反思是一种隐性的教育资源，因此，让学生学会反思，无疑等于给他们配备了极为尽职的导师，可以随时随地地对他们的成长进行有效的指导和督促，让他们学会自觉地支配自己的人生。

用评语激发学生的反思兴趣，培养学生自觉进行反思的习惯，不可能一蹴而就。有位哲人说过："开始是我们创造习惯，后来是习惯创造我们。"教师应在日常教学中随时注意用适当的评语引导学生进行反思。

1. 用评语激发学生的反思动机

反思是一个情感与认知密切相关并相互作用的过程，它不仅要有智力加工，还需要情感因素的支持。

教学中，教师要努力营造一个促进学生反思的学习氛围，以激发学生的反思动机。为此，在点评时，教师可以这样问学生："这位同学的解法非常好。其他同学还有比他更好的解法吗？""××的想法非常与众不同。你们谁能说出她的想法与别人的有什么不同吗?”“这个方法很好，谁能告诉老师好在哪里?”这样的点评，有助于诱发学生反思、优化学生的思考过程。

在讲“测量”一课时，某教师请学生用自己喜欢的方式测量物品的长度。她发现，许多学生将零刻度对准物体的起点，而有一位学生将起点对准刻度20厘米处，就问：“大家能说说自己是怎样测量的吗?”

该教师对那位以刻度20厘米为测量起点的学生说：“就请你来回答！因为你的方法很特别!”

“我觉得以零刻度为起点到刻度20厘米和以刻度20厘米为起点到刻度40厘米，答案都是一样的，不知道这样量对不对?”

“你的想法很奇特！真不简单！同学们，他的方法和你们的有什么不一样的？他的方法可以吗?”（该教师没有正面点评学生的方法的对错，而是让学生自己去验证）

学生们纷纷举手发言，进行比较，接着又重新去测量，兴致很高。不少学生又有新的发现。

2. 寻找机会，用评语敦促学生反思

课堂教学不仅要重视结论，更要重视探索、发现的过程，要让学生沿着“再发现”的道路去探索和发现知识，形成概念或自己的知识系统。为此，教师要积极寻找和创造可供学生反思的机会，以调动学生反思的热情，帮助他们正确而深刻地理解和掌握知识。

要让学生在问题情境中学会反思，在探究过程中学会反思，就需要教师对他们进行引导、督促，教师可以通过对学生的课堂表现进行点评来进行。

具体而言，教师可以在课堂教学过程中的以下几个阶段，通过对学生进行点评，为学生创设反思的机会。

（1）新知学习前的反思

新知学习前的反思，是对已学知识的反思。比如，在讲“三角形的面积计算”时，教师可以让学生复习平行四边形面积的计算方法，然后引出三角形面积的计算。

（2）新知学习中的反思

新知学习中的反思，是指学生对学习过程本身的反思，包括对新知识的形成过程、学习方法、操作程序以及所得结论等内容的反思。

在讲“三角形面积公式的推导”时，教师可以这样进行教学：

探索①：首先出示几个长方形、正方形和平行四边形，让学生思考如何能够各分出两个三角形，而这两个三角形的面积和形状又有什么关系，各自的面积是多少。

探索②：在学具中选出两个三角形，问学生能拼出什么图形，对三角形的选择有什么要求。

然后再结合探索①，让学生说说怎样计算三角形的面积。

探索③：画一个三角形，让学生说明他们的计算方法是否适用于它。

当学生体验了不同的探索方案后，教师再对学生予以点评，引导学生反思："刚才的探索，大家表现得非常不错。请问，大家从中发现了什么呢？你又是如何推导出来的呢？这种思考方法对我们今后的学习有什么启发吗？"

通过案例中这一系列的反思，学生往往能获得统一的有价值的知识。在学习新知时，教师不妨在点评学生时，从不同侧面，多角度地引导学生思考、体会探索的方法、策略，使学生在不断的反思中，加强知识和能力的相互沟通，提高知识的运用能力。

（3）新知学习后的反思

新知学习后的反思，是指对获得新知识的过程进行反思，包括对课堂表现、学习方法和学习收获等进行评估，对学习的成功与不足等进行分析、思考。

在学习了"分数的基本性质"后，某教师说："刚才的学习，大家都很努力，很认真，但是效果如何呢？谁能给我们讲讲分数的基本性质到底是怎样推导出来的？我们学习分数的基本性质到底是为了什么呢？老师相信听完刚才的课，同学们会对这些问题有很深的感悟。"

这样的点评与引导，有助于学生尽快对学习过程进行系统的反思，促进其学习能力和思维能力的提高。

3. 在点评中教给学生反思的方法

为提高学生的反思能力，使反思真正成为促进学生提高听课效果的有效方法，在课堂教学中，教师还有必要引导学生掌握反思方法，而这也可以借助教学点评做到。

（1）教会学生自我提问

教学生学会自我提问是培养学生反思能力的重要方法。教师可以这样引导学生："因为提前预习过了，同学们按照例题的解答方法做得都很好。难道只有这一种方法么？我们还可以怎么做？”“××同学的做法很好。请问，其他同学还有别的方法吗？”“××同学这样得出来的结果是正确的，但是有点烦琐，请问谁还有更简单的方法？”“××同学说老师刚才给出的解法是错误的。没错，老师就是想给大家一个陷阱，看看是不是有人会掉进去，结果被你们识破了，真不错。但是错在哪里呢？为什么错了呢？怎么做才是对的呢？”

引导后，教师可以告知学生：“每次学习（听其他学生解答）后，可以按照这种方式对自己提问，这样可以从多个角度去验证我们学到的知识，或者检验其他同学说得是否正确。这样，我们就可以进行更深入、更全面的思考了。”

每一次的深入思考，都会让学生得出有价值的内容，都会让学生有进一步的提高。思考后有所收获的学生，自然会学着进行自我提问，以求获得更大的进步。

（2）教会学生自我总结

当解决某个问题后，教师要引导学生进行总结，以寻求规律。在课堂小结时，教师可以在点评完学生的课堂表现后，敦促、引导他们进行反思性的小结。

在学习了“平行四边形的面积计算”后，某教师说：“刚才同学们在提出问题、解答题目方面做得都很不错，可见这堂课大家学到了不少东西。那么，我们到底学会了哪些知识？谁能说说我们是怎样推导出平行四边形面积计算公式的呢？”

这两个问题都要求学生进行反思。而有了教师之前的肯定性评价，学生的心情会比较好，其思维状态也会比较积极。这样，在反思与总结中，学生不仅能掌握知识，还学到了解题方法。

4. 借助评语，引导学生自我评价

自我评价是学生对自己的学习过程、学习结果进行自我评判与分析的一种自我审视的行为。自我评价应该成为课堂教学中最主要、最常用的评价方式，教师在点评中有必要引导学生进行自我评价，让学生通过自我评价认识自己。

在讲“质数和合数”时，某教师先让学生写出 1～12 各数的约数，然后再试着分类。结果，学生认为分 2 类、3 类、4 类甚至 5 类的都有，并且各有各的道理。

这时，该教师没有具体评判谁对谁错，而是说："同学们的想法确实都很有道理。一个问题能想出那么多解法来，这说明大家都动了脑筋。但是，大家的想法是不是正确的呢？我们可以讨论一下，然后发表自己的看法，评价一下他人的分法，看看最后谁能说服谁。"

此言一出，学生们都开始询问别人到底是怎么想的，为什么会这样想。结果，经过一番激烈的争论，大家统一了认识，一致认为分为 3 类比较合理。

上述案例中，学生不仅理清了思路、巩固了知识，而且在讨论、反思中培养了语言表达能力，发展了思维能力。

在教学中，教师若能通过对学生的点评，引导学生把评价和反思结合起来，学生一定能从教师的点评中受到鼓舞、启发，从而学会分析、反思，进而在获得真知的同时，提高自身的分析水平。

教育无痕，最有效的教育是自我教育；教学有迹，最有效的教学就是引导学生进行反思。

从心理学上来讲，反思是引起认知结构的冲突，从而唤醒思维，激发探究、发现、再创新的欲望，让反思者实现从学习者到研究者的转变的一种思维活动。但是，学生的思维活动只有内隐性和自动化的特征，缺乏反思意识和反思能力，这就需要教师找准反思的起点，用适当的评价激发他们反思的动机，并抓住每一个契机，组织学生进行有效反思，使他们真正学会反思。

关注情感与智慧，让学生心智齐发展

——情智性评语里的智慧

关注人的情感发展是教育的一个本源性、根基性取向，因为情感是属于个体的，是个人内在而独特的真实意向的表达。在以往的学习过程中，学生的情感服从于知识与分数，使得教育缺乏生机。然而，课堂不该也不能是教师的独角戏，而应是师生尤其是学生释放情感、增长智慧的舞台。

除了传播知识，课堂教学还应有一个更重要的目标，就是让学生增长智慧。知识可以轻而易举地获得，但智慧却未必。当然，这并非否定在课堂教学上传授知识，而是表明应将智慧置于知识之上，用智慧去统率知识，让知识化作智慧。

总之，课堂教学需要激发情感，需要启迪智慧。学生的世界蕴藏着丰富的情感和智慧，需要教师用情去唤情，用智去启智。可以设想，如果教学过程失去了情感和智慧，那会是多么苍白与枯燥，多么令人生畏呀！

课堂上最常见的唤情启智的方式，莫过于教师对学生的点评。因为在一堂课中，教师与学生进行情感与智慧交流的方式，多表现为教师对学生的言行的评价。为此，教师应积极运用情感充沛的点评去引导、激发学生的情感，让学生的情感在教学中得到滋养、升华，而同时，教学点评应充满智慧，应能开启学生的智慧之门，让师生在智慧的碰撞中教学相长。

（一）以情激情，以情激智

“走进李白”这堂课是特级教师孙双金给江苏省无锡市育红小学六（6）班学生上的一堂公开课。在教学中，孙老师一次次用情感与智慧兼具的评语震撼着学生的心灵，让学生与教师在情感与智慧上达到了和谐与统一。

课堂导入后，孙老师引导学生配乐诵读李白的名篇《望庐山瀑布》，之后问：“谁来读一读？”

一个学生深情地诵读了一遍。

“读得真好，有味儿，有诗味！”（这一点评让学生明白了怎样读诗才有诗味儿，从而激励了学生学习用情感去读诗，去体会诗中蕴藏的深意）“这首诗大家学过了，今天我们不再学它，就来欣赏一下，看看诗仙的诗和别人的诗有什么不一样。”孙老师先抛出一个问题，“我也到庐山看过瀑布，可我看到的云烟是白色的，我到黄山、泰山顶上看到的云雾一般也都是白色的，为什么李白看见的却是紫色的呢？展开你丰富的想象力……”

一个学生说：“因为李白有超乎一般人的想象力。”

孙老师：“有超凡的想象力，所以能把白的想成紫的，是吗？文学家，浪漫主义诗人，有超凡的想象力！这是你的想法！我发现你也有超凡的想象力！（超凡的想象力，是有智慧的人才拥有的。孙老师用这样的语言评价学生，让学生认为自己是个聪明而又有智慧的人，进而积极开动脑筋，往更深处思考）让我看看这‘文学家’的脑袋（亲切地抚摸学生，师生笑），你有不同的看法吗？”

该生说：“我认为也许是李白置身于紫色的云雾之中有飘飘欲仙的感觉。”

“听到了吗？多好的想象啊！在紫色的云雾中，仿佛身处仙境，我看你长大了适合当浪漫主义诗人。（浪漫主义诗人自然是李白这样的诗人，孙老师这样说，无疑是给了学生极大的信心，使得学生产生了欲与李白试比高的豪情）还有不一样的吗？”

“也许是当时李白喝醉了酒，把梦境和现实结合在了一起。”

“给他掌声！课堂上就是要敢想敢说！李白是酒仙、诗仙，喝醉了把现实与幻境混为一体，大家给他掌声！（听着孙老师这样的评语，即便没有身临讲课现场，我们也能想象得出来他的兴奋和对学生的赞赏之情。孙老师这样充满激情的评语，能不激起学生同样的情感么？）还有不同的吗？我喜欢听不同的想法。”

“我觉得一是因为在阳光的照耀下水会产生不同的颜色，二是俗话说‘美酒配美景’，李白喝醉酒以后，把天上、人间混淆了！”

“了不得，你是科学家和艺术家的组合！水汽经太阳光照射会呈现赤橙黄绿青蓝紫七种颜色，紫色的光波特别耀眼，这是科学家的脑袋；艺术家呢，就是美酒配美景，再加上美好的想象，所以李白眼中呈现出，齐读……”（学生的思维一次比一次放得开，想象力一次比一次开阔，这让孙老师越来越高兴，越来越不吝赞美之辞。水涨船高，学生们的智慧和情感也因此得到激发）

“日照香炉生紫烟。”

“这紫色的云烟慢慢升腾，升到哪了？”

“天上。”

“是啊，是天上，用你的朗读声告诉我……”

学生轻轻齐读。

听到学生读得不够味道，孙老师又范读了一遍，然后说：“把‘烟’字读得慢一点、拖一点，‘烟’就升起来了。”

学生照样子齐读了一遍。

“好！飘起来了！诗仙跟别人就是不一样，一开始就描绘了宛若仙境的美妙境界！（板书：宛若仙境）‘日照香炉生紫烟’，紫气东来，紫色是梦幻的、高贵的仙境的颜色。李白的诗还有什么和别人的不一样呢？自己读，讨论讨论。”

片刻后，孙老师说：“让我来听听你们的高见……好的，举手的越来越多了。请你来说。”

“我觉得他很敢想，别人不敢想的他敢，比如天上。”

“哪一句是天上？”

“飞流直下三千尺，疑是银河落九天。”

“把什么想成是银河来到人间？”

“庐山瀑布。”

“说得真好。（板书：想象）你想做一名文学家吗？想成为一个大诗人吗？你想成为一个浪漫主义诗人吗？那么就请你展开丰富的想象，因为如果没有想象就不能成为文学家、诗人。瀑布在诗人眼中是天上的银河垂落到人间，你觉得这样的想象如何用一个词语来形容呢？”

“夸张！”

“豪放！”

“无边无际！”

“充满激情的！非凡的！”

“说得真棒，我就用这个词。（板书：非凡的）同学们，什么叫非凡？那是非同寻常的想象。李白的诗还有什么和常人的不一样?”

“夸张，比如‘疑是银河落九天’中的‘九天’，古时称为九重天，是最高的境界。”

“天分九层，在古人心中最高的一层是九层！真了不起！还有什么地方比较夸张呢?”

“飞流直下三千尺。”

“把眼前的瀑布夸张地说成有三千尺高。(板书：夸张）这是怎样的夸张呢？用一个词语来形容。”

“与众不同。”

“我认为他的想法独特。”

“是啊。李白的想象和夸张是不怕被别人笑的，想怎么想就怎么想，他认为怎么样就怎么样，所以在世人心中，李白的想象和夸张都是非凡而神奇的。谁再来把此诗吟诵一遍?”

在音乐声中，一学生读了全诗。之后，全体学生齐读了一遍。

“庐山瀑布因为李白的这首诗而名扬天下，许多文人骚客来到庐山，看见那壮美的景观也都怦然心动，也想作诗一首，但是一想到这首诗，大家都说：‘罢了，写不过李白。’中唐有一位诗人来到庐山，看见这壮美的奇景，按捺不住自己，想作诗一首，别人提醒他李白曾作诗一首，劝他放弃，但他执意要写。这个人是谁呢？一起来看一看。”

(出示古诗，师配乐诵读徐凝的《庐山瀑布》，并解释诗意）

“你们喜欢谁的瀑布呢?”

“我喜欢徐凝的，他写得具体，有比喻的修辞，写出了瀑布的样子和气势。”

“都不错，都有神奇的夸张、非凡的想象。”

“我喜欢徐凝的，他把夸张的想象和真实的情景结合在一起，而且惟妙惟肖地展示了瀑布的爆发力。”

“仁者见仁，智者见智。历史的车轮滚滚向前，到了宋朝，一位伟大的诗人也来到了庐山，他也想写首诗，旁边的人提醒他李白曾写过一首，此人听后便作罢了。又有人说徐凝也曾写过，大诗人一听惊讶了，便仔细吟诵了此诗，十分不屑，便作诗一首。

(出示苏轼的《戏徐凝瀑布诗》，师吟诵，解释诗意）

“你有话要对苏轼说吗？”

“我同意苏轼的观点，徐凝的诗不好。”

“苏东坡的批判主义思想太重。”

“谁喜欢徐凝的，站起来说说。”

“我觉得徐凝的诗也很美，可以和李白的媲美。”

“那你想对苏轼说什么？”

“不要批评别人。”

“大家都是诗人，不要互相贬低，大家都是赞美庐山的美的，不要比谁写得好与不好，只要庐山的美景能名扬天下就可以了。”

“多理智啊，给些掌声！同是诗人，何苦相煎？”

“你知道苏轼为什么这么推崇李白吗？因为他是李白的粉丝，简称‘白粉’。他也是浪漫主义诗人，他就是喜欢李白这样的浪漫主义诗人，所以跟徐凝开了一个小小的玩笑，造就了庐山瀑布的一段佳话，你从哪个词里看出是在玩笑啊？”

生齐答：“戏。”

反思拓展

每个人都有获得成功的愿望，一次小小的成功往往会使人增强自信心，从而去进一步奋斗。上海市闸北八中的刘京海校长认为：“教师应为学习困难的学生创造多方面成功的机会，强化非智力因素的培养，使学生产生争取成功的愿望，对学生因材施教，给予鼓励性评价，使学生获得成功的体验。”

和众多优秀教师一样，孙老师对学生的评价都是积极向上的，只是多了一些情感与智慧，而这也是开启学生情感与智慧闸门的基础。看看吧，当孙老师一次又一次地把最美的评价给予学生，让学生体会到老师所要传达的情感时，学生们的思维一次比一次放得开，最后都能超脱个人情感去看诗人、去评价诗人了。

（二）以情智牵引，升华学生情智

“赠汪伦”这节课是孙双金老师的公开课“送别组诗”中的节选。这首诗着重描写了李白与汪伦之间的深厚友谊，貌似浅显易懂，但如何让学生自己把其中的情谊体悟透彻，并把这种情感加以升华，是需要动一番脑筋的。

孙老师对学生进行了点名评价，让学生因自己的发言而自豪，因受到老师的高度称赞而充满自信。在这些评价中，孙老师还倾注了自己对诗人和汪伦情感的认同与赞赏，倾注了自己对学生想象力的认可与推崇。这让学生更快地找准了情感的闸门和智慧的窗口，知道了什么样的友谊才是真正的友谊，知道了自己的思维之门应该往哪个方向开启。

课堂导入后，孙老师先带领学生有感情地朗读了一下《赠汪伦》这首诗，然后带着学生熟悉了一下诗的写作背景，让学生大致了解了李白与汪伦的友谊。

“这首诗是比较好理解的，诗的意思你们会解释吗？”孙老师问。

“会。”学生齐声回答。

“谁来说说看？这首诗是比较好懂的，我请没有发过言的同学试一试。”

“李白将要乘船离开了，忽然听到岸上有歌声，桃花潭水虽然深千尺，不过也比不上汪伦送我的情意。”

“你叫什么名字？”

“小超。”

“小超同学解释得基本准确，达到90%了，老师不讲能够理解90%已经非常了不起了。好，如果你能把嘴巴张大一点，声音响亮一点，自信一点，就更棒了！（孙老师的点评有理有据，让学生既看到了自己的长处，也看到了不足，并知道往哪个方向努力。这是非常有利于学生进一步提高的）我们给他鼓掌好不好？相信小超下面的发言会更精彩，请坐。”

学生齐答：“好！”

“谁再来解释一下？”

“李白乘船将要走，忽然听到岸上传来一阵阵歌声，桃花潭水虽然深千尺，但也比不上汪伦送我的情意深。”

“你叫什么名字？”

“婷婷。”

“婷婷回答得非常好，已经达到98%了，我们把掌声献给她。虽然大家理解了诗的基本意思，但我觉得还没有真正走进作者的内心世界。（先用‘达到98%了’表扬学生，而还‘没有真正走进作者的内心世界’则表明学生还需要努力，而这也给学生指出了一个方向——向深处挖掘，向作者内心找要学习和体会的东西）读这首诗时你们有问题吗？你们讨论讨论看有什么问题？”

学生小组讨论后，孙老师说：“交流一下，能够发现问题的同学有双慧眼，火眼金睛。”然后，他对着一个学生问，“你发现了什么问题？”

“桃花潭水深千尺，为什么比不上汪伦送我的情意？”

“是啊，桃花潭的水深千尺，为什么比不上汪伦送我的情意呢？这是一个问题，还有不同的问题吗？”

“既然李白舍不得离开汪伦，他为什么要离开汪伦呢？”

“没有不散的宴席，朋友之间总是要离别的。（竖起大拇指）好的，能够发现问题比发现不了问题总是要好。你的问题呢？”他又问另一个学生。

“我的问题是汪伦把李白骗过去，为什么他们还能成为好朋友？”

“我来读诗。你们能不能再发现一点问题？‘李白乘舟将欲行，忽闻岸上踏歌声。’李白这时已经来到哪里了？你的问题是什么？”

“为什么要在李白要走的时候才来送别呢？”

孙老师兴奋地说：“听到没有？为什么要在李白离开汪伦的家，上路之后，来到桃花潭坐到船上要走的时候，汪伦才来送呢？他为什么早不送，迟不送，偏偏到这个时候才来送呢？你会这样送吗？”（在老师的点拨下，终于有学生提出了孙老师最希望学生提出的问题。孙老师的激动之情溢于言表。一句“听到没有”和几次对该问题的解读让提问的学生体会到了成功的喜悦，让其他学生的思考有了正确的方向）

“不会。”

“你肯定在家里就要这样送了，是不是？为什么早不送、迟不送，偏偏要等到人家坐到船上的时候才来送呢？请展开想象的翅膀，猜想一下有哪几种可能。为什么到这个时候才来送呢？几个人讨论一下。”

学生进行小组讨论，孙老师在其中一组学生中小声地提出问题。

“好，你来说说看，为什么早不送、迟不送，偏偏到这个时候再来送呢？”

“因为这里有汪伦和李白的美好回忆。”

“什么回忆？”

“可能因为他们在这里相遇。”

“可能他们是在桃花潭边相遇的，汪伦是从桃花潭把李白接来的，所以故意到桃花潭来送他。接的时候在桃花潭边接，送的时候也在桃花潭边送，让李白留下难忘的印象。你叫什么名字？”

“小松。”

“这是你的观点，了不起！在哪里接，我也要在哪里送，给李白留下难忘的印象。”

“有可能是李白没有告诉汪伦，后来汪伦知道了就急匆匆地赶到桃花潭送他。”

“说明李白是不辞而别，汪伦知道这个情况后匆忙来送。你叫什么名字？”

“小畅。”

“小畅，这是你的观点。我就喜欢听到不同的声音，看你们的小脑袋瓜多聪明。你说。”

“我的观点是：我们一般送亲人是在家里送，汪伦故意不在家里送，特别安排在走的时候送，这样能给李白留下非常深的印象，让他记住汪伦这个朋友。”

“你叫什么名字？”

“我叫小杰。”

“小杰的观点是什么观点？你们听听看，故意不在家送，让李白到桃花潭，自己再突然赶来，还要踏歌相送，给李白留下终身难忘的印象，给李白一个惊喜。”

“小杰的这个想象超出一般。你说说看。”

“可能是因为李白喜欢喝酒，而汪伦又是酿酒的，他在家里特地为李白酿了酒，李白快要走了他才酿好，急急忙忙地给李白送了过去。”

“为李白特制‘太白酒’，酒还没有酿好，李白突然有事要走，酿好酒后急急忙忙赶去相送。这又是一种奇特的观点！”

“我认为是他们一起到酒店去，然后汪伦给他准备了一桌宴席给他送行，然后李白走的时候，就在桃花潭给他送行了。”

“已经在酒店送过行了？”

“对，然后就在那边拍打边唱歌。”

“已经在酒店送过行了，送过行之后，他觉得就这样把李白送走还不够：‘我是写一封信把人家骗来的，现在人家走了我就这样送别不行。’于是赶到桃花潭边踏歌相送。你叫什么名字？”

“小莹。”

“小莹，给小莹掌声。小莹就是聪明。还有不同的观点吗?”

“我觉得可能是因为李白的名气很大，所以汪伦想组织一个很大的活动来送别李白。”

“在你的想象当中，汪伦不是一个人踏歌相送的，而是把整个村子的人都组织来踏歌相送。那个场面真是了不得，李白坐在船上，本来都要走了，突然听到一阵阵歌声传来，李白在船上还坐得住吗?”

“坐不住!”

“李白就站起来，跳上岸去，握住汪伦的手说：‘汪兄啊，你对我真是太好啦！你这样的情意我怎么表达感谢呢？我一介书生，没有什么可以送给你的，拿笔来。’于是，李白挥毫写下了《赠汪伦》。‘汪兄啊，就把这个送给你吧。’汪伦收起了李白送给他的诗，把它当作传家之宝，一代一代传下来。这首诗就是李白面对当时的情景即兴挥毫写下的，我们一起来吟诵一下好不好?”

“好!”学生开始有感情地朗诵。

“是啊，桃花潭的水你纵有千尺深，也深不过汪伦对我的感情啊！在家送一下感情就深了吗？送过了再送，不是我一个人送，而是把整个村子的人都组织起来送，抬着美酒，踏着歌，这才能感动李白。”

……

反思拓展

传统教学中，课堂这个舞台展示的是教师的才华、智慧与创造力，学生是配合教师来完成这种展示的。即便在如今的一些所谓的素质教育课堂上，依然是教师唱主角，学生唱配角。但是，在孙老师的课堂上，我们看到，问题由学生来提，答案由学生来找，整个课堂是学生自己在探究、在发现、在解读，而他则把自己巧妙地“隐藏”了起来。

但这种“隐藏”并不意味着孙老师退出了课堂活动，相反，他更好地扮演了组织者和引导者的角色，将更多的精力用在了创造性地设计教学环节、唤醒学生的学习热情、点燃学生的思维火花上。

这节课，尽管孙老师把自己“藏”了起来，但是单从课堂激励、评价和点拨等细节来看，却很容易看出孙老师的引导艺术。他用充满情感与智慧的点评，借助不拘一格的教学行为，多层次、多方面地给学生构建了“学习情感场”，在这样的场景中学生的情感与智慧充分地被调动与激发了。

在每一位学生发表完自己的意见后，孙老师都会问其姓名，对他们的意见给以不同的解释、欣赏性点评，并结合学生的生活实践加以引导、启发，让学生在情感和智慧的发展上有所收获。

（三）如何让情智性评语更高效

学生时期是情感发展的最佳时期。学生的情感需要教师用真善美去感化、熏陶、滋润与培育。学生时期同时也是人的智力发展的最佳时期，同样需要教师去激活、唤醒、启迪与点化。

所以，课堂教学中教师的评语应着眼于发展学生的情感和智慧的潜能，着力于唤醒学生沉睡的情感，点燃学生智慧的火花，让学生的情感更丰富、高尚，让学生的思维更灵动、活跃。那么，教师怎样才能设计出震撼学生心灵的情智性评语呢？

1. 用评语创造激励氛围

只有在平等对话的氛围中，学生的尊严、个性、自由和活力才能随处可见。充满情感与智慧的评语能够营造一种宽松的、令人欢欣鼓舞的学习氛围。所以，教师在课堂上应善于肯定、赞美学生，为学生营造一个适宜学习与提升的良好氛围，切实帮助学生实现心智的成长。

2. 用评语感染学生

在语文课上，师生的情智共生需要内在的动力支撑，这个动力就是学生的言语欲求与言语激情。教师要以“情”为纽带，引领学生亲近知识、接触优美的言语，让课文的情感不仅感染自己，还感染学生，让学生在情感体验中实现价值观的飞跃。

教师在点评学生的课堂表现时，要用极富感染力的语言，可以惜句如金，但一定要传神；可以酣畅淋漓，一泻千里，但务必言之有物。同时，不管怎样点评学生，教师都要力求触动学生的心弦。

3. 用评语唤醒学生

情智共生是一个言语感染、感悟、内化的过程。要实现师生的情感与智慧的共同发展，需要教师在听取学生的发言时，能给出独特的见解，有过人的胆识与宽大的胸怀。教师要尽可能地用充满情感与智慧的点评给学生创造一个多元启悟、自由对话的言语环境，以自己对文本的生命化感悟、对学生的了解，来唤醒学生沉睡的感悟。

这就需要教师胸襟开阔、视角独特地与学生进行心灵对话，所以，在课堂教学过程中，教师不仅要紧抓教材的“精气神”，高屋建瓴、别具匠心地安排教学程序，更要注意听取学生在发言中所表达的情感与智慧，努力发掘学生发言中的精彩与非凡之处，最终使评语不仅是对学生当前发言的评价，更成为开启学生情感与智慧之门的金钥匙。

4. 用评语激发学生

真正让学生有所学的课堂，是既能提高学生的智慧又能让学生的情感激荡的课堂。这样的课堂完全走出了“纯吸收”“纯接受”的教学误区，非常注意创设“言语表现”（思考、质疑、表达）的情境，注重多侧面、多角度地引导学生伸展感官触角与思维触角，从而让课堂中涌起无数的思维之浪花，让学生的情感得到自由宣泄与升华。

所以，在与学生进行交流的过程中，教师应尽可能地抓住学生的闪光点、争论点、疑难点，对其进行情感与智慧兼具的点评，以此引导学生展开与教师、与知识的心灵对话。

没有情感与智慧的课堂是苍白枯燥的，是令人厌恶、反感的。要想让课堂真正为大多数学生所接受、所喜欢，教师应提高认识，在课堂上演绎更多的精彩，让学生的情感得以释放、智慧得以发展。

这就需要教师运用好课堂点评这一与学生交流时最常用的沟通方法，在点评学生时，加入自己的情感与智慧，并以此激发学生的情感与智慧，让师生的情感与智慧得到共同发展、共同升华。

将期待与关切凝练成文字，促使学生上进

——作业评语里的智慧

学生作业几乎是每个教师每天都要接触的，它能够较为真实地反映学生的学习状况、学习态度，显露学生在学习上的优势或薄弱环节。评改学生作业，是教师与学生以书面形式相遇、交流的一个最为频繁、最为便利的活动。

如果教师在处理学生作业的同时，能适时地针对每个学生各自的不同情况，加注恰当的评语，指出其在学习中存在的问题，并追根溯源，激发其思考欲望，让其做到举一反三，触类旁通，那么，教学工作就有了一个更加有效的途径。

此外，与其他教育手段相比，作业评语有一个更大的优势：以书面形式为学生指出问题，提出中肯的表扬或批评，较之口头说教更真诚、更亲切、更委婉，也更容易为学生所接受，使教育教学效果更加显著。

可是，长期以来，除了文科作文，教师多是在学生作业上进行勾勾画画，很少加注评语，忽视并丧失了这一个极为宝贵的教育手段与机会。

为此，教师应重视作业评语，尽可能地借助这种不公开的交流方式，与学生进行心灵的交流、碰撞，全力激发学生的学习兴趣与学习热情，进而为学生的学习“更上一层楼”打下坚实的基础。

（一）多些鼓励性文字，让后进生自觉上进

四年级的媛媛是班上出了名的不写作业大王。即便写了，她的作业也像鬼画符似的让人没法看清楚。然而这个学期她忽然像变了个人似的，不仅能按时完成作业，就连字也写得工整了很多。这让老师、同学和她的父母都感到非常奇怪。到底是什么原因让她有了这样的改变呢？

原来媛媛的班主任张老师没有以简单的“优良可差”的标准来衡量学生作业的好坏，而是换了一种方式：给学生写鼓励性批语。虽然每批一份作业都要用更多的时间，但是她却从中收获了很多。因为她一直觉得学生的进步，是对自己最大的回报。

张老师是先从给媛媛的习字册写评语入手的。翻开媛媛的习字册，她发现一个好字都找不到，都写得七倒八歪的。可是，如果如实点评，媛媛肯定接受不了，而且会更不想好好写了。为了不打消媛媛的积极性，张老师“硬着头皮”给她圈了一些红圈，然后认认真真地写了这样的评语：“虽然你的字比不上那些写得好的同学，但是老师觉得你的字也不像他们说得那么差。你看，老师给你找出这么多写得好的笔画。如果你把每个字的笔画都写得这么漂亮，老师相信你下次的作业一定会有更多的圈的。”（张老师的评语中虽然有批评，但更多的是对媛媛的鼓励、期待和信任。前者可以让媛媛认识到自身的不足，而后者则会给她精神力量，激励她去反省，去努力，去改进）

没想到，就是这样几句评语就让媛媛有了很大改变。第二次交习字册时，虽然她的字依旧不怎么好，但却比以前工整了许多。看来，媛媛真的认真写了。

张老师十分高兴，她知道自己的方法见效了，就更加认真地研究起了如何给媛媛写批语。这次她写道：“这次你的作业又进步了。你真是一个进步很快的学生，并且还有很大的潜力可挖。如果你一直这样努力，成功非你莫属。”（当媛媛有了进步后，张老师再给出她这样充满无限期待与鼓励的评语，会让媛媛更加有自信，会让她更加愿意以实际行动向老师证明——我是可以的，是不会辜负老师的期待的）

就这样，写了几次鼓励性的评语后，媛媛的字越来越好了。慢慢地，不只是习字册，她的其他作业也都写得很认真，并且都取得了不同程度的进步。

反思拓展

作业的批改评估在整个教学环节中始终处在举足轻重的地位。因为教师如能恰到好处地对学生的作业进行评估，赠予学生一两句激趣释惑的评语，不仅能有效地进行师生间的信息互动，为学生解疑释惑，还能融洽师生感情，激发学生的学习积极性和兴趣，提高教学质量。

可是，一些教师却意识不到这个问题，只是在批改作业时，用“√”“×”或“优良可差”进行是非对错的评价或等级区分。这样的批改确实能减轻教师的工作量，但是却难以与学生进行深层次的沟通，难以找出学生的不足之处，难以对学生的作业提出建设性指导。这在根本上也是不利于学生学习的，也很难使学生巩固所学知识，提高学习质量，甚至还会给学生过重的心理压力，导致他们厌恶、反感学习。

媛媛就是因此不喜欢写作业的，而张老师一改评改作业的方法，用充满鼓励与温馨的评语，一点点地帮助媛媛树立了写作业的信心，让她觉得自己也有希望、有能力写好作业，从而愿意去试一试。结果，几次小心的“试探”之后，真的如张老师所说，她的一切都往好的方向发展了。

可见，作业评语有必要成为教师督促、教育、转化、引导学生好好学习的一种教育方法。

（二）留下期待，让评语成为成长动力

龙龙的学习成绩一直很差，不仅经常拖欠家庭作业，就连课堂作业都不认真写。科任老师和课代表经常找班主任牛老师告状，说他不认真听讲，也不完成作业。

发现了龙龙的情况后，牛老师就在平时尽量关注他，发现他的闪光点，以鼓励的话语调动他的积极性。

牛老师教的是语文，在批改龙龙的作业时，他就注意发现好的一面。如果龙龙的作业虽然错误率很高但比较工整，他就写上：“这次作业的字写得太漂亮了！如果能再提高点准确率就好了。是因为不会做么？老师可以帮助你。”如果龙龙因粗心做错题目了，就写上：“你今天认真听课了，所以这些题对你来说应该不难。之所以做错了，老师觉得是你不够认真。再认真点，你准能全部做对!”看到龙龙的作业有了进步，牛老师就不吝赞美之词，写道：“你的作业进步很大，正确率越来越高了，那是因为你付出了劳动，上课好好听讲了，希望继续保持。”（对于一个很少受到老师夸奖的学生来说，批评的话对他们已经不起作用了，甚至会被当成耳旁风。相反，夸奖、鼓励的话，却能对他们产生很大的作用。因为这会让他们意识到自己不是最差的，

自己不是无药可救的，从而使他们生起自尊、自爱、自信之心来，进而愿意付诸行动，回馈老师对自己的信任、期待与鼓励）

“看到你在进步，我很高兴，希望你更上一层楼。”“你很聪明，如果字再写得好一点，那就更好了！”“你今天的书写很整齐，我喜欢看。”这些带感情色彩的评语，越来越多地成为了牛老师对龙龙作业的评价。而龙龙也从牛老师的作业点评中感受到了老师对他的关爱，对学习充满了希望，和老师地慢慢亲近了。（有爱才会有鼓励，才会有期待。对于像龙龙这样的学生来说，当老师一次次给予他们充满期待与关爱的评价时，他们就会心存感激，就会“逼迫”自己“痛改前非”，做一个老师期望他成为的人）

一段时间下来，牛老师发现龙龙的作业上交及时了，学习积极性提高了，字也写得比以前漂亮多了。

后来，牛老师在批改作业时，“偷偷地问”他为什么会发生如此大的变化。他说，他想看到老师表扬他，想和老师说心里话。他每天最盼望的事情就是发作业，只要看到老师的评语，哪怕只有一个“棒”字，他都会兴奋半天。

看了龙龙的话，牛老师非常感动，决定以后好好利用给学生批作业的机会，去了解每一位学生，和每一位学生进行心灵交流。

反思拓展

评语是教师对学生情感输出的载体，评语所蕴含的情感意义，从某种角度来看会直接影响学生的情绪。批改作业时有效运用评语，可以弥补传统教学评价的不足，促进学生发散性思维和创新能力的提高，加强师生间的情感沟通，调动学生的学习积极性，让学生养成良好的学习习惯，从评语中得到感悟，得到信心，得到力量。

有时候当着全班学生的面表扬某个学生，还不如在他的作业本上“偷偷地”写上几句勉励的话。因为这会让他觉得老师在和他说“悄悄话”，觉得老师是他的知心朋友。学生就会愿意听老师的课堂讲解，愿意按照老师的要求做作业，愿意做老师说的一切。

因此，在教学中，教师应善于运用评语激发学生的学习兴趣与热情，让评语成为推动学生学习进步的助推器。

（三）加强与学生家长的沟通，形成教育合力

除了可以增进与学生的感情，督促学生自我反思，激发学生的学习兴趣外，作业评语还能起到与家长进行良性沟通，形成教育合力的作用。

要求教师每天面对面地与学生家长联系、交流学生的学习情况是不现实的。可是，作业评语却可以帮助教师与学生家长每天进行良好的沟通。

以前，李老师和学生家长交流学生的学习情况时，多通过给每个学生家长发一张“告家长书”来进行，要求家长认真看完学生的作业并签字。

起初，有些家长不理解，也不签字。对不签字的家长，李老师没说什么，而是努力用自己的行动去感化他们。即便学生家长不签字，她依然认真地给每个学生写作业评语，而且每次都针对学生的个人情况，具体对待。

一个星期以后，学生的家庭作业都有了家长的签字，而且好像故意跟李老师学似的，他们也都喜欢写上几句话。慢慢地，学生的作业本成了李老师和家长沟通的工具了。

小庆平时写家庭作业非常不认真，他爸爸总是说孩子写得不好，没心情签字。

后来，李老师就在小庆的作业上写道：“课堂作业完成得还可以，为什么家庭作业不认真写了呢？老师知道你是贪玩，所以这次没认真写。下次你一定会注意的。”（最崇拜的父亲都对自己失望了，可是老师还对自己充满期望。这样的评语让小庆非常感动）

第二次的家庭作业，小庆爸爸还是没给他签名。

这次批改作业时，李老师写道：“作业进步了，相信你爸爸看了也会高兴的。”就这样，几个回合下来，小庆的爸爸签名了，并写道：“谢谢老师对小庆的关心。我以后也会像老师一样多关心小庆的学习的。”（父亲对儿子失望了，可是张老师却没有，相反，她还一直用期待的心等着孩子的改变。这样的老师，怎么不会感动家长，并让他采取行动配合自己的教育教学呢?）

看到小庆爸爸的反馈，李老师在写评语时不仅会针对小庆，还专门写几句给小庆爸爸，把作业评语当成了与家长的“对话”。

如今，李老师的作业评语“外交”搞得越来越好了，一些家长甚至会因

没时间给孩子签字而专门给她打电话道歉。他们说，李老师要批改这么多作业，却能关心到每个孩子，真了不起。而且，这些评语能让家长看到孩子在学习上有哪些不足，从而及时帮助孩子弥补。家长弥补不了的再告诉教师，由教师弥补；教师没时间做好的，家长就抽出时间做好……家校教育合力就因这作业评语慢慢形成了，并且越来越牢固、强劲。

反思拓展

作业不仅是教师检查学生学习效果的一种方式，也是与学生交流的方式，教师应好好利用批改学生的课堂、课外作业的机会，巧用评语促进学生的学习，促进与学生的交流。

同时，教师还应进行扩大化利用，将其延伸到家长那里。因为学生学习的进步、学习兴趣的提高，离不开家长的督促与帮助。

小庆在学校能够比较好地完成作业，可能是因为有教师的督促，而在家没有了教师的督促，对作业就敷衍了事了，这就需要家长配合教师进行督促。

当家校真正形成有效合力时，学生的学习也就有望获得大幅度的提高了。所以，每个教师应像李老师那样，巧妙地运用作业评语与家长进行沟通，尽可能及时地帮助学生解决问题，让他们每天都能无负担地学习。

（四）如何让作业评语更高效

写评语是一种作业批阅方式，便于促进学生各方面的进步。将评语引入作业批改中，指出学生的不足，肯定学生的进步，可以有效地调动学生的学习积极性，激发学生努力学习的兴趣和热情。所以，教师不能仅把作业当成检验课堂教学效果的工具，还应将其当成一次师生间的书面对话，使其成为课堂教学的自然延伸。

1. 设计点拨型评语，激发学生的思考欲望

作业评语要有利于指导学生的学习，激发学生的学习兴趣和学习热情。当学生在作业中出现审题、计算、观察、分析和判断等错误时，教师可以借助评语给学生以点拨、指导，如：“先看看题中的已知条件是什么，问题是什么。”“第一步该做什么，第二步该做什么。”“找找题中告诉我们的数量关系是什么。”……在关键处点拨，指出错在什么地方，可以让学生明白正确的解题方法。

得到老师的点拨、提示，学生就可能产生恍然大悟的感觉，从而积极地去思考、改正。有了教师的评语指导，学生不仅能找出自己错在哪里，还能知道为什么错、怎么改正，可以说此时的评语起到了“四两拨千斤”的作用。

2. 设计激动式评语，引导学生多次解答

评语不仅要对学生进行恰当的学法指导，使学生形成正确的解题思路和方法，还要通过积极引导，拓宽学生的思路，培养学生的自主创新意识与能力。

比如，看到学生的解题过程比较烦琐时，教师可以写上“还有其他解法吗?”“认真想一想，肯定会有更巧妙的办法”；在学生做错题时，教师可以鼓励学生从不同的角度考虑问题，还可以有目的地对其进行引导，“画画图，试试看”或“用方程解解看”，这些都可以促使学生去寻找不同的解决方案。

对于“甲、乙两人各加工1000个机器零件，甲完成任务要5小时，如果甲1小时加工的零件数是乙的4倍，问乙完成任务需要几小时?”这道题，有学生这样列式计算：

1000÷（1000÷5÷4）

＝1000÷（200÷4）

＝1000÷50

＝20（小时）

这种解法虽然正确但比较烦琐，于是某教师就写了这样一句“能不能用简单的方法进行解答，想想看?”评语，以此让学生思考这样的解题方案：5×4＝20（小时）。

这种激动式评语，往往会使学生依靠自己的能力仔细思考、比较、选择、改正，并最终找到最简单的解题方法。

3. 设计鼓励式评语，激发学生的自信

每个学生都有较强的自尊心，都希望得到别人，尤其是自己特别尊重和敬仰的老师的肯定和赞扬。对此，教师在批改作业时应不吝表扬，及时给予他们热情的鼓励和有针对性的评价。

比如，当学生书写得认真、作业完成得好时，教师就可以写上“作业认真，再接再厉”的评语；当学生的作业有独特的见解时，教师就可以写上“你的解法真棒，连老师都没想到呢”。而对于平时学习较差的学生，教师更应多予以表扬，以激发其自信。

对于差生的作业中出现的闪光点，教师更要及时予以表扬，写上“有进步，要保持”“很开心看到你的进步，继续努力会更好”等感情色彩较为强烈的评语。这种交流能使学生感受到教师对他的期望与关爱，从而对学习逐渐产生浓厚的兴趣。

4. 善用批评式评语，劝导学生改正错误

在学习中，学生难免会出现错误。对于这种情况，教师可以适当地予以批评、警告，以引起学生的注意，但教师首先要肯定其长处，增强他们的自信，之后再提出殷殷期望，敦促他们改正缺点、弥补不足。

在计算时，学生容易犯粗心大意的毛病，不是看错数字就是用错口诀，或是看错小数点的位置。对此教师可以这样写评语：“如果再认真一点，这些错误是完全可以避免的哦！从现在开始，请搬开你前进的绊脚石——粗心，奋勇前进吧!”“粗心不是个好朋友，请和细心交朋友吧!”“再细心一点，你准行!”等。这样一方面不打击学生的自信，另一方面也能帮助他们纠正不良倾向，培养认真仔细的好习惯。

当学生的作业错误率比较高时，教师在批评学生时要注意分寸，避免让学生产生心理压力。比如，初学乘法计算时，学生的作业难免错误严重，教师可以先不给学生判断对错，而是像这样写个评语：“这次做得不理想，是粗心造成的吧？你回去重新检查一遍再做，我相信你肯定能全对!”当学生明白了错误原因，补足了欠缺的知识，把作业重新做一遍后，教师再进行适当的评判。此时，即便予以批评，学生也能接受，而且这样也能更好地纠正学生的错误。

5. 设计提醒式评语，防止学生骄傲

有些学生学习成绩较好，思维能力强，接受速度快，他们有时会觉得作业太简单了，于是就会书写潦草、敷衍、应付，以致出现一些不该出现的错误，如概念混淆、遗漏符号、计算错误、不看要求等。对于这些学生的作业，教师可以经常批上“要细心”“学习应一丝不苟”等评语，以提醒他们，让他们形成认真严谨的学习态度。

还有个别学生往往仅满足于完成作业，为写作业而写作业，结果没能更深地挖掘作业的内涵。对于这些学生，教师要在评语中对他们提些要求，让他们多想一些解法，或改变题目中的条件或问题，以达到举一反三的效果。

既然作业评语是课堂之外师生最频繁的书面接触形式，那么，每个教师都应给予应有的关注，努力发挥作业评语在教学中的作用，并在教学实践中充分利用它，尽可能地使它与其他教育方法相互配合、相互补充，使教学取得更大的成绩。

在“看不见的平台上”进行多元化评价

——网络评语里的智慧

现代技术正在以惊人的速度改变着人类的生存方式和学习方式，并导致发达国家和地区的教育越来越走向网络化、虚拟化。目前我国的很多学校已经建立了校园网。如何使师生尽快适应这种日新月异的数字化学习新环境，已经成为学校和教师必须着重研究和思考的重大课题。

当前，不仅迫切需要运用现代信息技术改善学校的办学条件和教学环境，还须更新广大师生的学习观念与教学模式，让他们拥有在网络环境中高效学习的方法与能力。

网络评语，是教师在网络环境下对学生实施的各种交互性评价，它是依托校园网上的图片库、博客、论坛等，对学生、学生作业进行的评价。

网络有着独特的优势，能给评价注入新的活力和生机，使评价更有利于学生学习和教师改进教学。因此，建构信息技术条件下的评价体系是符合当前教育教学需要的。在网络技术的支持下，学生自评、学生互评、教师点评和家长助评也会变得更加便捷。

所以，教师应积极开发并利用好网络评语，让学生、学生家长都积极参与进来，让网络评价真正成为推动学生学习进步的有效方法。

与其他评价相比，网络评语具有如下特征：

1. 开放性

课堂时间有限，不可能所有学生都能在课堂上完成作业；即使所有学生都能在课堂上完成作业，教师也不可能对每个学生的作业都实施评价；即便教师有时间对全部作业实施评价，那些评价也有可能不具体、不全面。但在网络环境下，教师可以将对学生的评价延续到教室和课堂之外。

2. 趣味性

因其现代、便捷等特性，信息技术已经成为学生很感兴趣的一门学科。参与教学环节、教学活动的设计，在网络上与老师进行非面对面的争论、交流，是与在课堂上上课不一样的，而这种不一样使它具有一定的趣味性。

3. 系统性

通过网络，教师不仅可以对某个学生的历次作业进行汇总分析和纵向比较，了解该学生一段时间内的学习情况，还可以对班级、小组的作业情况进行统计，进行横向比较，甚至可以将优秀作业汇编成册，激发学生的学习热情。

4. 平等性

网络环境中，师生可以平等交流，双方都可以通过网络充分表达自己的观点，提出不同的意见，教师也因此而成为组织者、引导者、参与者，而不是独裁者、专制者，即便是有学生家长参与，家长与学生、家长与教师在参与评价的过程中，也是地位平等的对话者。

5. 公平性

课堂评价是面对面的，出于保护学生自尊心等考虑，教师可能对学生的作业或言行不做客观的分析评价，甚至只说好话，因此会导致评价的激励功能丧失，不利于学生改正缺点，甚至对学生的个性发展也毫无裨益。而在网络环境下，参与者可以自由阐述评价，不必忌讳面子问题，所以更显公正客观。

6. 容量大

课堂上的评价多是口头表达的，内容也有限，课堂过后有些评价的作用就显得微不足道了，而在网络上是没有任何限制的，可以进行大容量的评价。

7. 周期长

不管什么时候，教师都可以对学生进行网络评价，即便一些知识学过好久了，即便一些事情过去了一段时间。在学期、学年结束后，教师还可以要求学生把作业制成电子文件，放置于自己的个人空间中，永久保存。

（一）让网络评语促进学生进步

尹老师班上有两个男生——小亚和小辉，这两个学生平时对自己要求不高，纪律比较松散，上课爱“接话茬”，影响特别坏，有时逼得老师不得不把课停下来，重新组织课堂纪律。

尹老师每天上课都会特别留意他们，虽然经过一段时间的批评教育，他们上课不再斗嘴了，但是状态依然很不好。

学生不喜欢老师，就不会好好上他的课。深知这一点的尹老师很着急，就故意找机会接近他们。通过接触，她发现这两个学生都比较活泼，观察能力都比较强，在学生中有很高的威望，她就让他们负责检查同学们课上记笔记的情况等。

没想到，他们对尹老师交给的工作尽心尽责，争着抢着看谁先完成。第二天上课测验昨天学过的知识，中午公布成绩时，他们都特别紧张，生怕本组组员考得不理想。看到他们认真负责的样子，尹老师非常感动，就把他们的事写到了自己的教学博客上。

尹老师在博客中说：“小亚：我发现你不仅勤学好问，还富有同情心；你总是很努力、很认真地完成作业，你在解决难题方面有显著的特长；你经常以创造性的方式解决难题、完成数学证明……瞧，你是个多么好的学生啊！继续努力吧！你会做得更好的。小辉：你常常帮助身边的同学做一些较难的题。在校期间，你为了得到问题的答案，经常比别人晚回家，有时候还会因为在学校里帮助其他同学很晚才走。老师为有你这样的学生而感到骄傲，我希望大家都能像你一样……”（两个经常受到老师和同学批评的学生，突然得到这么多欣赏性评价，肯定会好好思考一下：老师为什么这样表扬我？我平时是这样做的吗？有没有需要改进的？从而在之后的学习中有所注意，有所改进）

当天，尹老师傅客的点击量超过了1000。全班学生都看到了，一些家长也看到了，并且也留言了。他们说：“一直听我们家孩子说，这俩学生挺闹腾的，我都不想叫我家孩子跟他们玩。没想到，他们的优点那么多。老师，我们想错了，以后要让孩子跟他们一起玩，一起学习，一起进步。”

没想到，这短短的几句话居然很神奇，这两位学生收敛了很多。

在学习方面，这两个学生经过自己的努力，竟然取得了尹老师意想不到的好成绩。小亚，这个最淘气的男生获得了区级“迎春杯”数学竞赛三等奖的好成绩；小辉也被北京什刹海体校录取。

反思拓展

网络环境下的评价具有主观性，更多的是评价者的感受，而这些评价，除了一些教学评价外，没有统一的标准，尤其是对学生个人进行的评价。所以，教师对学生或学生作业进行的评价，要尽可能地言之有物，或提出肯定，或提供改进意见，或给学生以启示、鼓舞。

雨果说："一个孩子的头上无论有什么样的天花板或者穹窿，在他的眼睛里反射出来的总是天堂。学生的心灵是最需要呵护的，学生的个性是最需要宽容与矫治的。"对于学生的过错或不当，尹老师选择了宽容，选择了搁置，而更多地把目光放在了学生的优势与优点上。

每个人生来都有自省之心。尹老师一次又一次的称赞与表扬，激起了学生的自省之心，让他们觉得自己有必要改变，哪怕仅仅是为了老师。

心态的改变，会带来学习面貌的改变。当网络上的沟通改变了学生对学习、对老师、对同学、对生活甚至对家长的消极想法时，他们就会对一切都充满积极的想法，愿意对任何事情作出积极的行动。

（二）让网络评语把教学延伸开来

从2007年9月开始，张老师就开设了教育教学专属博客。每天，她都会把教育教学生活中发生的事写成文章发表在博客里。她还邀请学生随时登陆博客，及时看一看老师对于刚刚发生的事情的看法。学生还可以到博客中进行回复，与老师进行有益的讨论。

刚开通博客不久，讲《与朱元思书》时，张老师进行了习惯性的配乐朗读。可是在朗读过程中，一个女生在下面连连摇头。

看到她那不满的动作，张老师就叫她起来朗读。没想到，她并没有读，而是非常直白地说："老师，您能关掉音乐么？我觉得您今天选的音乐与这篇文章很不适合。"说着，她阐述了自己对于本文格调的想法，与张老师分析的很不同。

解读完毕后，她又按照自己的想法朗读了一遍，但没有配张老师选好的音乐。

全班学生看到居然有人敢这么“放肆”地批评老师，都捏了一把汗，不知道她的“下场”会怎样。

巧合的是，女生刚读完就下课了。

当晚，张老师就把这件事写成了教学反思，并且起名叫“交流”，发表到了博客上。之所以这样做，就是因为张老师不想以权威自居，而愿意与有不同想法的学生一起探讨。

她在博客里写道：“放学后，我又请教了一些人，最后得出结论：我读得太悲了，而像××（女生的名字）那样读也太豪放了。”（此处对师生各自的朗读进行点评，可以引起学生的反思，再一次确认自己的阅读是不是有道理）在结尾段，她写道：“我非常想感谢这个小姑娘。古人说教学相长，果然如此。如果没有她的质疑，我就会自以为是，而不会有这番研究。正是她的质疑，才让我向真理又走进了一步。”（此处的点评，会让学生觉得老师是一个宽容的谦虚的好老师，从而喜欢上这个老师，有胆量在课堂上与这样的老师“较量”，这对于师生的教学相长很有帮助）“这样的学习，大而言之，达到了一种师生交流的境界。我知道我以后该读得更加大气一些，她也许也会明白理解课文要结合历史和背景。这样的语文教学，我感觉，很爽！你们上得呢？”

当晚，很多学生都到博客上来回复。有的学生说张老师“太认真了”，有的学生说“这真是一件好事”，但那个在课堂上反驳张老师的女生则得出了这样一个结论：“你是个很可怕的人，因为你让人想和你交心。”

反思拓展

对于老师的教学，学生是可以有自己的想法的，并且也有权利提出来。但是，如果事事都直接提出，可能会给班级管理、给正常教学带来一定的负面影响，而网络就给师生在私下进行平等探讨提供了一个良好的平台。

另一方面，及时与学生沟通，让师生彼此了解，以便达到教育教学的目的是必要的。既然网络实现了这种沟通的可能性，教师就应好好利用起来。

课堂时间有限，教师没有必要对每个问题都争论出个是非长短来，完全可以暂时搁置，放到网络上，待时间充足时再尽情地争论、评判。这样的交流可以交出心来，而此时对学生的评价，也更言之有物，更有针对性。所以，当在课堂上对学生进行评价会引起争执、尴尬，或者语言评价不足以表达教师的心声时，教师可以将其延伸到课外，延伸到网络上。

（三）如何让网络评语更高效

现代信息技术在迅猛发展，教师的理论知识在不断更新，学生的多元智能更是获得了综合提高。所以，在现代信息技术的环境下，对学生的评价也应顺势发展到更高的层次。

实践表明，教师的教学，学生的学习，都已经离不开网络了。因此，教师应利用好网络，尤其是利用好它对学生进行适当的评价，从而让学生对学习更有兴趣，让教学更有效果。

1. 构建网络评价的平台

（1）网络评价的支撑与服务系统

要想借助网络评语去激发学生的自信与兴趣，教师首先需要构建一个支撑与服务的评价平台。依据“使评价工具更加完善，且可操作性强，切实促进学生发展”这一思路，教师可以结合学科特点、学生的认知水平及其他的不同要求，合理而有重点地构建网络评价平台，努力使评价方法多样化、评价主体多元化、评价过程动态化，使网络评价能真正体现并促进学生的学习甚至其他各方面能力的和谐发展。

通常，教师可以把网络评价平台设置为学生文件夹、测试区、作业区、问卷调查四大部分。在作业区，学生可以在网上交作业，可以随时查询作业成绩，可以随时改正作业；在测试区，教师可以通过数据库的形式，及时而全面地收集学生的学习表现和情感体验等信息，通过计算机程序对数据进行分析和处理，然后及时地对学生作出相应的评价。这不仅能为教师提供多方面的反馈，也为学生提供了一个极好的自我展示机会，更为建立学生的成长记录提供了方便。同时，这也能让学生看到自己的表现，看清楚自己有无进步以及未来将如何发展。

（2）评价工具、手段多样化

评价不再只是检查学生对知识、技能的掌握情况，而要更关注学生掌握知识、技能的过程与方法，以及与之相伴的态度与价值观的形成。如何借助网络实现这一评价要求呢？教师应尽可能地遵循评价原则，注意评价工具、手段的多样化，尤其应注重把质性评价和量化评价有机结合起来。

①充分发挥网络评价的交流性

网络为师生、生生之间的交往提供了极大的便利，论坛、聊天室、留言板等为小组之间的学习、交流提供了桥梁，成为了师生、生生之间沟通的有效渠道，打破了彼此相对孤立的状态，拉近了生生之间的距离。同时，这也方便了教师及时而全面地搜集学生的学习信息，真正实现评价主体的交流性。为此，教师要利用网络，让学生围绕主题畅所欲言，然后再对学生的发言及时作出精准而积极的评价。

②充分发挥延时评价的有效性

课堂上有时会出现这种情况：教师提出一个问题，立即要求学生回答，而当学生匆忙应答后，教师不是有效地启发他们进行深入思考与探讨，而是马上判断是非对错，或简单地加以肯定，或是直接包办代替，向学生出示答案。在这种课堂中，教学气氛往往比较沉闷、僵硬，学生永远都难以成为学习的主人。因为学生独立思考和创新创造的能力都被禁锢了，对事物的理解、认识都还处于贫乏而生硬的阶段，根本谈不上产生什么新颖、独特、深刻的认识。

要避免这种情况，教师可以求助于网络进行延时评价。延时评价，是指在解决某一问题的过程中，暂时不对各种设想进行评价，以使参加讨论的学生能在从容自由的气氛中积极思考，互相启发，畅所欲言，在有限的时间里提出较多有价值的设想。

在讲《“诺曼底号”遇难记》一文时，广州市何香凝纪念学校的余敏老师问学生：“船长用枪威胁逃生的人们，这种做法对不对？”

一些学生认为是对的，因为：“当时船快要沉了，人们惊恐万状，场面很混乱。如果船长不用枪威胁逃生的人们，慌乱的人们将无法控制，最后会伤亡惨重。”

还有一些学生认为是错的，因为：“船长的目的是救人，如果当时真的有人不听他的命令，他该怎么办？如果真的开枪，他就由救人变为杀人；如果不开枪，人们就不听他的，场面会更混乱。”

就这样，争论不休的学生自发地分成了正反两方。

那么，到底哪种观点比较合理呢？教师是没有办法像法官一样迅速地裁定谁对谁错的，于是余老师就鼓励学生深入思考，或者上网搜集资料支持自己的观点，然后到班级 BBS（电子公告板）上跟帖发表见解。

放学后余老师上网一看，发现 BBS 上早已写满了学生们的不同意见。

正方学生说："某工厂发生火灾时，人们急于逃生，结果竟卡在门口，全部被活活烧死，所以船长这样开枪维持秩序是对的。""在北京，人们在桥上看花灯，因恐慌而踩死了百余人。"还有学生收集了其他营救方法，如穿救生衣逃生，如果有人不听命令船长就向天开枪以示警告或只是打成皮外伤等。

反方也不甘示弱，提出了不少理由。如：（1）身为船长用枪威胁人们，太暴力了，有失船长的身份；（2）船长非警务人员，用枪威胁人是犯法的；(3) 如果真的开枪，他就由救人变为杀人，如果不开枪，人们就不听他的，场面会更混乱。

看到学生的种种意见，于老师特别高兴，一一给予了表扬与肯定。

就这样，余老师通过网络延时评价，让学生在"看、读、议、思"之后，围绕问题从多个角度去独立思考，从而圆满地解决了问题。而且，通过网上交流，学生初步学会了评价自己和评价他人，并且进行了知识上的交流和拓展，达到了其他教学方法所不能达到的效果。

③利用好电子档案袋

在网络上管理资源方便、省时、省力，教师可以运用网络评价系统为每位学生建立独立的文件夹。

在教学过程中，教师可以根据不同的教学内容设置特定的作业、学习任务并将其传到电子档案袋中，学生也可以记录自己的所见、所闻、所感，并以电子文稿的形式传到该文件夹中，并有权随时更新其中的内容。

通过分析学生电子档案袋中的信息，教师可以及时了解、评价学生，明确教学目标的达成程度，及时调整教学策略，还可以联合学生，通过网络评价系统投票进行互评，挑选他们认为的最好的作业，并提出各自的看法。

电子档案袋输入信息方便，便于查阅，保存时间长，而且通过学校校园网络平台运行，可以突破时空限制，不但便于教师随时增加评价内容，还便于多渠道收集信息，提高发展性评价的效率。所以，教师不妨好好利用，让其成为推动学生学习进步、提高教学效果的新工具。

2. 注重评价主体的多元化

在学习过程中，学生不是孤立的，而是一个互动的学习群体。伴随学生学习的有教师、同学和家长。所以，在网络评价中，教师可以把学生自己、其他同学和学生家长等纳入评价主体，把学生自评、同学互评和家长助评总结到一起，再在此基础上结合自己的综合性考量，得出一个更真实、更客观的评价。这种评价可以让学生获得多角度的肯定，真正帮助学生树立学习信心。

任何一种评价方法都是一把双刃剑，都有自己的优势和局限性。如果在评价中忽视各种评价方法的特点，不顾地区、学校、教师和学生本人的具体情况，就难以收到预期的效果。网络评价在提高学生参与积极性、提升教学效果方面固然有诸多优势，教师却也不能忽略其他评价方法，而应该与其他评价方法结合运用，让它们有机结合、相互补充，通过优势互补，把教育、教学做到最好。

心存大爱，以爱育爱

——爱心评语里的智慧

“再简单的生命筵席，也会因为爱而倍感丰盛。”

充满爱心的评语会像明媚的阳光一样照彻学生的心房。在课堂教学中，教师若想让学生收获一份感动，就应该用爱的评语帮助他们体验情感的升华，经历心灵的旅行。学生在这种看似寻常的“感动”中会丰富情感，提升认识，超越自我，体验生命的增值和律动，使课堂教学的质量得到全面提升。

在课堂上，教师应该用爱的评语引导学生关注身边最寻常的事、最普遍的人，并让他们从中体悟出心灵的感动，这可以化解学生对知识的漠视、冷淡。教师独具匠心的爱心评语，能使一些看似容易却无法回答的问题巧妙地在学生的感动中得以解决，这是爱心评语所能带来的特殊的教学效果，能让学生在感动中从“无意识”走向“有意识”。

（一）爱是拉着学生上进的手

霍懋征老师的座右铭是：没有爱就没有教育；只有不会教的老师，没有教不好的学生。当了 60 多年的小学老师，霍老师没有放弃过任何一个学生。这对于一个有过成千上万个学生的老师来说，是多么不容易的事情！更何况她的学生都是一些不懂事、喜欢打闹、爱折腾的孩子！

霍老师曾经接手过一个班，班上有个女生上作文课时，总用手捂着耳朵听。

虽然第一次见到以这种方式听课的学生，霍老师却没有大惊小怪，而是装作不经意地看了该学生一眼。接触到霍老师提醒的目光后，该女生虽然赶紧把手放了下来，但是依然心不在焉地听课。

霍老师不想让这个学生这样继续下去了，就找该女生的前任语文老师了解情况。

那位老师说她也不知道为什么这个学生那么怕写作文。每到讲评作文时，她听都不愿意听。“这是为什么啊？怎么办才可以不让她那样呢？”霍老师一肚子的疑团。

翻看这个女生的作文，霍老师不禁皱起了眉头，因为她的文章写得实在太差劲了。要是一般的老师，估计都把作文本撕了好几回了。

但是，霍老师没有。因为她知道，如果自己那样做的话，学生的自信心将会更受打击。那样，她的语文成绩就毁了，甚至她的一生都好不到哪儿去了。于是，在批改作文时，霍老师开始很仔细地寻找这个女生的进步与优点。

在批改了十来次后，霍老师发现她的作文中有了几句话比平常写得好一些，就马上在作文本上勾了出来，然后写上：“这几句非常好，表达了当时的想法。”（从点滴中发现学生的进步，需要一个教师具备怎样的责任心和爱心？霍老师用她细致的爱发现了这种根本算不上闪光点的闪光点，然后写出了毫无造作之意的充满爱心的评语）

霍老师很希望那个女生知道老师一直都在关注着她。于是，在第二天上课时，她就专门挑出那个女生的作文，用饱含深情的声调读了那几句话，然后认真地讲给其他学生听。

慢慢地，这个女生的作文写得越来越好，甚至得过好几次最高分，还经常被贴到班级里的《作文园地》上。一学期过去后，霍老师推荐她当了《作文园地》的编委。

反思拓展

大多数情况下，教师看到学生在自己的课上捂着耳朵上课，都会恨不得一巴掌抡过去，把学生捂耳朵的手打下来。可是这样一来，学生就乖乖地听话了吗？也许有一些学生会放下手听课，但他的心里肯定是不情愿的。也许更多的学生会恨老师，甚至会这样想：“我也不给你面子，故意不好好上你的课。”当学生产生这种想法，做出更多让教师下不来台的行为时，有些教师就会更讨厌他们，更不想管他们，会怪学生不长进，不体谅自己的一片苦心。可是，这些教师又何尝体谅过学生，站在他们的立场上看过问题呢？所以，还是应该学学霍老师，如果发现有学生不认真听自己的课，就试着去了解这个学生，好好地去寻找原因，并试着用充满“爱心”的评语感化学生，使其向好的方向发展。

有这样一则故事：美国的一名普通教师海伦·姆拉斯拉在当班主任时，要学生互相找优点，然后她综合学生们的意见并结合自己的观察，为每位学生写了一份份热情洋溢的以表扬为基调的评语，学生看后非常激动。若干年后，他的一名学生因公牺牲了，人们在他的贴身口袋里找到了一张纸条，是当年海伦·姆拉斯拉写给他的评语。在这位学生的葬礼上，其他学生纷纷告诉海伦·姆拉斯拉：“您给我的评语一直压在我的写字台上。”“您写的评语一直放在我的结婚相册里。”……

评语是老师对学生学习的一个倾向性的评价，作业、试卷发下来，学生常常会互相交换作业本、试卷，看看老师写的是什么评语，这能够鼓励和警醒学生学习，能够在他们中间形成榜样的动力机制。所以，一个教师给学生的评语应该是谨慎的、客观的，要有利于他们更好地发展，而不应该对小小的心灵造成伤害。但是对于学生的缺点，也不能一味藏拙，一味地“赞赏”。

不论是针对优点还是缺点的评语，首先应该是学生能够接受的，学生不能接受的评语一定不是好评语；其次评语应该是用心写的，应该针对每一个学生的个性来写，让学生感受到老师的爱，这不仅是对学生的尊重，也是教师的基本素质。摆脱那种评语一大堆却千篇一律毫无特点的评语语言体系，是亟待落实的一项任务。

（二）如何让爱心评语更高效

爱心评语的设计应该遵循“一切来源于孩子的生活，再回归于孩子的生活”这一理念，珍视学生的世界，通过学生的生活实际来生成，根据学生的真实体验来设计，只有这样的评语才能触动学生心灵最柔软的地方，提升学生的认知能力。爱心评语的设计应遵循以下几个原则：

1. 遵循营造诗意情境的设计原则

苏霍姆林斯基说：“不想使掌握知识的过程让孩子们感到厌烦，就不要把他们引入一种疲劳和对一切漠不关心的状态，而要使他们的整个身心充满欢乐。”教师要用巧妙的诗意情境创设爱心评语，让学生在参与中获得一种快乐的享受，达到“随风潜入夜，润物细无声”的功效，这也是课堂教学评价的理想境界。

某教师在教学“读父母的故事”的时候，是这样设计评语来感动学生的：

师：这节课，我们继续坐在家庭树下聊聊天，拉拉家常。（课件演示“家庭树”，背景音乐为《可爱的家》）今天，我们的话题是——（演示课件：点击家庭树上的树叶，弹跳出“父母”二字）

师：同学们，你们今年多大了？从出生到现在，你跟父母一起生活了多少天？请拿起笔来算一算，好吗？

（在老师启发下，学生动笔计算）

生：3285 天（属鼠的）。

生：3650 天（属猪的）。

师：三千多个日子，我们天天和父母在一起，父母就像我们的守护神一样，呵护着我们的成长。他们呢，每一个人都是一本厚厚的故事书，记录着许多爱的故事。今天，就让我们一起用心去读一读吧！（演示课件，出现字幕：读父母的故事。背景音乐为《世上只有妈妈好》）昨天，老师请大家准备一个父母的故事，谁愿意第一个上来讲？

（学生诉说故事，有的还拿出照片和玩具等小物品）

师：同学们，从你们的故事中，老师知道了父母所做的一切都是为了自己的孩子。这么多的故事，每一个都那么朴素、感人，说也说不完。这些故事都可以化作一个字，你们说是什么呢？

（请若干名学生回答，教师点击家庭树，从树叶上弹跳出一个个“爱”字，学生的脸上激荡着一阵阵爱的热浪）

案例中，教师用“三千多个日子，我们天天和父母在一起，父母就像我们的守护神一样，呵护着我们的成长。他们呢，每一个人都是一本厚厚的故事书，记录着许多爱的故事”这样的语言来引导、启发学生，在感动中把学生带入了回忆。加上背景音乐的巧妙渲染，教室里弥漫着浓浓的亲情氛围，富有感染力，使学生产生了强烈的表达欲望。在一个个感人的故事中，师生共同解读着什么是父母的爱。

2. 以生活体验为原则

新课程的基本理念之一是："儿童的生活是课程的基础。"因此，教师要关注学生的现实生活，树立"教学即生活"和"生活即教学"的观念，有意识地把生活中的爱的情境融入评语中，将学生带回到真实的生活中去观察、感受、体验、反思，使课堂教学体现实效性。

在教学"计算父母的爱有几斤"中，某教师结合生活体验设置了教学情境，使学生在感动中体验，在感动中掌握知识，教学效果非常好。

师：多美的家庭树呀，一片片树叶都浸透着父母对我们的爱。我想把它叫作"亲情树"，喜欢这个名字吗？（课件演示）瞧，"亲情树"上结出了许多"亲情果"，想不想采摘一个尝一尝？

（学生们一个个踊跃上台，点击"亲情果"。每点击一个"亲情果"，"亲情果"就会落地，并弹跳出一个问题）

生（读题）：请你计算一下，这么多年来，爸爸妈妈为你做的饭菜有多少斤？

生：算不出来。

师：为什么？

生：从来没有计算过。因为我有时吃得多，有时吃得少，我想吃什么、爱吃什么，爸爸妈妈都会想办法给我做。

师：谁能计算出来吗？

生：不能，我们长这么大，得吃多少东西才行呀！

师：对呀，把刚出生时的小不点抚养成今天的你们，爸爸妈妈想尽办法让你们吃得饱，吃得营养，吃得健康，得费多少心思啊！

生（读题）：请你计算一下，这么多年来，爸爸妈妈每天接送你上学，走了多少路？

生：从我家到学校要走半小时，每天早上是爸爸送我，下午是妈妈接我，有时我忘了带书本，爷爷还会给我送来。所以我一时计算不出来，但我想，加起来一定很长很长。

师：我发现，这些问题大家都没有回答出来，为什么呢？

生：因为父母给予我们的实在是太多太多了。

生：父母的爱没法计算。

生：因为平时我们从未想过这些问题。

师：是啊，不仅爸爸妈妈关心着你们，爷爷、奶奶、外公、外婆也关心着你们，你们多幸福啊！这条长长的路上，每个脚印里，都饱含着浓浓的爱。曾经有人问，父母的爱到底有多少？（演示课件，出现字幕：爱有多少斤?）你们说呢?

生：很重很重。

生：很沉很沉。

生：不能用数字来计算。

3. 让爱做主，用学生对“爱”的认知设计评语

苏霍姆林斯基说：“要是一个孩子向你说了心里话，你的教育工作就有了很大的成绩，但是以后的情况如何，在极大的程度上取决于他怎么看待和感受你对他的心灵所做的合乎人性的触动。”感动学生的评语不仅需要教师的真诚，更需要一种“合乎人性的触动”，当教师观察到学生对“爱”的认识出现偏差时，便可巧妙地借此设计出感动学生的评语。

师：请大家根据课前的调查记录来说说，爸爸妈妈每天都在为你做些什么呢?

生：早晨上学，妈妈为我背书包；晚上，妈妈还教我做作业。

生：星期天，我还在睡懒觉呢，妈妈已经为我烧好了热腾腾的鸡蛋面，后来又陪我去商店买鞋，下午还陪我上公园玩。

师：这些同学观察得真细致，可是，我也发现有些同学的调查表填得很简单。是不是调查工作做得不够认真呢?

生：不是的，我妈妈平时上班挺忙，很多事情都让我自己做。

生：我妈妈也是。她说我都快十岁了，自己能做的事情应该自己做。

师：那么，是不是父母为我们做的事越多，就说明他们越疼爱我们呢?（生有的摇头，有的点头）看来观点不一样哦，不如我们开展一次小小的辩论赛吧。

（学生按不同的观点调整了座位，分成正反两方进行讨论）

师：是的，父母的爱无所不在，无处不在，比山还高，比水还深，实在无法计算。同学们，你们可曾发现——（课件演示，师生共同朗诵一首小诗《父母的爱》）

师：同学们，我们就在这爱的包围中，一天天长大起来。此时此刻，大家想对自己的父母说些什么吗？

（背景音乐《感谢你》响起，课堂上鸦雀无声。十几秒过后，终于有一位女生举起了手）

生：我想说："妈妈，谢谢你！（说完便哽咽起来）

（教室里依然沉默，教师环顾四周，用眼神鼓励一名男生发言）

生：妈妈，我爱你！

（教室里特别安静，同学们谁都不愿说话，眼睛里都含着泪水）

师：同学们，让我们一起闭上眼睛，在心里默默地说出自己最想说的话，好吗？

（所有的同学都点点头，慢慢地闭上了眼睛。）

师（声音微微颤抖）：同学们，你们的真情很让老师感动。我们都爱自己的父母，这不需要过多的言语来表达，可是，爱却需要行动（演示课件：出现字幕"爱需要行动"）你们用什么行动来表达自己的爱呢？

（学生自由发言）

师：是的，我们并不需要做什么惊天动地的大事，这平常的一点一滴，恰恰可以表达最真挚动人的爱！同学们，我为你们感到高兴，感到骄傲。在此，我想把两张贺卡转送给你们的父母，能帮老师完成这个心愿吗？

（老师画贺卡，请学生读贺卡上关于"母亲节"和"父亲节"的简介）

师：父母的养育之恩，我们无以回报，唯有一生心存感激。老师希望，你们能用自己的小小举动，每天都让爸爸妈妈感到开心，感到欣慰，感到骄傲，让他们觉得天天都是母亲节，天天都是父亲节，大家说好吗？

师：现在，请大家闭上眼睛好好想想，在脑海里放一次电影：从今天开始，你回家以后会怎么做；想象一下，父母会有怎样的心情。想好了，可以和你的好朋友交流交流。接下来的时间，老师都想留给你们……

（继续播放《感谢你》音乐，学生都沉浸在想象中，不时露出微笑）

课堂教学注重的是与学生生活的联系，只有在学生对"爱"的认知的基础上去设计评语，才能触动他们的心灵，感动他们，增强他们对课程的亲近感。案例中的教师正是敏锐地发现了学生对父母之爱的认识的两极分化，才从这种"爱"出发，设计了一系列带动学生懂得"感恩"的评语，使学生在感动中进行了“心里说”的环节，使课堂教学获得了双倍的效果。

“爱心”评语不应该单单关注学生的课堂情绪，更要关注学生的认知过程，让学生在感动中树立正确的学习态度，发展自信心、想象力和创新力等。教师应力求关注学生之间的差异和不同需求，以情动人，激发起每一个学生潜在的表达欲望，提高每一个学生的学习兴趣和热情。因此，“爱心”评语应加大情感分量，让一句句贴切的评语成为学生情感的调节阀，使学生沉浸在整个教育教学过程中。

开启智慧，让学生获得人生启迪

——让学生终身受益的评语里的智慧

青年黑格尔从神学院毕业的时候，他的老师给他写过一则评语："健康状态不佳，中等身材，不善辞令，沉默寡言，有时不太用功；神学有成绩，虽然尝试讲道不无热情，但看来不是一个优秀的传道士；天赋高，判断力健全，记忆力强，文字通顺，作风正派；语言知识丰富，哲学上十分努力，希望发挥你的长处，只要努力，在这方面一定会有所成就。"

黑格尔的老师真实客观地刻画出了黑格尔"这个人"——他的个性、能力以及弱点和不足，并为他指出了奋斗的方向。从神学院毕业的黑格尔虽然没能成为传道士，但在老师的鼓励下，他成了一位大哲学家。

一则好的评语，能让学生树立正确的做人处事的观念，影响他们的一生，激励他们的成长，这应该是教学最理想的境界。设计让学生终身受益的评语，教师应该倾注无私的爱心，让学生感受到教师的真诚。具体应遵循以下几个原则：

1. 忌公式化

在实际教学过程中，评语公式化现象普遍存在，先德后智再体美，先优点后缺点再加希望，似乎成了评语的固定格式。有的教师把全班学生的优缺点和对他们的希望罗列为若干条打印出来，在罗列的条文中勾出几条就是对某一学生的操行评语。如此种种，千篇一律，平淡无味，拉开了师生之间的情感距离，何谈使学生终身受益！

2. 忌用语缺少变化

某些教师对学生的评定用语这学期与上学期差不多，今年和去年差不多，甲学生与乙学生差不多，看不出不同、变化、发展，评语词汇贫乏，用语流于俗套，缺乏激励性的语句，更缺乏时代气息，不足以打动学生。

3. 忌脸谱化

能让学生铭记一生的评语一定是可以体现该学生的个性特征的。很多教师所作的评语千人一面，如“该生热爱祖国，热爱集体，尊敬师长，团结同学，礼貌待人……但上课听讲尚欠专心……希望今后改正缺点，更上一层楼”。这类典型的老式评语，偏重于对学生行为的评价，而忽视了对学生个性的评价，往往不符合学生实际，不同学生的评语之间差别甚小，让人读了连学生的操行等次都难以判断出来。

4. 采用第二人称

好的评语都应该以“你”代替“该生”，这能让学生充分地感觉到：老师正在同我面对面地讲话，老师是重视我的，老师对我的情况了解得那么全面。学生发现自己被重视时，就能产生自尊心和自信心。事实证明，采用第二人称，师生之间的距离更近了，学生更愿意向老师吐露心声。如下面一则评语就很好：

你辛苦了！我知道你一直很尽力地要干好每一件事。对你来说，虽然课堂是乏味的，但你却总是挺直腰板，睁大眼睛。这真让老师感动，即使没有一个同学为你的努力喝过彩。所以我肯定地说，你是个积极向上的孩子……

5. 写出学生的个人特点

世间没有完全相同的两个人，学生也是各有各的特点的，生活态度、知识水平、性格特征及爱好兴趣等方面都存在差异。教师应细心体察，斟酌词句，写出学生的个性特点，力求做到使其受益终身。

6. 语言要多样化，充分发挥评语的沟通功能和激励功能

（1）教学的目的是培养合格的人才，教师所面对的学生，是国家未来的建设者，所以将目光放在学生过去的错误或缺点上是毫无意义的，最重要的是不要让这些缺点继续发展下去。教师要运用发展的眼光，以热情而有鼓动性的语言，通过鼓励的方式与学生交流，对学生的发展和所取得的成绩表示认同，这样学生就会更容易接受，因此形成健康的自我认识，更好地把握自己未来的发展。

（2）尽量运用语言艺术淡化对优点、缺点的评价，使表扬、批评隐含在字里行间，尽量减轻对学生的伤害，保护学生的自尊心。如以下一则评语的效果就不错：

其实，你是一位力求上进的好学生，如果你能抓紧时间，少玩点，少看电视，稍稍控制自己，那么，你的学习成绩定会有所提高。愿你成为时间的主人，成为一个勤奋好学的孩子！

(3) 评价学生时，教师要运用多种语言形式，将学生的不同表现细致地区分开来。如评“能否按时完成作业”，可写为“你的作业尚存在许多缺漏”“你的作业答案正确，但因你的书写而大打折扣”“你的书写漂亮，但作业准确率不高”“我很欣赏你对一些问题的独特见解”“从你的作业可以看出，你是一个阅读面广，思维清晰的人”，等等。评语的结尾，也可赠送给学生一些富有哲理、耐人寻味的格言警句，蕴含教育期望。

7. 个人自评与他人评价相结合

对学生进行评定时，要把学生自评与小组评议、班委评议及教师评议结合起来，发挥集体的教育力量。指导学生自评能使学生在自我评估中进行自我教育，他人评议能使学生了解他人对自己的看法，让学生知道自己在集体中的位置，进行自我调整。教师应兼听各方面的意见，尽量使评语趋于完整、全面和中肯。

对学生进行评定是一件很有意义而又十分复杂的工作，有赖于现代教育思想、教育观念的指导，同时还须教师不断地进行改革、创新，如此，才能使评语产生最佳的效果，达到使学生受益终身的目的。

（一）用评语给特长生竖一把梯子

小熙曾是中国人民大学附属中学的邓兰萍老师班上的一名学生，他有着超常的绘画才能，但在理科试卷上的分数常常是可怜兮兮的个位数。这样的成绩，在人大附中的几千名学生中真是少见。上课时，开始他还能认真听，跟着老师的思路走，但随着老师越讲越深，他就似懂非懂了，等到老师再往深处拓展，他就如同听天书了。在他听不懂的课上，画画就成了他的寄托和描绘思绪的方式。

一次，邓老师讲到几何中的圆，同学们都仔细地听着，小熙却听得云里雾里，不知不觉就走了神。他拿起笔在笔记本上画了一个非常工整的圆形，抬头看了看窗外后，他又在圆形旁边画上了几朵云彩，一个圆变成了一轮太阳。接着，他继续丰富自己的画作，在太阳下方画上一池湖水，湖水被风吹出一道道涟漪，湖边有几棵柳树被风吹得倾斜着……

下课后，邓老师走过来问："小熙，上课发什么呆呢？"

小熙没有躲藏，低下头说："我在看窗外的太阳怎样从云层里一点一点透出光亮来，于是画下了这幅《日出图》。"小熙心想邓老师对自己一定会很无奈、很失望。

邓老师似乎感受到了他的心绪，停了片刻，说："乌云怎么能挡住太阳呢？乌云总是暂时的，太阳迟早会从乌云背后走出来的。"（激励的评语能够极大地启发学生，让他们从中感受到来自教师的信任）

小熙低着头说："每次我看到那些几何图形或公式时，都会感到头疼。"

邓老师并没有因此而责怪他，而是用鼓励、启发的方式教育他，培养他对数学的兴趣，在期中考试后，邓老师给小熙写了充满期望的评语，其中有这样一段话："真正的大画家不是偏才，是全才，艺术大师达·芬奇的数学就非常非常好，所以他画起画来，比例十分精确，而且还设计、发明了许多精妙无双的东西；雕塑家米开朗琪罗擅长绘画和设计建筑，而设计建筑显然必须精通数学，他在西斯廷教堂800平方米的天花板上完成了《创世纪》这一巨型天顶画，如果数学不好，也是无法完成这一传世名作的。"（用真实案例激励学生，这样的评语能让学生有更深刻的记忆，并得到启发）

邓老师丝毫没有降低对小熙文化课的要求："你是人大附中的特长生，你在特长生中应该是非常优秀的，你也应该以优秀的文化成绩被艺术院校录取。"

小熙很懂事地说："老师，我会尽全力的！"

面对这个学生，邓老师想尽了办法。每当遇到比较简单的典型题，邓老师便叫小熙起来回答。几乎每一节数学课后，邓老师都要专门走到小熙身边，问他哪里没有听懂，哪道题不会解答等。在批改小熙的数学作业时，邓老师会留下这样的评语："虽然错误不少，但看得出你做得很认真，加油！"

正是这些激励的话语，让小熙始终没有过放弃努力，尽管学得艰难，但他相信，只要不放弃，自己的数学成绩一定能有所提高。在邓老师的激励与赞扬下，小熙敞开心扉，把老师当成了知己和朋友，和老师一起探索新知，分享人生的种种快乐。

在这样宽松的学习环境中，小熙的绘画技巧越来越娴熟，创作兴趣也越来越浓厚了。在邓老师充满真情的评语的激励下，小熙快乐而自信地成长着，他没有因数学成绩差而被老师和同学歧视和抛弃。

反思拓展

一位从事了20多年小学教育工作的老师说："过去给学生写评语是'千人一面'，都是把一些'套话'搬上去，比如'该生能够刻苦学习、团结同学'之类的话。这些话写起来容易，可是很空洞。而且，绝大多数学生的评语中都有这类话，学生看着没有什么新意，也得不到太大的激励，更别说铭记一生，终身受益了。现在，给学生写评语就要注意每一个学生的特色，需要用很亲切的话语来写，字斟句酌，颇费思量，写评语时就像和这个学生面对面交流一样，这就需要教师对学生有更深的了解。不过，学生看到自己的评语与众不同，而且看出了教师对他们的爱和关心，对他们就是一种激励。"

教师为学生写的每一份评语只应是针对"这一个"学生的，应该与众不同，充满个性化的描述。具体来讲，一份好的评语应该具备以下一些特点：

1. 评语要以鼓励学生为主。

2. 语言要生动、形象，用学生喜欢的形式来写。

3. 不能一味夸奖，对于缺点要用含蓄的语言提出来，但只能提一到两条缺点，以免打击学生。

（二）评语含启迪，批评也让学生终身受益

有一个学生平时喜欢看课外书，知识面广，但时常有迟交作业或不交作业的现象。于是，期末考试时，班主任给他写了这样的评语："老师佩服你，你的知识面很广，无论是对宇宙、森林、海洋还是地球，你都能侃侃而谈，是同学们心目中的'小博士'，这是你日积月累的结果。学好课堂知识，完成课后作业是你遨游知识海洋的'船'和'桨'，有一艘坚固的'船'和灵活的'桨'，会使你尽早到达知识的彼岸，老师相信你能用好这'船'和'桨'。"（这种启迪式的批评比起直截了当地指出学生的错误更能打动学生，触动其心灵，甚至使其铭记一生）

还有一个学生，课堂上常常与同桌说悄悄话，老师要不时地提醒她。班主任给她写了这样的评语："××同学，你是一个聪明伶俐、活泼好动的小女

生，也是个精美的小‘话匣子’，一幅简单的图画都能被你说成一个生动而美丽的故事，就像你的名字一样充满了诗情画意。课堂上，你总能敏捷而准确地回答出问题，又能在课外组织同学搞好班级活动，大家都很喜欢你。但是，你的小话匣子经常在不恰当的时候打开，影响同学们听课，希望你以后注意，并能努力使自己成为一个精美而有很好调控机能的‘宝匣子’，好吗?”（先赞扬再批评，使学生更容易接受，并从心底感激老师对自己的评价）

结果，那两名学生像换了个人似的，课堂上积极思考，踊跃发言，学习成绩直线上升，还获得了“德星”“智星”等光荣称号。

反思拓展

教师在批评学生时，可以不从正面指责，而说一些看似无关的话或讲个小笑话，启发学生去思考，从而使学生认识错误，改正错误，达到批评教育的目的。

对于一些所犯错误比较隐蔽而又不是很严重的学生，教师不用特意对其进行批评教育，可以适当地在学生的作业本上、周记本上写一些启发性、激励性的评语。

成功的评语往往会产生良好的教育效果，既能吸引学生的注意，又能保护学生的自尊心，促使学生下决心克服缺点、改正错误，甚至终身受益。

学生都希望被尊重和信任，尤其是得到老师的尊重和信任。启迪式评语就是在不伤害学生自尊的情况下，通过多种手段引导和启发学生认识错误并加以纠正。这样的教育方式显然比简单粗暴的呵斥要好得多，既缓解了学生与老师对立的情绪，又使教育效果更显明、教育意义更深刻。

（三）如何更高效地使用让学生终身受益的评语

给学生写评语，是教师传递爱心的极佳方式。一个好教师一定会用心写好给每个学生的评语，因为自己随意的一句评语，就可能影响学生的一生。一条好的评语一定会体现出真诚、中肯，让学生感受到喜悦、感动和激励，学生不仅能从中看到自己的影子，而且能感受到老师的爱意。

1. 了解学生的个性特点，有针对性地加以评价

具有针对性的评语才能真正触及学生的心灵，成为学生人生航行的灯塔，时时为学生点亮前方的路，让学生找到正确的航线，铭记一生，受益一生。

小城上小学时非常乖巧，像一只安静的小兔子，老师见了她都说她听话，但是她的胆子太小，少言寡语的。学期结束后，班主任甄老师在她的成绩单上写道："你在课堂上的每分钟都一动不动，老师真的很佩服你，但你胆子太小，不愿与别人交流。为什么不抛开自己的顾虑，与别人多说一说，笑一笑呢？"

有了这次评语的激励，小城在课堂上逐渐积极举手发言，积极参与各种活动，并认真地做好自己的班长工作。她以工作的认真与负责博得了同学和老师的肯定和赞同，并在区硬笔书法比赛中一举夺魁，又在第二学期成功当上了市三好学生。这次甄老师在她成绩单上这样写道："你能给我的惊喜实在是太多了。从你那工整的字迹，到你那优秀的成绩，最后到你那认真负责的工作态度，你完全把自己的精彩释放出来了。相信成功的花朵在汗水的浇灌下会更加鲜艳！"

到了第三学期，小城在学习上出了意外，屡次没有按时完成作业，甄老师很是着急，多次找她谈话，又把她的异常表现反馈给家长，在家长和老师的双重努力下，一个月后她恢复了正常。在小城自己的努力下，期末考试中她位居榜首。这次，甄老师写道："三年来的小学生活，咱们师生之间建立了十分深厚的友情，因此，老师对你的要求总是那么严格，而你也总是不断给大家带来新的惊喜。老师喜欢的正是你不向困难低头的精神。好好干，你一定不会让大家失望的！"

随着时间的推移，如今的小城已经长大并考上了理想的大学，但说起来，小城印象最深的还是她的小学班主任甄老师。甄老师的评语一直影响着她，让她受益匪浅。

2. 用爱心设计评语，保护学生的自尊

学生时代是人生的关键时期，而教师的评语可以纠正一个学生的错误，让他踏上人生的正途。

一个顽皮的高三男生喜欢上了班里的一名女孩。女孩成绩优秀，被保送进了南开大学，这令男生十分绝望。

一天上自习课，男生在语文作业本上信笔涂抹，倾诉自己对女孩纯洁的相思之情和心里的忧伤。写到中途，他就被同学叫去打球了，作业本被课代表收作业时直接交给了老师。这下可把他吓坏了，男生提心吊胆，不知后面会有什么在等着他。

忐忑不安地过了三天，老师并没有批评他。作业本发下来了，男生诚惶诚恐地打开本子一看，他写的东西还在，只是其中的错别字、病句都被老师用红笔改过了，下面还有一段评语："文章写得不错，有真情实感，如果你能在大学里把它亲手交给你喜欢的女孩就好了！"末尾那个大大的惊叹号像个炸弹，立刻在男生的心里"轰"地炸开了。

为了考上南开大学，男生从此开始拼命地学习。虽然后来他们并没有浪漫的结果，但男生为此考上了名牌大学，为以后的人生奠定了扎实的基础。这就是一个教师的评语的力量！

3. 观察全面，勾画准确

评语是一种特殊的教育教学形式，平时教师应对学生日常生活中的表现进行观察、了解，并做好观察记录，学期末再依据这些观察写出评语。

某教师特别注重收集记录学生的评时表现。一次，面对某个缺点多优点少的学生，该教师在备忘录中找到两条记录：（1）××同学在学习《郑人买履》一文时，能比较完整地复述故事内容。（2）6月3日，我在家访中发现××同学体贴父母，在妈妈生病时，一改往日贪玩的习惯，留在妈妈身边照料。

于是，教师在她的评语中这样写道："××同学，你很心疼自己的父母，这是你的美德。你能较完整地复述课文，说明你的智力并不差。只要下工夫，你的学习成绩是能够提高的。"

如此全面准确的评语怎么能不感动学生！任何一个学生看见这么准确的评语，都会认识到自己的优点和缺点，进而增强信心，找回学习的兴趣。

4. 指出缺点要讲究艺术

用评语给学生指出缺点，既要使学生认识到自己的不足，又要使学生无反感情绪，心悦诚服地接受。教师可以从以下几个方面入手：

（1）肯定优点在前，指出缺点在后

如："你文静但不够开朗，勤学但欠缺学习方法。""你有搞好学习的美好愿望，只是在行动上缺乏一点恒心、毅力，不能彻底改掉贪玩的毛病。""你体育成绩好，如果在学习上与之一样全面发展就好了。"

（2）以希望的语气提出批评

如："你的学习成绩不够好，但是只要努力，希望还是有的！""如果能端正学习态度，以后做作业时认真书写，你的字还是能写得很不错的。""你现在已有改正上课思想溜号的迹象，再进一步就更好了。老师期待着你！"

（3）委婉含蓄地指出缺点

如："你能在老师的督促下学习。""你有时把学习当成是完成任务，但在老师的开导下能及时改正错误。"

（4）适当地、逐步地指出缺点

对个别缺点较多的学生，应挑一两点突出的方面先进行评价，如果一次讲得太多，往往会使学生丧失信心，背上思想包袱。

俗话说："话有三说，巧说为妙。"要想写出让学生终身受益的评语，教师除了在语言形式上下工夫外，还要考虑到学生的年龄特征、心理发展水平、性格等方面的差异，或直言不讳，或委婉含蓄，或严肃庄重，或热情洋溢，这样的评语才会对学生产生深远的影响。

平凡而有味，让学生的学习轻松而愉悦

——家常式评语里的智慧

课堂教学就是教师以课程资源为依托，引导学生学习的过程，在这个过程中，教师民主平等地对待学生，学生才会精神放松，心情舒畅，从而敢说敢想，敢学敢做，敢于创造，勇于创新，这样的课堂教学必定是高效的。

教师的心中须有学生，不能太注重“课的质量”而忽视了“人的需求”，对于学生的人文关怀，不仅应体现在每一节公开课上，更要体现在常态课上，不仅应体现在外在言行上，更要体现在思想认识上，从根本上构建和谐的师生关系。

在课堂教学中与学生进行交流时，教师要倾注热爱学生的感情，对学生的态度要亲切、语言要幽默。学生回答不出问题或回答错了，不能板着面孔指责学生，要给予他们温馨的点拨、亲切的激励、恳切的指正；学生答对了或者答得好，不能故作姿态夸张表扬，要给予明确的肯定、准确的赞赏、不断的引领。家常式评语虽然普通却不平常，它像与学生拉家常一样，自然、随便、亲和、真诚……批评于无意，表扬于无形，好像与学生促膝谈心，能营造那种和谐愉悦的课堂气氛。

（一）营造轻松愉悦的氛围，让学生留恋课堂

李镇西老师曾应邀在湖北省宜都市宜都剧场上一节公开课，那天本来准备的是《提醒幸福》，主持人却记成了《紫藤萝瀑布》。于是，李老师决定根据学习进度由学生选课文。不料，学生们选了李老师也没准备过的《山中访友》，李老师算是“无备而教”，而李老师和学生只有几分钟的准备时间，这绝对是一次猝不及防的挑战。但是，李老师凭着自己的学识、经验、睿智和

教艺，上了一堂生动、活泼、愉快、高效的公开课——与其说是公开课，不如说是李老师的家常课。那么，李老师是如何与学生拉家常的呢？

师生看了几分钟课文后，李老师的开场白依据课文题目和课文中的一句话拓展开来，既亲切又自然，既拉近了与学生的心理距离，又巧妙地导入了课文。“今天我们学习《山中访友》。刚才我把课文读了一遍，很有感触。文章题目是《山中访友》，我今天是‘宜都访友’，我第一次来宜都。”学生都笑了，在融洽的氛围中，李老师继续引入，“文中有一句话，在倒数第二段倒数第二行。‘茫茫天地间，我们也做了一回患难兄弟。’今天是一个幸运的日子，因为到宜都来，这辈子或许不会只有一次，但今天毕竟是第一次。大家想想，茫茫天地间，我和大家在这个舞台上相遇，恐怕再也没有机会了。我以后可能还有机会遇到你们中间的某一位同学，但是绝对不会在这个舞台上和所有的同学上一节课了，正所谓空前绝后，这就叫缘分，所以我们要珍惜这次缘分。这篇文章我也才接触，这节课，我和大家一起来分享。同学们都读完了这篇课文，喜欢这篇文章的同学请用手势告诉我。喜欢就喜欢，不喜欢就不喜欢，请明确地告诉我。”学生们高高地举起自己的小手。（“喜欢就喜欢……明确地告诉我”，李老师就像在与学生一起聊天，学生当然愿意作出反应）

接下来探讨“怎样才算读懂文章”的问题，有的学生说要弄明白作者表达的意思；有的学生说要了解作者的思想感情，同时要让自己和作者有一个感情上的共鸣；有的学生说要一边读课文，一边想象出课文所描绘的情境。李老师要么点头认可，要么用赞许的语调点评，增强了发言同学的信心。

一个学生说：“还要在课文的基础上展开联想。”李老师接过话题问：“你读这篇文章，有什么联想？”学生回答：“我联想到了山里的景色。”李老师评价：“嗯，不错。刚才我就由文中作者和蚂蚁的缘分，联想到了我和大家的相遇也是一种缘分，这也是展开联想。”（这种评价表明，学生的回答引起了老师的共鸣，让回答的学生自豪无比，比只是说“嗯，不错”要高明很多）

另一个学生说：“我觉得要揣摩作者的写作意图，明白他的用意。”李老师及时进行了小结并转入文本：“怎样叫读懂一篇文章？同学们说得很具体，也很全面，我以为关键有这几点：最起码字要认识，大家在文中遇到不认识的字了吗？”

学生们面面相觑，默默无语，这时，李老师示范提问道：“我有一个不认识的字，‘你在这涧水上站了几百年了？’‘涧’字什么意思？谁告诉李老师呀?”一个学生说就是从山间流下来的水，又一个学生说以前学过一个词叫“山涧”。在李老师的启示和带动下，一个学生提出了“逝川”是什么意思的问题，李老师问有谁能帮助他，另一个学生帮忙说：“‘逝川’就是流去的一去不复返的河流。”李老师解释说：“‘逝’就是流逝。‘川’就是河流。(他随手在黑板上画出一条河流）古人写‘川’就是这样的，像流水一样，具有曲线美。”李老师风趣的解答引发了学生愉快的笑声。

下一个教学环节，多媒体屏幕显示出“读出自己，读出问题”。什么叫“读出自己”？李老师举了两个例子：(1) 有人在看《红楼梦》的时候，看得流泪，是《红楼梦》里面有他的表姐，有他的表妹吗？(2) 李老师给同学们读了一篇文章《一碗参汤荞麦面》，讲的是一位母亲与两个孩子相依为命，艰难度日的故事，读着读着，李老师就流泪了。什么叫“读出问题”？就是发现不明白的地方勾画出来，在不同意的观点旁做上记号。李老师告诉学生们，无论什么样的大作家写的文章，一定不要迷信课文，不要迷信作者，更不要迷信老师。

接下来李老师范读课文，又幽默了一下：“山中访友，李汉荣……（看看同学）我发现姓李的人都会写文章。”(得意地笑）学生哄堂大笑，舞台上洋溢着轻松、快乐的气息。学生边听边勾画后，交流得很热烈，朗读得很动情。

让学生展示时，李老师亲切地问：“谁来谈谈你的发现，告诉大家。”一学生饱含感情读“波光明灭，泡沫聚散，岁月是一去不复返的逝川”。“读得多有感情呀，请再读一遍。”该学生再次富有深情地朗读这句话。“他读出了自我，他好像就是一座饱经沧桑的老桥。”李老师的评价再次引起了全班同学的笑声。一个学生补充说：“我们从出生到老去，仿佛就是短暂瞬间。”李老师再评论说：“而我们此刻度过的这一刻很快就会成为过去，时间的紧迫感就是这样的。”(与学生对话，一般的教师通常就在“读得多有感情呀，请再读一遍”止步，或者直接对学生作出“他读出了自我”之类的评价，而李老师却善于与学生交流，对学生的回答能作出幽默而中肯的评价，“他好像就是一座饱经沧桑的老桥”，评价既有新意又妥帖，既风趣又切合了句意和语境，因此回答的学生还能继续巧答，李老师也能继续妙评。这样几个回合，怎不令学生难忘？怎不让听众感受到精彩?)

其他学生也积极主动地展示着，李老师也都给予了引导和点评。一个学生说：“我喜欢第5段，里面的称呼有‘山泉姐姐’‘溪流妹妹’‘白云大嫂’

‘瀑布大哥’等，把山泉比作姐姐，把溪流比作妹妹，把白云比作大嫂，把瀑布比作大哥，给人以非常自然、非常亲切的感觉。”李老师评：“哦，这位同学提醒了我，全文用得最多的修辞手法是什么呀?”（好一个“这位同学提醒了我”！不把教学的预设和进展归功于教师自己，而是归功于学生，这位学生内心该是何等地欣喜）

接着从拟人的修辞手法过渡到理解文章的写法，下面不妨用实录的形式直接显示一小段师生对话。

师：《山中访友》中的“友”，就是指大自然。想一想，作者为什么采用拟人的手法？注意，这个问题是有难度的，这可是一个科研难题。作者为什么这样写，还用许多比喻？

生：因为那些事物都是抽象的，为了把它们写得形象些？

师：NO。

（生哄堂大笑）

师（环顾四周）：我就喜欢同学们有一些思想碰撞。

生：用拟人的手法，把抽象的精神表现出来。

生：用拟人的手法赋予大自然以生命，好像和大自然很亲密。

师：大自然本身就有生命呀。

（生窃窃地笑）

师：其实大家说得都有道理，大家各抒己见，道理就会越说越明。

生：用拟人让读者和作者产生共鸣，有亲切感；用拟人把自然的活力表现出来，好像有生命的张力。

师：哦，生命的张力。她用了“张力”这样一个词，不错。

生：作者采用拟人，把自然写得更活泼了，更亲切了。

生：我也认为采用拟人是为了展示各种抽象的精神。如写“老桥”就是为了赞美它无私奉献的精神。

生：我认为大自然本来就是我们的朋友，作者采用拟人的手法就是为了把它们写得更生动，更亲切。

师（大声地）：真好，他把我要说的话都说出来了，我真不该点他发言。

（全班同学开心地大笑）

师（小结）：大自然本身就是我们的朋友，写作就是为了表达自己的感情，所以，真情实感永远是第一位的，写作技巧才是第二位的。

（从拟人、比喻的运用是为了使大自然更形象生动，到大自然是我们的朋友，李老师的点评引导学生的思维扩散开来。具体来说，李老师先抑后扬，否定先回答的学生，然后肯定，实质上是为了制造轻松的氛围，指引学生再深入思考，果然，学生越答越精彩，到最后成功解决了这个有难度的问题。与学生如知心朋友般娓娓而谈，学生也再次领略了李老师评语的幽默诙谐，或者哄堂大笑，或者窃窃偷笑，或者开心大笑）

之后，李老师引领学生继续依据文本内容谈发现，直至下课。李老师说："时间到了。欢乐的时光总是显得特别短暂。我想，要是我是你们的老师该多好，我就可以接着上课，真想再跟你们上一节课。请大家允许我拖两分钟?"学生大声而整齐地回答"好"，李老师又领着学生具体理解了"什么叫读出问题"。

（课后，学生久久不愿离开这个才认识的老师，一个个排着队请李老师签名，由此可见，短短的一节课，学生们已经非常喜欢李老师了，已经非常留恋这样的课堂了）

反思拓展

1. 要赏识，更要有艺术地赏识

在新课改的"以生为本""把课堂还给学生"等理念的"掩护"下，只要学生勇于回答问题，不少教师还是推崇学生给以鼓励的。于是，把"真好""真棒"等评价语言延长或变通一下，"你回答得真棒""你读得真美""你的想象力太丰富了""你阅读得真细心""你观察得真仔细""你将来可以当作家"，等等，这些赏识性评价又重新充斥于整个课堂。教师对学生的那种肤浅的赞赏，那种不合时宜的表扬，那种满堂的喝彩，只能造成虚假的课堂繁荣，只能让学生获得短暂的喜悦。对学生的赏识前面应该有探究过程做铺垫，被教师赏识应是学生真正深入理解和思考后的所得。

2. 要平凡，也要有真功夫

教师的课堂语言可以平凡，才通俗易懂，正因为普通，所以才能为师生之间的沟通搭建宽广的平台。但是，作为教师，要磨炼出自己的教学艺术和风格，要有独立而深入的解读文本的功夫，要能不着痕迹地调控好课堂。

3. 要幽默，也不能"忘本"

幽默并不是仅仅让学生发笑，否则幽默只会沦为肤浅的搞笑，学生只会感到快乐而学不到知识，锻炼不了思维。这里的“本”就是指课堂教学的情境和所凭借的文本，幽默应和它们有着紧密联系。

4. 要点拨，也要示范

课堂教学中，师生对话时，学生难免存在知识障碍、心理障碍与思维障碍，会出现回答错误或回答困难的现象，这时需要教师适时适当地点拨，从而达到让学生掌握知识并发展能力的目的。课堂上还有可能出现冷场的情况，教师提出的问题没有学生回答，这就需要教师随机应变，改变预设，先作示范。

（二）运用课堂评价艺术，让学生回味课堂

程少堂老师执教《人民英雄永垂不朽》，首先检查学生的预习情况：一是掌握加点字的读音和字形，二是朗读词语及其释义，三是用三组词语造句。一个女生选择了用“峻峭”和“俊俏”说一段话，她回答：“一个长得很俊俏的男孩站在峻峭的山上。”程老师评价：“哦——（笑声）其实应该这样：在峻峭的山崖上，站着一个俊俏的小妹妹。嘿嘿。是这样的，应该这样说啊，因为‘俊俏’好像形容女孩子更好一点，是吧？”

（一个“哦”字表明教师听懂了学生的回答，其隐含的意思是“因为你口齿清楚，说得明白，所以我听得清楚”。“其实应该这样”表明教师在纠正学生的发言，但教师在纠正之前却是笑了一笑的，态度上非常亲切和蔼，这种纠正学生应该能很愉快地接受。接着教师不但调整了学生所造句子的语序，指正了修饰对象问题，还进一步用拉家常的方式说明了理由。这样和谐的课堂氛围让学生无拘无束，为后来学生大胆发表自己的观点和看法奠定了良好的基础）

一个男生选择的是用“瞻仰”和“挑衅”说一段话。“我们接受了日本帝国主义的挑衅，在甲午我们打了一场海战。然后，邓世昌烈士成为我们永远瞻仰的对象。”该生的回答让大家笑了起来。程老师说：“我觉得好像问题蛮多呀！啊，你再说一遍！”该生回答：“我没想好。”“没想好？”程老师笑着说：“啊，没想好，那你等一下再说，好不好？”程老师一边说一边走到该生面前，拿过话筒，示意该生坐下。“没想好。要能够边说边想，边想边说。”程老师笑着注视着另一个男生，把话筒递给他，“你试试看，啊？”“好好。”

有的学生笑出声来。这个男生回答：“我瞻仰着一块浮雕上当年中国挑衅英国的……”他还没说完，大家哄堂大笑。程老师微笑着接过话筒说：“看来这还有点难度啦，是不是？啊？课代表？课代表是个女同学是吧？”课代表把手举了起来。“你帮男同学解决掉这个问题，他们造句造不了。”课代表答道：“我在瞻仰一块浮雕，上面记录着中国军民勇敢地对抗外来挑衅者的事迹。这值得我们永远铭记，让我们引以为傲。”在课代表回答过程中，程老师不断点头，他评价说：“不错不错，就地取材，说得很好。把课文的内容加以整合，用自己的话说出来，很好啊！”学生自发地响起了掌声。

（“甲午”指时间而非地点，“瞻仰”的对象应是烈士的画像或雕像，所以程老师一针见血地指出了问题多，但他没有立即纠正，而是让学生再说一遍，这其实也是为了培养该生的思考力，当学生回答没有想好时，程老师很友善地让他坐下，并提示所有的学生要边说边想、边想边说。接着程老师让另一位学生发言，该生却词不达意，还引起了全班学生的哄堂大笑，程老师适时地指出这个问题有点难度，给了学生面子。面对有难度的问题，程老师没有在课堂上放弃让学生回答，而是找了课代表回答，课代表的回答很好，程老师不仅仅对她进行了表扬，还说明了理由：就地取材，把课文内容加以整合，用自己的话说出来。这种肯定和表扬很具体很实在，不像有的教师只拿表扬学生来“作秀”）

第二个教学环节是问题展示。程老师在课前搜集了学生的预习提问，并在检查预习后进行了“问题展示”。展示前，程老师幽默地指出：有些问题很天真，有些问题非常深刻。就算对那些天真的问题，程老师也没有丝毫责备的意思。程老师要么边展示问题边解答，要么告诉学生将这个问题放到后边解答。只要学生提了问题，程老师都表现出了或尊重或鼓励或表扬的态度，极大地保护了学生质疑的热情。

接着，程老师把全班学生的问题大致归纳了一下，从三个层次来细读了这篇经典的说明文：文章的角度（教学意图、建碑意图、作者的写作意图、文章顺序和线索、浮雕内容），文学的角度（对碑文的理解），文化的角度（对文本的深入思考：文章为什么三次提到“人民英雄永垂不朽”几个字？人民英雄纪念碑大量使用汉白玉材料是否代表什么特殊意义？）。

（尽管学生提出的问题很多，但程老师举重若轻，把所有问题化为三个层次，使得质疑不但不杂乱无章，而且逐层深入，在释疑的过程中完美地达成

了教学目标）

第三个教学环节是细读文本。程老师用投影显示了一个问题：碑名是否可以改为“民族英雄纪念碑”？讨论后，一个学生说：“我觉得不可以改为‘民族英雄纪念碑’，为什么呢？因为民族英雄纪念碑——我们中国是一个多民族的国家嘛，民族英雄纪念碑的意思好像是单一的一个民族。那么如果是人民英雄纪念碑的话，就是我们全国所有人民的英雄。所以用‘人民英雄纪念碑’这个名字比较好一点。”

程老师轻轻地拍了拍他的背，示意他坐下，然后说：“有点思想，有点思想。我们中国有56个民族。这一个民族的英雄，那一个民族不一定认为是英雄。比如说诸葛亮，有些少数民族就不喜欢他，是吧？不喜欢他，是因为他当年曾经带兵征服过那些少数民族，是吧？呃——历史上有些问题不是很容易解决的，像岳飞啊、文天祥啊，都是属于民族英雄，但是这些人毕竟比较少。实际上，中国翻天覆地的变化，既有民族英雄的功劳，也有，或者更重要的是，千百万，千千万万，人民英雄、人民大众的功劳，是吧？所以用人民英雄纪念碑比较好。”

（程老师能“轻轻地拍了拍他的背，示意他坐下”，说明程老师在讲课时不局限在讲台上，而是走近了学生，并运用肢体语言走进了学生的心灵。表扬学生不是千篇一律地用“很好”“你不简单”“你很棒”之类的话，而应有所变化。赞扬学生“有点思想”，这样的评价令学生耳目一新，并能激发学生努力思考问题的信心和乐趣，对于让学生在课堂上展示自己的个性和才华大有裨益。程老师还对学生的“有点思想”作了进一步的解释和说明。程老师的评价不但让学生懂得了知识，而且更让学生受到了深刻的思想教育）

接下来要解决的问题是为什么选取八件事情作为代表。一男生回答：“我觉得可以从根本原因和直接原因来回答这个问题。”程老师一边口头回应一边点头。一女生接着回答：“根本原因是从作者写这篇文章的意图上面来讲的。作者写这篇文章就是为了讴歌我们中国人民的革命精神和丰功伟绩。因为这八件历史事件是中国近代史上的事件，代表了中国的这一段屈辱的岁月，就更能体现作者的写作意图。直接原因就是：这八件事是中国的比较伟大而且比较出名的事件，而且关于这些事件的实物资料和文字资料比较全面，比较丰富，所以就选了这八件事作为代表。”

程老师说：“不错不错！她说有一个根本原因，有一个直接原因，这种思维方式值得肯定。在你这个年龄能这样就相当不容易了，答案的准确性那还在其次……好，你想说?”程老师伸长手臂示意另一女同学，“请你说。”

那个女同学回答：“我觉得，用八件事情有三个原因。因为人民英雄纪念碑的主题是人民英雄永垂不朽，上面有‘人民英雄永垂不朽’八个金字。”程老师笑了起来：“毛主席写了八个字，所以作者就写八件事。呵呵，你这个思维还有点意思!”“第二个原因就是，这八件事情比较典型地反映了中国历史的发展。第三个原因，就是‘8’这个比较吉利。”（笑声）程老师：“对，‘8’这个数字比较吉利。说得很好，说得很好。等一下我们还要讲这个问题。你已经把基本观点说出来了。你看，大家提出的问题，其实在课堂上你们都可以解决的。”

（其一，程老师善于运用肢体语言，如伸手示意、点头，让学生感受到被尊重和被信任了，由此，师生之间建立了一种良好的关系，有了这个基础，学生才能把想到的大胆地说出来；其二，程老师善于倾听；其三，程老师善于运用幽默）

反思拓展

教师要很好地评价学生，善于倾听学生的发言是前提。学生在发言时，教师不要急于纠正，要有足够的耐心倾听，一方面是尊重学生，另一方面是为了点拨学生。如果学生的回答或经过引导后的回答基本正确，或者学生生成了新的观点，教师不要害怕影响了教学进度或打乱了教学秩序，从而有意或无意地阻止学生发言。如果学生的发言不完善，还可以让其他学生补充。

在上这节公开课时，程老师的课堂用语虽然平凡，课堂评价却精彩纷呈，从这节课中，我们可以强烈地感受到程老师高超的课堂评价艺术：幽默而不失客观公正；善于倾听，善于尊重，善于纠错，善于启发，善于引导。正如有老师在评论这节课时所说：“程老师对学生的发言，既有中肯的肯定，又能指出不足，同时加以引导，让学生在思维上、在语言上、在认识上有所提升。”

当然，程老师的课堂评价能够“从心所欲不逾矩”，与他深厚的文化底蕴也是密不可分的，所以我们还应该像程老师那样多读书、多写作和多研究。

（三）如何让家常式评语更高效

课堂上师生间的思想和情感交流主要通过语言来实现。苏霍姆林斯基曾说过："教师的语言素质，在极大程度上决定着学生在课堂上的脑力劳动效率。"因此，教师的课堂语言应当让学生易于接受和乐于接受，教师的课堂评语，应该像拉家常似的谈心。

那么，如何让家常式评语在课堂教学中更有效？我们应注重其人文性、幽默感、生成性和真实性四个方面。

1. 注重家常式评语的人文性，用情感去浸润学生的心灵

温家宝总理在《百年大计　教师为本》中，针对教育中存在的问题，给全国教师提出了四点要求，其中第四点指出要"尊重学生、关爱学生、服务学生"，这其实就是要求教师注重对学生进行人文关怀。课堂评语只有做到"以生为本"，用情感去浸润学生的心灵，才能消除课堂中潜伏着的师生关系紧张、互不信任等不安全的因素，让学生有安全感和归属感。

案例一：

某教师借班上课，教学进行到一定程度后，他出了一道练习题，然后说："现在我找一个没有发言的同学来做这道题。"（这个教师是借鉴了一个名师的教学行为，本意是关注每一个学生，从而面向全体学生）可是，该教师接连找了两个学生，他们都说"我已发过言"，让该教师很尴尬。听课的教师也不大明白，因为这两个学生根本就没发过言。（他们为什么会拒绝做题呢？究其原因，还是该教师的语言不当，一节课都"没发言"，这意味着什么？这隐含着或者说暗示着指责、批评和埋怨。学生也有自尊，也很想要面子，不愿在公开场合暴露自己的缺点。如果该教师换一种说法，这些学生或许会欣然响应老师的要求。比如，"这堂课同学们回答问题非常踊跃，现在我找一个还没有机会发言的同学来做这道题。"学生就极有可能会这样想："这是老师给我的展示才能的机会呢！"）

案例二：

武胜县城南小学的何莉老师执教《燕子列传》，在教学第4段时，她提出一个问题："你在这一段中读出了什么？"她在教室后排找了一个没举手的学生来回答。那个学生正要站起来，何老师就示意他坐在座位上回答，该生脸涨得通红，努力想说，可就是说不出来。何老师就用温和的眼神鼓励他，然后请他先朗读课文。那个学生小声地朗读了起来，读完之后，他的嘴里蹦出了一个词“坚强”。何老师说：“你理解得很好。”边说边扶着他站起来，请他大声地说一遍“我读出了小贝蒂的坚强”。他一字一顿地大声说出了这句话。教室内的学生和听课教师爆发出了热烈的掌声。何老师扶着那个学生坐了下去。不少教师发现，那个学生脸上充满了激动而自豪的神情。（因为教师注重了对学生的人文关怀，真正影响了一个学生，那个学生肯定会终身难忘）

2. 注重家常式评语的幽默感，让课堂成为学生成长的乐园

苏霍姆林斯基在《给教师的一百条建议》中说过：“如果教师不想办法使学生产生情绪高昂的和智力振奋的内心状态，就急于传授知识，那么这种知识只能使人产生冷漠的态度，而给不动感情的脑力劳动带来疲劳。”在课堂教学中，教师结合情境或结合课程使用幽默的评语，会大大增强对学生的感染力，会使教学更富有情趣性、针对性、启发性和指导性，让课堂成为学生成长的乐园。

案例一：

自嘲式幽默。一位教师遇到学生上课打瞌睡，他就说：“老师讲课讲得真好，有催眠的功效，居然让×同学睡着了。”这种说法引来了全班学生愉快的笑声，让所有学生都调节了情绪，大家也意识到了上课打瞌睡不好，都积极主动地振奋精神，认真听讲。

案例二：

引用式幽默。一位教师转过身在黑板上板书时，有个学生与同学讲话且声音较大，该教师并未转过身来面向学生，而是一边继续板书一边说：“有人正在大闹天宫，当心我把你压在五行山下。”同学们哈哈大笑，吵闹的学生也安静了下来。

案例三：

哑语式幽默。一个学生被指名朗读课文，声音小，大家听不见，很着急，教师用手指竖在嘴唇上表示禁止大家“发声”，接着伸长脖子、侧着耳朵“仔细”去听，同学们则面带微笑，忍住笑声认真去听，该同学发现教室出奇的安静，读书的声音不由自主地逐渐增大，老师后来则边听边点头以示赞许。（不如此，同学们的埋怨声会令该生越来越紧张，若叫他重读，他会更加不好意思。有了这次成功的体验后，相信该生以后读书和发言时的胆子会大很多）

3. 注重家常式评语的生成性，让学生收获思维拓展的乐趣

鼓励学生质疑的课堂教学理念已成为广大教师的共识，要让学生真正地学会质疑，让学生真正成为学习的主人，就必须保护学生的“问题意识”。美国教育家布鲁巴克认为：“最精湛的教学艺术遵循的最高准则，就是学生自己提出问题。”教师要注重课堂生成，并在课堂生成中用评语来保护学生的“问题意识”。

在教学《陈涉世家》第三段时，武胜县沿口初中的龙敏老师让学生模仿陈胜演讲，其中一个学生用原文演讲，另一个学生用自己的话演讲，龙老师和其他学生评议。正要进入下一个教学环节，有一个学生忽然举手说：“老师，从刚才两位同学的演讲中，我突然想到一个问题，‘王侯将相宁有种乎’这句名言是陈胜的原话吗?”（“王侯将相宁有种乎”是否是陈胜的原话？学生能想到这个问题，这种“灵光一闪”，就是一种课堂生成）

龙老师当即反问道：“你认为呢?”他说：“我觉得这不是陈胜的原话，是作者司马迁改造后形成的文言语句。”龙老师把问题抛了出去：“大家认为是不是这样呢?”学生们纷纷表态，形成了两种对立的观点：“不是陈胜的原话。”“是陈胜的原话。”“那大家讨论一下，关键是要说出依据。”龙老师说。

讨论后，一个学生说：“我认为这是陈胜的原话，第一段中提到陈胜，字涉；另外，陈胜有远大志向，足智多谋，说明了陈胜的身份虽然是一个农民，但他是一个有知识有文化的农民，所以他能够把话说得文雅一点。”龙老师作出引导式反馈：“好一个有知识有文化的农民！有道理，反方如何看?”“陈胜少年时就被雇佣耕地，说明了他家庭贫穷，出身低微，他哪有机会读书？哪来的知识和文化?”“我认为‘字’是封建文人或有点地位的人才有的，如刘备字玄德，李白字太白等，一般的老百姓好像没有‘字’，而陈胜有‘字’，所以他能说出这样的话就不足为怪了。”“据我所知，古人好像都有‘表字’的，农民也不例外。所以我觉得陈胜说的话表达了‘王侯将相宁有种乎’的意思，在这个事实的基础上由司马迁加工成了这句话。”龙老师及时补充：“这里我补充一下，古代人在本名之外，大多另有‘字’，这风气在春秋战国时代就很普遍了。一般平民也多取‘字’，这样沿袭成为了一种习惯。古人的‘名’是出生时父母长辈取的，‘字’往往是‘名’的解释和补充，是和‘名’相表里的，所以又叫‘表字’，‘字’是成年后取的。由于种种原因，大约在五四新文化运动后，国人便开始摒弃‘字’了。”顺着学生的发言，龙老师又提问："你认为陈胜是怎么说的？"学生答道："难道那些做王侯将相的，是天生的贵种吗？"

（为了让讨论和文本紧密结合，让学生在讨论过程中有所收益，龙老师提出了"关键是要说出依据"的要求。学生们围绕着陈胜是否有知识有文化和"表字"的情况进行了争论。对陈胜的出身和经历，作者确实介绍得很简略，"有关资料"也不详细；对于古人的"表字"，学生了解得也不明确和具体。基于此，这种讨论还是较有意义的）

……

最后，龙老师进行小结："刚才大家的讨论很精彩，我个人的意见更倾向于反方（反方同学顿时欢呼了起来），但是我的意见不一定正确，这需要进一步考证（正方同学也欢呼了起来）。"（这个问题确实需要进一步去考证。所以，龙老师在最后的裁判中对双方都进行了肯定和表扬，也就是允许学生对有争议的问题持有不同的观点和看法。相信有了这次经历，提问的这个学生以后一想到这节课就会得到鼓励，这对他今后主动学习、自觉思考必将起到较大的促进作用）

4. 注重家常式评语的真实性，让学生真正有效地融入课堂

教师常常责怪学生思维不灵活，常常发现学生说的是一套做的又是一套，常常对学生作文中的那些"假、大、空"的东西不满意……这些，能全怪学生吗？

案例一：

在教学《羚羊木雕》时，教师创设了这样一个情境引入课堂："同学们，假如你面前有一堆金钱和几个穷朋友让你选择，你会选择什么？"学生们异口同声地回答："选择几个穷朋友。"教师问为什么，学生们的回答杂七杂八。教师说："大家都是好样的，都选择了朋友。"……

（在此，难免让人产生疑惑，学生为什么一致选择穷朋友呢？万一穷朋友中有人存在品质问题，那岂不是让自己"近墨者黑"了。要是真的出现了上述的情境，要求学生自由选择，学生都会选择穷朋友吗？只要能用于正道，"金钱"有什么不好？话说回来，学生也知道，这只不过是口头上说说罢了，当不得真的，所以他们都选择了穷朋友。这个问题，学生一眼就能看出老师的意图，要是违背了老师的意思，结果可能会费力不讨好。较起真来，这何尝不是教师对学生思想的愚化！选择了"金钱"，也可以用它做很多好事或有意义的事。可是，现行的教育却不允许学生这样想，至少不允许学生在课堂上表达出来。因此，涉及价值观和世界观的问题，教师在对学生进行评价时，应尽量引导学生还原真实的心理，还原真实的生活。如此，学生才能真正有效地融入课堂）

案例二：

武胜县万善初中的杨笑雪老师在教学《散步》时，在教学拓展环节出示了预设的课件：假如爷爷奶奶、爸爸妈妈和“我”看电视，因选节目发生了分歧，你该怎么办？为什么？

生：我会先让爷爷奶奶看戏剧，因为他们年纪大了。

生：我也会先让爷爷奶奶看戏剧，因为尊敬老人是传统美德。

生：我会让爸爸妈妈看时事报道，时事报道很有意义，他们平时工作很辛苦。

师：同学们回答得真好（教师强调了“回答”二字），可是，同学们，在生活中，我们真的表现得这样好吗？我们就没有与长辈有过分歧甚至冲突吗？你能真诚地讲述类似经历中的遗憾吗？

（在杨老师的启发和鼓励下，同学们才认真思考，一些同学鼓足了勇气，对自己进行了自我剖析）

（杨老师预设的这个生活体验问题，学生无需进行体验便已有了答案。果然，课堂上学生表现很乖很懂事。但“该怎么办”是从道理上说，生活中的做法未必如此，为此，杨老师让孩子还原真实的生活，从内心深处严格地解剖和反省自己，下定决心，拿出实际行动，言行一致，为宏扬尊敬老人这一中华民族的传统美德而努力）

著名教育家夸美纽斯曾说过：“教师的嘴，就是一个源泉，从那里可以发出知识的溪流。”家常式评语是教师的一种机智、一种才华、一种素养，它能把复杂的问题简单化，把抽象的问题具体化，把深奥的问题通俗化，它为高效的课堂奠定了坚实的基础。

参考文献

1. 窦桂梅．玫瑰与教育［M］．上海：华东师范大学出版社，2006.

2. 窦桂梅．听窦桂梅老师讲课［M］．上海：华东师范大学出版社，2008.2～3.

3. 窦桂梅．做一名有尊严的教师［M］．桂林：漓江出版社，2007.76～77.

4. 吴非．不跪着教书［M］．上海：华东师范大学出版社，2005.61.

5. 朱益明，秦卫东，张俐蓉．中小学教师素质及其评价［M］．南宁：广西教育出版社，2000.

6. 武凤霞．武凤霞讲语文［M］．北京：语文出版社，2008.

7. 巢宗祺，雷实，陆志平．语文课程标准解读［M］．武汉：湖北教育出版社，2002.2.

8. 欧阳芬．做专业的教师：课堂教学的55个细节［M］．成都：四川教育出版社，2006.

9. 胡春洞．数学教学法［M］．北京：高等教育出版社，1990.

10. 张明仙．教师语言艺术实训教程［M］．昆明：云南大学出版社，2009.6.

11. 于漪，刘远．肖家芸讲语文［M］．北京：语文出版社，2008.1.

12. 周序．教学流派回顾（四）——张熊飞与诱思探究教学［N］．中国教育报，2007-8-5（4）．

13. 甘葆露，李春秋．道德教育与四化建设［J］．北京师范大学学报（社会科学版），1980，（4）．

14. 郭笙．美育浅议［J］．北京师范大学学报（社会科学版），1980，（6）．

15. 杜禹华．我是怎样辅导少先队工作的［J］．安徽教育，1980，（1）．

16. 谢利民．课堂教学生命活力的焕发［J］．课程·教材·教法，2001，（7）．

17. 刘学科．加强评价研究，促进新课程实施［J］．宁夏教育，2004，（4）．

18. 朱国荣 . 构建“问题探究”课堂教学模式的实践与研究［J］，中小学数学，2001，(12) .

19. 何文明 . 高中物理“问题教学”课堂模式探索［J］，学科教育，2002，(5) .

20. 吴永熙，王明怡 . 建构主义理论与物理说课探究［J］，教育科学研究，2002 (5) .

21. 周小祥 . 浅谈如何激活语文课堂教学［J］. 文理导航（中旬），2010，(4) .

22. 张庆 . 新课堂进入误区了吗［J］. 小学语文研究，2004，(1A) .

23. 叶燕芬 . 探寻课堂“生成”的规律［J］. 小学语文教学，2005，(4) .

24. 曹庆衍 . 浅谈课堂启发式教学的若干要求［J］. 福建教育学院学报，2004，(11) .

图书在版编目（CIP）数据

藏在评语里的教学智慧：名师最能点拨学生的教学艺术/刘俊，周德兴主编. —南京：江苏教育出版社，2012.9

ISBN 978-7-5499-2094-5

Ⅰ.①藏… Ⅱ.①刘…②周… Ⅲ.①课堂教学—教学研究 Ⅳ.①G424.21

中国版本图书馆 CIP 数据核字（2012）第 147611 号

书　　名	藏在评语里的教学智慧——名师最能点拨学生的教学艺术
主　　编	刘　俊　周德兴
责任编辑	李　丹　雷利军
出版发行	凤凰出版传媒集团 凤凰出版传媒股份有限公司 江苏教育出版社（南京市湖南路 1 号 A 楼　邮编 210009）
苏教网址	http：//www.1088.com.cn
集团网址	http：//www.ppm.cn
照　　排	润星之源文化有限公司
印　　刷	三河市华润印刷有限公司
厂　　址	河北省三河市杨庄镇杨庄村
开　　本	787 毫米×1092 毫米　1/16
印　　张	14.75
字　　数	233 千字
版　　次	2012 年 9 月第 1 版　2012 年 9 月第 1 次印刷
书　　号	ISBN 978-7-5499-2094-5
定　　价	30.00 元
邮购电话	025-85406265，85400774　短信　02585420909
E - mail	jsep@vip.163.com
盗版举报	025-83658837